트레이드워

TRADE
WAR

무역은 왜 무기가 되는가

TRADE
WAR

트레이드 워

류재원 · 홍재화 지음

시공사

이제 변화를 창조해야 할 때다

2022년 5월 20일, 조 바이든 미국 대통령이 서울에 도착했다. 글로벌 무역전쟁 확대에 필요한 동맹을 규합하기 위해서다. 한국의 윤석열 대통령이 취임한 지 10일 만이다. 삼성전자 반도체 공장에서 이루어진 한미 정상의 역사적인 만남에서 바이든 대통령은 한미동맹을 정치·안보와 군사동맹에서 경제동맹과 반도체동맹으로 강화하겠다는 의지를 밝혔다. 한국이 글로벌 무역전쟁에 참전을 요청받는 역사적인 순간이었다.

인류 역사는 전쟁의 반복이다. 인류는 탄생 이후 끊임없이 전쟁을 지속해 왔다. 태평성대라고 불리던 시대에도 전쟁은 있었다. 다만 모습과 규모가 달랐을 뿐이다. 과거에는 총칼로 물리적 영토를 확장하기 위한 전쟁을 했다. 오늘날 세상은 경제전쟁 중이다. 지금 이 순간에도 지구촌 어디인가에서는 경제적 영토를 확장하기 위한 무역전쟁과 기술전쟁이 한창이다.

재레드 다이아몬드는 《재레드 다이아몬드의 나와 세계》라는 책에서 이런 질문을 던진다. '당신은 어디에서 태어났습니까?' 태어난 국가 또는 집안이 자신의 인생을 지배할 가능성이 크다는 이야기다. 국적과 피부색이 운명의 절반을 차지한다. 너무 기뻐하거나 슬퍼할 필요가 없다. 아직 절반이 남아 있으니까. 나머지 절반을 잘 가꾸면 개인의 운명이 달라진다. 국가도 마찬가지다. 영원한 제국은 없다. 그래서 경쟁하는 것이다. 다만, 과거와 다른 것은 경쟁의 범위가 더욱 커졌다는 점이다. 이제는 전 세계를 상대로 경쟁한다. 경쟁자가 많아졌다.

미국은 제2차 세계대전 이후 기축통화국으로서 누려왔던 지위를 위협받기 시작했다. 유럽연합EU과 중국의 도전 때문이다. 1993년 유럽은 EU라는 거대한 연합국가를 탄생시켰다. 유럽 12개국이 마스트리흐트 조약에 서명하고 EU를 위한 입법부, 사법부, 행정부를 출범시켰다. 2002년 유로화가 법정통화로 통용되기 시작하여 국가의 모습을 갖추었다. 2021년 기준, 27개국이 함께하는 국내총생산GDP 17조 달러에 인구 4억 명의 초대형 국가가 되었다. 미국과 맞설 만큼 덩치가 커졌다.

중국은 2001년 세계무역기구WTO 가입으로 최혜국MFN대우를 받으며 교역 규모가 크게 증가하여 '세계의 공장'으로 급성장했다. 2021년 기준, GDP 16조 달러에 인구 14억 명으로 세계 2위의 경제대국이 되었다. 중국은 경제 규모뿐만 아니라 기술 발전에서도 미국을 위협하기 시작했다. 2015년 중국 최고 행정기관인 국무원은 미국과의 기술 격차를 줄이고 기술 입국을 목표로 하는 〈중국제조 2025〉를 발표했다. 이후 매년 3천 억 달러 수준의 연구개발R&D비를 투자하고, 100만 건이 넘는 특허등록을 하고 있다. 이미 인공지능AI, 빅데이터, 클라우드 등 일부 분야에서는 미국을 앞섰다는 평가가 나오기 시작했다. 경제적, 기술적으로 미국에 필적할 만큼 성장했다고 판단한 중국은 2008년 글로벌 금융위기로 미국의 리더십이 잠시 흔들리는 틈을 타 미국 패권에 도전장을 내밀었다. 무역과 통상뿐만 아니라 기술과 안보 등 다방면에서 미국의 심기를 불편하게 했다.

2018년 3월 당시 도널드 트럼프 대통령이 외국산 철강과 알루미늄에 대한 관세부과 방침을 밝히면서 무역전쟁의 포문을 열었다. 대외 교역정책도 개방주의에서 보호주의로 선회했다. 중국의 기술패권 확산을 저지하기 위해 2019년 5월 에릭슨과 노키아를 제치고 5G(5세대 이동통신) 장비 선도기업으로 부상한 화웨이를 블랙리스트에 올리며 제재하기 시작했다. 2020년 11월에는 반도체, 인공지능, 바이오 등 전략 분야에 종사하는 48개 기업으로 제재 대상을 확대했다. 제재 대상에 포함되면 기술·금융 거래가 금지된다. 중국 기업으로서는 엄청난 타격이다. 명분은 신장 위구르 지역의 인권탄압과 관련된 인공지능, 클라우드 기술을 제공한 기업을 대상으로 했지만 그 이면에는 중국의 기술굴기를 저지하려는 의도가 숨어 있다.

중국과의 패권전쟁은 중국의 기술굴기를 저지하려는 목적도 있지만, 다른 한편으로 미국 내 중산층의 소득 정체와 불평등 확대를 해소하려는 측면도 있다. 미국은 1980년대 이후 산업정책을 제조업에서 서비스업 중심으로 개편하기 시작했다. 1995년 우루과이라운드는 미국의 이러한 전략을 강화시키는 효과를 가져왔다. 한국, 중국, 일본 등이 공장 역할을 하고 미국은 금융·서비스업 중심으로 글로벌 경제를 이끌어가는 전략이다. 이런 정책으로 GDP는 증가했지만 계층 간, 산업 간 불평등이 확대됐고 기술 우위를 약화시켰다. 사실 불평등의 확대는 개방주의 무역정책의 문제라기보다는 기술 변화의 편향성에 기인한다. 디지털 전환이 단순 반복적이고 노동집약적인 일자리를 빠르게 디지털 기술로 대체하고 있기 때문이다. 디지털 자본재를 보유한 경제 주체와 비정형의 창의적 업무를 담당하는 고숙련자에게 경제적 이윤이 집중되는 것이다.

전통적인 무역전쟁은 환율전쟁이자 관세전쟁이다. 상대국에 시장개방과 환율 인하를 요구하고 불응하면 수입관세를 높이는 식이다. 기술전쟁은 양상이 좀 다르다. 그것은 표준전쟁이자 공급망supply chain 전쟁이다. 글로벌 기술표준을 자국 중심으로 설정하고 상대에게 치명적인 손상을 일으키는 소재·부품·장비의 공급을 차단하여 공급망을 무너뜨린다. 디지털 세상에서는 기술 우위를 바탕으로 한 전략자산 강화가 중요하다. 세계 최대의 정보통신기술ICT 전시회인 라스베이거스 CES Consumer Electronics Show와 바르셀로나 MWC Mobile World Congress는 디지털 기술의 각축장으로 변했다. 아날로그 세상에서는 3등을 해도 파이 한 조각을 얻을 수 있다. 디지털 세상은 승자독식이다. 각국 정부가 적극적으로 기술개발에 참여하고 지원하는 이유다.

중국의 기술굴기를 저지하기 위한 미국의 또 다른 수단은 ESG Environmental, Social and Governance다. 중국은 이제 시작된 경제개발과 사회주의 정치체제로 인해 ESG에 취약하다. 제조업 중심의 경제성 장기에는 많은 자원이 투입되고 그에 상응하는 부산물이 발생하여 환경문제(E)를 일으킨다. 사회적(S) 측면에서도 분배보다는 성장이 강조되어 인권, 소득, 기회 등 다양한 측면에서 불평등과 불공정이 야기 된다. 공산당이 지배하는 나라에서 지배구조(G)의 투명성을 논하는 것 자체가 어불성설일 수 있다. 한마디로 중국은 ESG에 취약하다.

유럽이 설정한 ESG를 기준으로 중국 정부와 기업을 평가한다면 외국 기업은 더 이상 중국에 투자할 수 없다. 이미 투자한 기업도 모두 철수를 고려해야 한다. 전문가들은 ESG 제도를 조금만 일찍 도입 했다면 중국 경제와 기술이 미국을 위협할 정도로 발전하지 못했을 것이라고 평가한다. 같은 맥락에서 2014년 러시아의 크림반도 침공 을 계기로 독재정권의 호전성, 인권침해, 부정부패 등 ESG 기준을 엄 격히 적용하여 무역과 투자를 단절했다면, 지금처럼 민주국가 기업 이 투자한 자금으로 전쟁을 도발하는 일은 없었을 것이다. 즉, 사회주 의 국가에 대한 선진국의 무역과 투자가 없었다면 지금과 같은 수준 의 경제성장도 없었을 것이다. 미국이 적극적으로 ESG를 추진하려 는 이유가 여기에 있다.

세상은 둥글다. 독자 생존도 없다. 미국과 중국의 패권전쟁 와중에 도 2021년 양국 간 교역은 전년 대비 15.6% 증가했다. 신기술 개발을 위한 공동 연구도 다른 나라와 비교해 양국의 협업 비중이 월등히 높 다. 일부 관료들의 비우호적인 태도에도 불구하고 양국의 협력은 지속되고 있다. 누구도 모든 것을 다 잘할 수는 없기 때문이다. 시장에서 성공하기 위해서는 잘할 수 있고 잘 지킬 수 있는 전략자산에 집중해야 한다. 그리고 협력해야 한다.

글로벌 협력은 글로벌 표준을 확보하는 효과적인 방법이다. 삼류 기업은 제품을 만들고 이류 기업은 기술을 만들지만, 일류 기업은 표준을 만든다. 글로벌화는 시장을 단일화하고 '표준이 시장을 지배하는 세상'을 만들었다. 표준은 승자와 패자를 가르는 게임의 규칙이다. 오늘날의 표준은 단일 기업의 노력으로 불가능하다. 글로벌 협력을 통해 개발부터 표준의 수용성을 높여야 한다. 시야를 글로벌로 넓히려는 노력이 필요하다.

규모의 경제 시대가 지나고 속도의 경제 시대가 왔다. 글로벌 경제 패권과 기술패권의 흐름을 빨리 읽고 예측하거나 아예 흐름을 만들어야 한다. 변화의 속도가 빨라 따라가는 데 한계가 있다. 이제는 변화를 창조해야 한다.

바이든 대통령의 방한으로 한미 관계는 정치·안보와 군사동맹에서 기술동맹과 경제동맹으로 진화하고 있다. 코로나19COVID-19의 영향으로 디지털 전환이 빠르게 진행되고 ESG 요구도 확산되고 있다. 불확실성과 변동성이 증가하는 경영환경 속에서 지속가능한 발전을 위한 전략을 찾아야 한다. 이 책에 그 답이 있다.

2022년 여름,

대표 저자 류재원

차
례

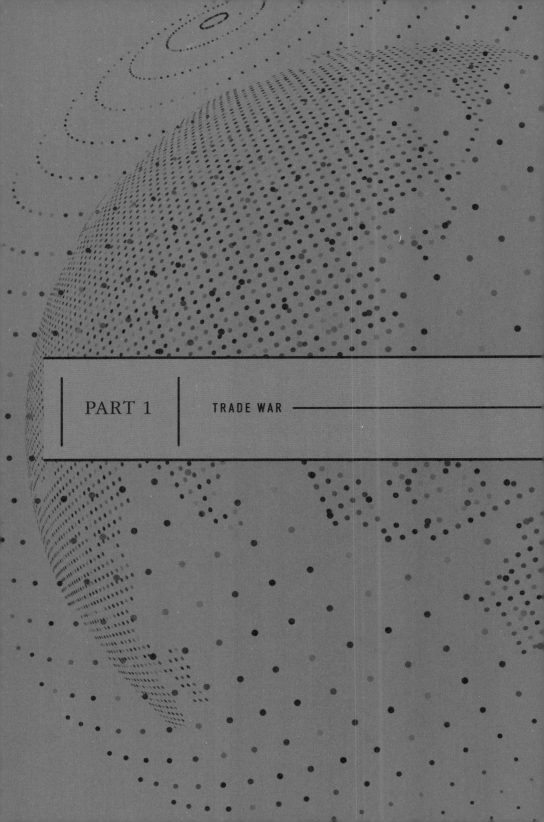

PART 1 | TRADE WAR

무역전쟁의 서막

이제 어느 나라이든지 직접 전쟁을 하지 않고도 자국의 우월한 경제 규모나 기술을 통해 상대방에게 자국의 의지를 강요할 수 있는 수단이 생겼다. 세계화는 인류의 총체적인 복지 수준을 높이며 경제발전을 이루었지만, 거꾸로 각 나라들의 자율성은 상당히 제한하는 역할을 했다. 결과적으로 상호이익 갈등이 높아지고 있다. 지구상의 무역분쟁이 더욱 늘어날 것이라고 볼 수밖에 없는 이유다.

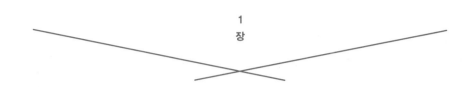

1
장

무역은 왜 무기화될까?

| 무역, 평화와 전쟁의 도구 |

무역전쟁이 남의 나라에서만 벌어지는 일인 줄 알았는데, 이제 한국에서도 일어나고 있다. 2018년 10월 한국 대법원이 일제강점기 강제징용 피해자에 대한 일본 기업의 배상책임을 인정한 것에 반발하여 2019년 7월 4일 일본은 반도체와 디스플레이 핵심 소재 3개 품목의 한국 수출규제 조치를 취하기 시작했다. 무역 외적인 문제를 해결하기 위해 상대방에 대한 제재 또는 항의의 수단으로 무역을 사용한 것이다. 이렇게 성동격서 식으로 무역을 국제간 갈등의 해결 도구로 가장 먼저, 그리고 자주 쓰는 나라가 중국이다. 중국의 후진타오 주석이 양안정책의 구호로 내세운 이경제정 以經制政(경제로 정치를 제어한다)은 당시 대만 총통인 마잉주의 선경후정 先經後政(경제를 먼저 하고 정치를 나중에 한다)과 호응했다.

현재까지 역사상 무역을 무기화하여 가장 강력한 무역전쟁을 벌이고 있는 나라들은 미국과 중국이다. 오바마 때부터 격화되기 시작한 미중 무역 갈등은 오랜 기간 겉으로 드러난 사건도 있고, 물밑에 숨어 있던 사건도 있었지만 충분히 예견되었다. 부드러운 스타일의 오바마 대통령이 시진핑 주석에게 미국에 대한 기술 해킹을 중단하라고 강력하게 요구한 적이 있었지만, 중국은 이를 무시했다. 그러나 트럼프가 대통령에 취임하면서 미국은 국가안보를 명분으로 한 관세 카드를 꺼내 들었다. 국가안보를 이유로 수입을 제한할 수 있도록 한 무역확장법 232조를 근거로 2018년부터 철강과 알루미늄에 고율의 관세를 부과하는 행정명령이 시행되었다. 자유세계와의 경제적 관계를 강화하고 공산주의경제의 침투를 막기 위해 1962년에 제정된 무역확장법 232조는 1995년 WTO 발족 이후 사실상 사문화됐지만 트럼프 대통령이 22년 만에 부활시킨 것이다.

하지만 무역은 평화의 도구이기도 했다. 남북관계가 어려워질 때 개성공단이 생겼다. 개성공단은 남북한이 전쟁을 하지 말아야 할 수만 가지 이유를 상징적으로 보여주었다. 미중 갈등이 무역을 통해 증폭되고 있지만, 그 갈등을 풀어낸 요소도 역시 무역이었다. 유럽공동체는 항상 피비린내 나는 전쟁터였던 유럽을 관세동맹이라는 무역공동체로 탈바꿈시킴으로써 평화를 만들어냈다. 한국과 중국의 관계개선도 시작은 무역이었다. 이처럼 무역은 평화의 도구다. 왜냐하면 무역은 하면 할수록 서로 이익을 볼 수 있기 때문이다. 양국이 자유롭게 각자가 잘 만들어낼 수 있는 물건을 수출하고 수입하면 자급자족할 때보다 다양한 물건을 더 많이 소비하고 생산함으로써 생활이 윤택해진다.

글로벌 경제화한 세계는 이전의 그 어느 시대보다 더 자유로운 국가 간 무역으로 외국 사람들과 더욱 가까워졌고 상호 존중하는 마음이 커졌다. 사람들은 자유와 개인의 소유권 존중을 바탕으로 한 국제무역 거래가 쌍방 모두에게 이익을 주고 국가의 부를 증진시킨다는 사실을 깨달았다. 부자가 되고 싶으면 다른 나라와 자주 무역을 해야 한다. 이 사실을 깨달은 많은 국가들이 중상주의적 국수주의를 버리고 전쟁을 하지 않았던 것이다. 이렇게 자유무역으로 성공한 나라 중 분명 대한민국을 첫손가락에 꼽아야 한다.

1960년대와 1970년대 가난한 개발도상국들은 자국 경제를 일으켜 세우고자 많은 노력을 했다. 그런데 대부분 국가들의 경제정책은 '수입대체산업 육성'이었지 대외 개방을 통한 수출드라이브 정책은 아니었다. 그 당시 수입대체산업 육성론자들의 주된 경제이론은 '종속이론'이었다. 종속이론은 이미 세계 정치·경제의 중심부에 있는 선진국들이 나중에 자본주의 체제에 편입된 국가들, 다시 말하면 과거 선진국들의 식민지였던 국가들이 구조적으로 종속되어 지속적으로 착취당하게 된다는 이론이다. 중남미에서 나온 이론이지만 한국에서도 꽤나 유행했던 적이 있다. 그럼에도 한국, 싱가포르, 홍콩, 대만과 남미의 칠레는 '수입대체산업 육성정책'이 아닌 대외 개방을 통한 수출드라이브 정책을 취했다. 결과적으로 아시아의 4마리 용은 빠른 시간 내에 고도성장을 이루었고, 칠레는 남미에서 가장 부유한 시스템을 가진 나라가 되었다. 이에 반해 수입대체산업 육성정책을 추진한 나라 중 제대로 된 성장을 이룬 나라는 없다.

이런 이유로 한국은 무역을 통해 현재를 융성하게 하고 미래를 발전시켜야 한다. 세계에서 대외무역 의존도가 높은 나라 중 하나이기에 무역은 우리 생활에 매우 직접적인 영향을 준다. 환율이 오르면 바로 국내 물가가 오르고, 글로벌 경제가 침체되면 한국 경제도 침체한다. 매우 취약한 경제구조를 가진 듯하면서도 역사상 가장 뛰어난 경제성장을 보여주었다. 그런데 이제 한국은 두 개의 큰 무역전쟁 와중에 있다. 미중 무역전쟁과 한일 무역전쟁이다. 미중 무역전쟁은 그나마 중국의 불공정무역 행위가 직접적인 원인이 되었지만, 한국은 사드 배치에 대한 중국의 경제보복, 일본의 강제징용 배상책임을 둘러싼 갈등 같은 비무역적인 요소로 무역전쟁의 피해자가 되었다. 왜 정치와 경제, 특히 국제정치와 국제무역은 분리되지 않을까? 왜 현대에 이르러 '무역'은 국제 정쟁의 도구가 되고 있는가?

이 시점에서 우리는 왜 무역의 무기화를 적절히 활용하지 못하는지 의문을 품어야 한다. 한국은 세계 7대 무역 강국이다. 그럼에도 불구하고 우리는 무역이라는 무기를 제대로 활용하지 못하고 있다. 공격 무기로는 사용하지 않더라도 방어용으로는 충분한 힘이 있다. 그 힘을 활용할 방법을 찾아야 할 때다.

| 전쟁 발발의 어려움과 무역의 무기화 |

'싸워도 될 일을 말로 한다'는 우스갯소리가 있다. 이 농담을 국가 간 문제로 확대해도 그대로 들어맞는다. '옛날 같으면 전쟁이 터질 일이 무역분쟁으로 가고 있다'는 말이 어색하게 들리지 않는다. 많은 학자들이 19세기 이후 21세기에 들어선 지금까지 인류는 역사상 유례없는 평화로운 시기를 기록하고 있다고 말한다. 전쟁은 너무나 상호 파괴적이기 때문이다. 국가 간 전쟁에 사용되는 미사일이나 핵무기는 전쟁의 승패와 상관없이 그 후유증이 양국 모두에 미친다. 따라서 직접적인 군사력보다는 영향력이 크지만 비폭력적인 경제적 제재 수단, 즉 무역을 무기로 분쟁을 이끌어가는 경향이 많아졌다.

■ 센카쿠열도 분쟁과 무역전쟁 ■

2010년 9월 7일 센카쿠열도(중국명 댜오위다오) 부근 해역을 순찰하던 일본 해상보안청 순시선 미즈키호가 중국 국적의 어선을 발견하고 센카쿠열도에서 퇴각할 것을 명령했지만 중국 선박은 이를 무시하고 조업을 계속했다. 그런데 갑자기 중국 어선이 일본 순시선에 일부러 충돌해 2척을 파손시켰다. 해상보안청은 이 어선의 선장을 공무집행방해로 체포하고 조사를 위해 이시가키石垣섬으로 연행했다. 선장을 제외한 선원도 같은 어선에서 이시가키 항구로 회항, 사정 청취를 실시했다.

9월 9일 선장은 나하 지방 검찰청 이시가키 지부에 입건됐다. 중국 정부는 '댜오위다오는 중국 고유의 영토'라는 주장을 근거로 베이징

주재 니와 우이치로 일본 대사를 호출해 일본 측의 주권에 근거한 사법 조치에 강경하게 항의하고 선장과 선원의 즉각적인 석방을 요구했다. 이에 9월 13일 일본 정부는 선장 이외의 선원은 중국으로 귀국시키고 어선도 중국 측에 반환했지만, 선장에 대해서는 국내법에 따라 기소하는 사법절차 방침을 굳혀 9월 19일에 구류 연장을 결정했다. 그러자 중국 측은 이에 강력히 반발하여 즉시 일본에 대한 다양한 경제보복 조치를 실시했다.

그런데 나오토 일본 총리와 마에하라 세이지 외무장관이 유엔총회에 참석하느라 부재 중인 9월 24일에 나하 지방 검찰청의 한 검사가 선장의 행위에 계획성을 인정할 수 없고 또 중일 관계를 고려해 중국인 선장을 처분 보류로 석방한다고 갑자기 발표했다. 9월 25일 새벽, 중국인 선장은 이시가키 공항에서 중국 측이 마련한 전세기를 타고 중국으로 송환되었다.

당시 중국인 선장이 석방되는 과정에서 중국은 희토류의 대일본 수출을 중단하는 등 무역전쟁의 포문을 열었고, 중국 내에서는 일본 제품 불매운동이 거세게 일어났다. 중국 내 일본 상품 불매운동은 의료와 건설 분야에까지 영향을 미쳤다. 중국 병원들은 일본 의약품을 반품하고 계약을 해지하는 등 일본 의약품 사용을 중지했다. 중국에서 병원은 중국공산당과 군의 영향력이 강한 곳이어서 일본 의약품 반품과 계약 해지에 당국의 '의사'가 반영됐을 가능성이 매우 높다. 하지만 서로 전쟁을 하겠다는 말은 하지 않았고, 실제로 전쟁이 일어날 것이라고 예상하는 전문가도 없었다. 만일 이런 일이 19세기에 일어났다면 당연히 양국 간의 전쟁으로 비화됐을 것이다.

■ 달라진 전쟁전략 ■

고구려 연개소문과 당 태종이 전쟁을 벌일 당시 만주에서 당나라 군을 물리친 고구려군은 오늘날 베이징에서 1시간 거리의 고북구까지 진출했다. 단재 신채호는 베이징 인근의 순의현順義縣에 고려영高麗營이라는 지명이 많은데, 이는 고구려군이 주둔했던 곳이라고 주장했다. 이를 통해 일부 역사학자들은 고구려군이 만리장성 너머 베이징까지 당 태종을 추격한 것으로 생각한다. 한반도를 침범한 당나라를 응징하기 위해 중국 본토 깊숙이 베이징까지 들어간 것이다.

그런데 이런 전략을 현대에도 활용하는 국가들이 있다. 바로 싱가포르와 대만이다. 이 두 나라는 중국에 대응하기 위한 국토의 면적이 매우 비좁다. 전쟁 발발 시 싱가포르의 전략은 방어전이 아닌 적국 본토에 대한 역습이다. 협소한 영토에서 방어만 하다가 전 국토가 쑥대밭이 되기에 택한 전략으로 '적국에게 더 큰 피해를 강요해서 휴전 혹은 종전을 이끌어내는 것'이다. 이 때문에 F-15SG 같은 장거리 지상 공격 능력이 있는 전투기를 도입하고, 상륙함과 다수의 상륙정을 가지고 있다.

이러한 전략은 의외로 중국에게 먹히기 쉬운데, 중국 본토가 아니라 남중국해의 도서 분쟁일 경우 중국의 군기지가 들어선 환초 등을 공격하는 방식을 쓸 수도 있다. 물론 필리핀처럼 국방력이 약한 나라는 이런 방식으로도 손쉽게 이길 수 있다. 그리고 미군 주둔은 물론이고 근처의 지역 강국인 호주와 동맹을 맺기도 한다. 이러한 군사동맹이 안보 리스크를 줄여줘서 경제성장이 가능했다. 게다가 2030년까지 JMMSJoint Multi Mission Ship라는 경항공모함을 건조할 계획도 발표

했다.[1]

중국과 양안에서 대치하고 있는 대만 역시 비슷한 전략을 가지고 있다. 대만은 독자 개발한 슝펑雄風-2E 크루즈미사일을 수도 타이베이 서쪽 50킬로미터에 있는 타오위안桃園시에 배치했다. 슝펑-2E의 사거리는 1천~1,500킬로미터로 상하이, 광둥성, 저장성, 홍콩 등 중국의 경제 중심지를 모두 타격할 수 있다. 나아가 저장성 동부 저우산州山시의 원자력발전소와 원유 비축 기지, 베이징과 홍콩을 연결하는 고속철도 등 중국 동부 지역의 전략적 목표물을 공격할 수 있다. 슝펑-2E의 배치는 '하나의 중국'을 내세워 대만을 압박하는 중국에 맞서 군사적 역량을 강화하고자 하는 대만의 의지를 보여준다.

■ 무역전쟁도 전쟁이다 ■

이처럼 싱가포르나 대만은 전술적 무기체계의 열세에도 불구하고 중국에 대항할 수 있는 수단이 많아졌다. 결국 중국이 갈등 관계에 있는 주변국을 제압하기 위해 침공하려면, 자신도 상당한 피해를 감수해야만 한다. 전쟁의 문제는 인간의 욕구가 아니다. 근본적으로 전쟁은 평화적 경쟁과 협력보다 분쟁 행동전략이 인간 욕구의 어떤 대상을 얻는 데 유망하다고 판단할 때 일어난다. 전쟁이란 정치적 이해관계와 아울러 경제적 이해관계의 충돌을 폭력적·비이성적으로 푸는 수단이다.

그런데 무역전쟁은 군사적 전쟁과 다른 면이 있다. 군사적 전쟁은 비록 약하고 작아 보이는 국가도 선제 기습 등으로 주도권을 잡을 수 있다. 그러나 무역전쟁은 늘 더 경제적으로 강한 자가 먼저 시작한다. 중국이 한국에 사드 경제보복을 하고, 일본에 대한 불매운동을 묵인하고, 네덜란드산 연어 구매를 금지한 것이 대표적 사례라고 할 수 있다. 또 무역전쟁은 비교적 장기적이기 때문에 사기나 기만술이 통하지 않는다. 미중 무역전쟁에서 중국은 《삼국지》나 《손자병법》처럼 하겠다고 하지만, 결국 승패는 '적벽대전'이 아닌 장기적인 물량, 기술, 경제 규모에서 판가름 난다. 단기적인 이득보다 장기적으로 상대국에 얼마나 타격을 입힐 수 있는지가 중요하다. 일본은 센카쿠열도 분쟁에서 중국이 희토류 수출을 금지하겠다고 하자 결국 손을 들 수밖에 없었다. 하지만 일본은 희토류에 대한 중국 의존도를 줄이면서 극복하기는 했다.

무역전쟁도 자국의 이익을 우선시하는 충돌이라는 면에서 군사적 전쟁과 별반 차이가 없다. 그러나 전쟁보다는 평화적으로 해결할 시간적 여유가 있고, 약소국이 강대국을 직접 공격하여 인명과 재산 피해를 입히기 어렵다. 그렇기 때문에 현대 국가들은 국가 간 갈등을 군사작전보다 무역전쟁으로 끌고 가려는 경향이 커졌다.

| 세계화와 무역의 무기화 |

■ **무역분쟁은 거리를 따지지 않는다** ■

먼 친척보다 가까운 이웃사촌이 낫다는 말이 있다. 하지만 국가 간의 관계에서 이 말은 전적으로 틀렸다. 이웃 국가와는 사이좋게 잘 지내기보다는 늘 영토 문제로 전쟁과 갈등이 있고, 먼 나라와는 우호적이거나 이웃 나라와의 갈등에 이용하는 정도로만 지낸다. 이동수단과 통신수단이 발달하지 않았던 과거에는 멀리 사람을 보내기가 만만치 않았기 때문이다. 그러나 이제 하루 만에 세계의 끝까지 날아가고 실시간 화상통화로 소통할 수 있는 시대에는 먼 나라나 이웃 나라나 모두 밀접하게 연결되어 있다. 세계화된 현대에서는 지구 반대쪽에 있는 국가와도 갈등 관계에 빠질 수 있다.

2010년 노르웨이 노벨위원회가 중국의 인권운동가이자 반체제 인사인 류샤오보를 노벨평화상 수상자로 선정했다. 중국인 첫 노벨평화상 수상자로 지속적이고 비폭력적인 방법으로 중국 인권 문제를 제기한 공로를 인정받은 것이다. 류샤오보는 중국의 민주화를 요구하는 〈08헌장〉을 발표한 이유로 2009년 체포되어 11년 형을 받고 감옥에서 삼엄한 감시를 받으며 복역 중이었다.

이런 류샤오보를 수상자로 선정한 노르웨이의 노벨위원회를 중국 정부가 비판하면서 노르웨이와 중국 관계가 악화되었다. 중국의 압력에도 굴하지 않고 노벨위원회는 류샤오보의 참석 없이 수상식을 진행했고, 노르웨이와 중국의 외교관계 및 무역은 전면 중단되었다. 중국은 비공식적으로 노르웨이산 연어 수입을 중단하고 비자 발급에도 제동을 걸었다. 노르웨이의 대중국 주요 수출품으로는 원유, 기계·전기제품, 비료, 건설, 채굴 장비, 공장 설비, 연어, 원석 등이 있었는데, 특히 연어 산업이 큰 타격을 받았다. 중국은 양국 관계 회복을 위해 노르웨이의 공식 사과를 수차례 요구했지만, 노르웨이 정부는 "노벨위원회는 독립적인 기관이며 자신의 입장을 선택할 권리가 있다"며 이를 거부했다. 양국 외교관계는 2016년 노르웨이 외교부 장관이 베이징을 방문하면서 6년 만에 정상화되었다.

■ 차이나불링 ■

차이나불링China Bullying은 주변국과 정치·외교적 마찰이 발생할 때마다 경제적으로 보복하는 중국의 보이콧 외교 행태를 일컫는다. 중화사상의 핵심은 '중국과 중국인이 세계의 중심'이라는 것인데, 주변 국가에 대한 민족주의적 우월감을 바탕으로 한다. 지구가 편평하다고 생각하던 시대, 다른 나라들이 중국의 주변이라고 생각하던 때에는 다른 나라들도 어느 정도 이를 수긍했다. 그런데 이제 지구는 둥근 세상으로 판명되었고, 중국을 거치지 않고도 베트남이 몽골, 러시아, 인도 등 중국 건너편의 나라들과 무역을 할 수 있는 시대가 되었다. 게다가 기술 발전, 자유화와 민주화 정도, 문화적 선진성, 국가와 개인의 생활수준 등이 중국을 뛰어넘는 나라들이 지구상에 절반 이상이다. 그럼에도 아직도 중국은 여전히 그런 생각으로 이웃 나라를 대한다.

글로벌 경제가 밀접해짐에 따라 차이나불링의 빈도와 강도가 점점 강해지고 있다. 한국, 일본, 베트남 등 이웃 아시아 국가뿐만 아니라 영국, 프랑스, 노르웨이 등 지리적으로 멀리 떨어진 국가들도 빈번하게 차이나불링의 대상이 되고 있다. 차이나불링의 빌미는 중국 내 소수민족(달라이 라마), 반체제 인사(류샤오보) 문제부터 접경지역의 영토분쟁(댜오위다오)이나 군사적 갈등(사드)에 이르기까지 매우 광범위하다. 정부의 비공식적인 지시를 통한 관광객(유커) 제한, 상대국 제품에 대한 통관 및 수입제한이나 불매운동, 상대 국가에 대한 원자재 수출 금지 등과 같이 반反시장경제적 수단이 많이 활용되고 있다. 티베트 분리독립을 주장하는 달라이 라마와 관련해서 심심찮게 차이나불링이 발생하기 때문에 '달라이 라마 효과'라는 신조어까지 생겼다.

포스코경영연구원은 차이나불링에 대한 국가별 대응 유형을 크게 다음의 4가지로 구분했다.

| 그림 1 | 차이나불링의 주요 대응 유형 |

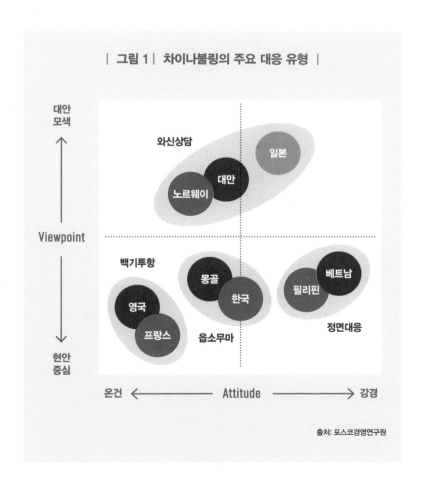

출처: 포스코경영연구원

- **백기투항형**: 영국과 프랑스는 달라이 라마 면담으로 중국의 보복을 받자 즉시 사과하고 티베트가 중국 영토임을 인정했다.
- **읍소무마형**: 한국은 중국의 사드 보복에 따른 피해를 감내하면서 한국이 처한 안보 상황을 설명하고 3불정책을 천명하여 중국의 양해를 촉구했다.
- **정면대응형**: 필리핀과 베트남은 중국과 남중국해 영유권 분쟁 당시 미국과의 결속을 강화하고 중국을 국제중재재판소에 회부하는 등 강경 대응했다.
- **와신상담형**: 대만은 유커 감소, 노르웨이는 연어 수입 금지에 대해 새로운 판로 개척으로 응수했고, 일본 전자업계는 희토류 구매선 다변화와 대체·재활용 기술개발로 차이나불링 피해를 최소화했다.

■ 더 거세지는 무역의 무기화 ■

만일 지구가 지금처럼 촘촘하게 글로벌화되지 않았다면 노벨위원회가 류샤오보의 활동을 잘 알지 못했을 것이고, 그를 노벨평화상 수상자로 선정하지 않았을 것이다. 설령 선정되었더라도 중국이 저렇게 민감하게 대하지는 않았음이 분명하다. 하지만 류샤오보가 수상자로 선정되는 순간 지구상의 많은 사람들이 그의 이름을 듣게 되고 중국 내 인권 문제가 있음을 알게 된다. 심지어는 제3국 간의 문제로 갈등이 생기기도 한다.

하지만 이런 원격지 국가 간의 갈등은 전쟁으로 풀 수 없는 경우가 대부분이다. 중국 군대를 노르웨이로 보낼 수 없다. 만일 그런 일이 벌어진다면, 중국 해군이 페르시아만을 통과하면서 중동 국가들과 문제를 야기하거나 유럽 내 다른 국가들과 충돌을 피할 수 없게 된다. 물론 그런 비용을 들여서까지 굳이 군대를 노르웨이로 보냈을지도 의문이다.

이제 어느 나라이든지 직접 전쟁을 하지 않고도 우월한 경제 규모나 기술을 통해 상대방에게 자국의 의지를 강요할 수 있는 수단이 생겼다. 세계화는 인류의 총체적인 복지 수준을 높이며 경제발전을 이루었지만, 거꾸로 각 나라들의 자율성은 상당히 제한하는 역할을 했다. 결과적으로 상호이익 갈등이 높아지고 있다. 지구상의 무역분쟁이 더욱 늘어날 것이라고 볼 수밖에 없는 이유이기도 하다.

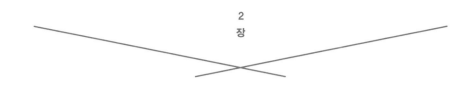

기술이 주도하는 국제무역

기술무역은 국가 간 기술의 매매 및 라이선스, 기술 서비스 제공 등의 형태로 나타나는 국제적 기술 수출과 도입을 의미한다. 따라서 기술무역에는 기술이나 특허의 국제 이전 및 판매, 라이선싱, 상표·디자인·패턴의 국제 거래, 노하우 전수·기술지도·엔지니어링 컨설팅 같은 연구개발 인력의 용역에 의한 국제 제공 등이 해당한다.

| 기술 발전과 무역구조의 변화 |

과학기술의 발전에 따라 전 지구적인 산업구조와 시장환경이 급속하게 변하고 있다. 더불어 세계경제 질서도 기존 사례를 찾아볼 수 없을 정도로 과거와는 다른 경제구조와 경쟁이 발현되기 시작했다. 오랜 시간 느리게 발달하던 기술이 급격하게 발전하는 특이점에 가까워지면서 산업과 경제, 사회구조를 대폭 변화시키고 있다. 기술의 발전과 전파가 매우 빠르게 진행되면서 이전과 같이 단계적인 변화를 기대할 수 없다. 4차 산업혁명 시대가 오고 있는 것이다.

필자는 1991년에 처음으로 노트북컴퓨터를 샀다. 사회생활을 시작한 지 얼마 되지 않았던 터라 두 달 치 월급에 해당하는 거금을 투자했다. 그 당시 노트북은 기껏해야 286급의 CPU에 하드디스크 용

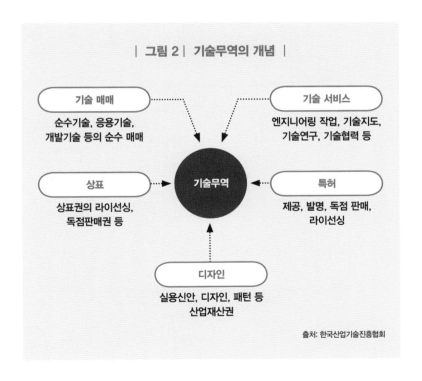

| 그림 2 | 기술무역의 개념 |

기술 매매
순수기술, 응용기술, 개발기술 등의 순수 매매

기술 서비스
엔지니어링 작업, 기술지도, 기술연구, 기술협력 등

기술무역

상표
상표권의 라이선싱, 독점판매권 등

특허
제공, 발명, 독점 판매, 라이선싱

디자인
실용신안, 디자인, 패턴 등 산업재산권

출처: 한국산업기술진흥협회

량이 20메가바이트MB에 불과했다. 물론 인터넷은 상상하지도 못했다. 지금 필자가 사무용으로 쓰고 있는 전자제품을 보자면, 우선 데스크톱컴퓨터 속도는 2.5기가헤르츠GHz이고, 데이터 저장 용량은 1테라바이트TB이며, 이 성능에 필적하는 강화된 멀티미디어 기능이 포함되어 있다. 아울러 스마트폰은 SD카드를 별도로 넣지 않았음에도 64기가바이트GB이고, 강의용으로 가지고 다니는 USB메모리가 64기가바이트다.

불과 30여 년 만에 저장 용량만 봐도 무려 수십만 배가 넘게 늘어

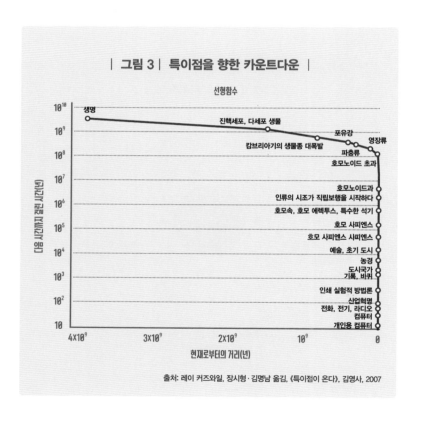

| 그림 3 | 특이점을 향한 카운트다운 |

출처: 레이 커즈와일, 장시형·김명남 옮김, 《특이점이 온다》, 김영사, 2007

낮지만 부피나 무게, 가격은 그만큼 늘어나지 않았다. 하지만 쓸 만한 노트북컴퓨터의 가격은 그때나 지금이나 150만 원 안팎이다. 그만큼 최첨단 반도체를 이용한 전자제품의 가격과 부피가 작아졌기 때문이다. 물론 내 지식이 수십만 배로 늘어나지는 않았다. 그러나 수십만 배나 되는 정보를 찾아보고 바로 저장할 수 있다. 또한 전화를 받아주거나 문서를 타이핑해 주는 비서가 필요 없으며, 사진을 찍고 수정하는 일을 스스로 할 수 있게 되어 사진관에 갈 일도 거의 없다. 그 밖에 시간을 절약함으로써 얻는 비용상의 이익도 상당하다. 이제 세상은 인간의 능력으로 따라가기 벅찰 정도의 속도로 변하고 있다.

특이점에 관한 그림 3은 최근에 기술 변화의 속도가 얼마나 빠른지 보여준다. 레이 커즈와일은 그의 저서 《특이점이 온다》에서 "미래에 기술 변화와 속도가 매우 빨라지고 그 영향이 아주 깊어서 인간의 생활을 되돌릴 수 없도록 변화되는 시기", 즉 특이점이 온다고 했다. "유토피아도 디스토피아도 아닌 이때, 비즈니스 모델부터 인간 수명에 이르기까지 우리가 삶에 의미를 부여하기 위해 사용하는 온갖 개념들에 변화가 일어날 것이다. 죽음도 예외가 아니다"라고 했다.

과거보다 인간은 많은 기술을 만들어냈고, 이 기술들이 변화에 기하급수적인 속도를 더하고 있다. 수십 년 내에 인공지능은 인간의 모든 지식과 기량을 망라하고 인간 두뇌의 패턴인식 능력과 문제해결 능력, 감정 및 도덕적 지능에까지 이르게 될 것이다. 궁극적으로는 기술이 가장 인간다운 특성이라고 여겨지는 정교함과 유연함에서 인간과 맞먹게 되고 나아가 뛰어넘으리라는 것이다.[2] 이제 과거를 돌아보면서 미래를 유추한다는 말이 제대로 맞는지 검증해야 할 때다. 지금까지의 세계는 인간이 만들어왔다면, 이제부터는 인간과 기계가 같이 만들어가는 전혀 새로운 규범의 세계가 펼쳐질 것이기 때문이다.

인류 역사상 지금까지 세 차례 정도의 혁신적인 산업구조 변화가 있었다. 4차 산업혁명은 그 뒤를 이어 네 번째로 등장하는 혁신적인 산업구조 변화라는 의미다. 첫 번째 산업구조 변화에 해당하는 1차 산업혁명은 증기기관의 발명과 함께 시작된 변화다. 철도, 방적기 등의 저변이 확대되고 사람과 가축에 의한 작업들이 기계에 의해 대체되면서 발생한 변화를 일컫는다. 2차 산업혁명은 전기의 공급과 컨베이어벨트에 의한 대량생산 체제로의 변화를 말한다. 전기와 석유화학 기술의 발전으로 인한 에너지 혁명이라고도 부른다. 3차 산업혁명은 컴퓨터와 인터넷 기반의 자동 생산 및 지식·정보 혁명을 말한다. 디지털혁명이라고도 한다. 4차 산업혁명은 디지털혁명을 기반으로 하되 그 수준을 뛰어넘어, 사물과 사물 간의 정보가 실시간으로 전달되고 공유됨으로써 기존에는 불가능했던 생산방식이 가능해지는 것은 물론, 이로 인해 경제구조와 사회구조가 변화하고 인간의 의식과 생활양식까지 바뀌게 되는 변화를 의미한다.

1~3차 산업혁명은 동일한 산업 내에서 생산성을 높이고 가치사슬Value Chain을 변화시켜 기존 시장과 경쟁 구도에서 높은 경쟁력을 유지하는 데 주력했다. 여기서는 인간이 주역이고 기술과 ICT는 보조 역할이었다. 하지만 4차 산업혁명은 동일한 산업 분야가 아니라 전혀 다른 분야나 산업 간에 융합이나 연결을 통해 산업구조 자체를 바꾸고 새로운 산업이나 분야를 창출하며, 경쟁력의 원천이나 본질을 바꿈으로써 선도자가 선점효과를 얻어 전체 시장의 지배권을 독

점하게 된다. 여기서는 인간의 역할이 급격히 축소되어 신기술과 ICT
가 주역이고 인간은 보조 역할에 머물 것이다.[3]

이처럼 세 번의 산업혁명을 겪으면서 국제무역의 구조도 변했다.
1, 2차 산업의 생산물은 운반이 가능하기 때문에 보편적 의미의 무역
대상이 될 수 있다. 이에 반해 3차 산업의 생산물은 서비스와 지식·정
보처럼 무형의 자산이다. 산업의 발달로 드디어 보이지 않는 것들을
국제적으로 사고팔기 시작했고, 이를 지식재산권의 형태로 거래한
다. 그러나 4차 산업혁명은 아직 어떤 식으로 무역이 이루어질지 구
체적인 예측이 되지 않고 있다. 심지어 1, 2차 산업 제품의 유통구조
마저 크게 바뀔 것으로 보인다. 4차 산업혁명 시대에 변하게 될 무역
구조는 뒤에서 다시 논하기로 한다.

| 모든 학문을 삼키는 물리학 |

이제 인간은 세계에 대해 과학적이지 않으면 '거짓' 또는 '상상의 산
물'로 받아들인다. 인류 최초의 학문인 철학에서 분기된 자연과학은
자연에 존재하는 사물의 구조, 성질, 법칙 등을 관찰 가능한 방법으로
탐구해 얻어낸 체계적·이론적 지식체계로 발전했다. 그리고 마침내
먼 우주로 탐사선을 보내고 우주의 시작인 '빅뱅'을 알아냈을 때, 인간
은 신에 의한 천지창조의 믿음을 거두기 시작했다.

진리란 무엇일까? 인간이 철학을 할 때부터 물어왔던 질문이다.
그런데 물리학을 읽다 보면 물리학이 철학 대신 답을 줄 수 있을지도

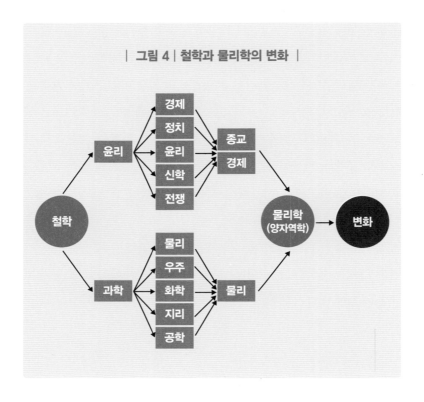

| 그림 4 | 철학과 물리학의 변화 |

모른다는 생각이 든다. 다만 철학은 '진리'라는 개념을, 물리학은 '최종 이론'이라는 개념을 사용할 뿐이다. 스티븐 와인버그는《최종 이론의 꿈》이라는 책에서 우주의 모든 원리를 설명할 수 있는 최종 이론을 찾아낸다면 우주 만물의 움직임을 관장하는 '신'을 만날 것이라고 했다. 과학의 역사를 통틀어 지구가 우주의 중심이 아니라는 '천상의 탈신비화'와, 생명체의 놀라운 재능들이 외부자의 계획이나 안내 없이 자연선택을 통해 어떻게 진화했는지 보여주는 '생명의 탈신비화'가 이루어져 왔다. 스티븐 와인버그는 "과학의 가장 극단적인 희망

은 최종 법칙들과 역사적인 우연성들을 모두 포함해 자연현상 전체를 설명하는 것이다"라고 말한다. 종교적으로 보면 유일신만이 가능한 일을 인간의 과학이 시도하고 있다. 그래서 종교와 과학은 끊임없이 충돌한다. 그렇다면 종교와 신의 화해는 가능할까? 인간이 복제동물을 만들고, 천체망원경을 통해 수백억 광년 떨어진 머나먼 우주를 보면서 다수의 과학자들은 이미 '신의 존재'는 비논리적이라고 말하고 있다.

세상은 만인의 이기심에 의해 작동한다고 보는 경제학도 사람이 움직이는 과정을 숫자로 표시하려다 보니 인간의 마음을 무시하고 물리학처럼 되어가고 있다. 바로 경제물리학, 사회물리학이 그렇다. 수많은 자연법칙과 마찬가지로 인간 사회도 동일한 물리학의 법칙을 따른다는 가정이다. 물리학의 원리가 중력이나 시간이라면, 경제학은 이기심이라고 할 수 있다. 마크 뷰캐넌은 그의 저서 《사회적 원자》에서 사회라는 조직을 개별적인 사람들의 모임으로 보았는데, 각각의 사람들은 매우 단순한 논리에 따라 행동한다. 그런데 그게 아무도 의도하지 않는 자기조직화를 이룬다고 한다. 자기조직화의 핵심은 어떤 패턴이 저절로 생겨나는데, 이 패턴은 그것을 만드는 부분의 세부적인 성질과 거의 또는 전혀 연관성이 없다는 것이다. 따라서 사회물리학은 기본적으로 인간은 그렇게 복잡한 단위가 아니라고 전제한다. 이제 모든 것을 지배하는 현상은 물리학으로 대표되는 과학으로 통일되고 있다.

과학이 기술과 합쳐지고 그 결과가 상품화되면서 우리는 한때 유토피아의 도래를 꿈꾸었다. 그러나 과학과 지식이 발전할수록 우리

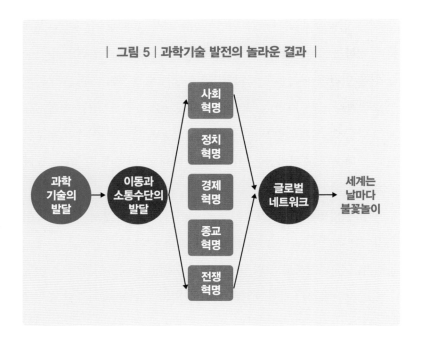

| 그림 5 | 과학기술 발전의 놀라운 결과 |

과학기술의 발달 → 이동과 소통수단의 발달 → 사회 혁명 / 정치 혁명 / 경제 혁명 / 종교 혁명 / 전쟁 혁명 → 글로벌 네트워크 → 세계는 날마다 불꽃놀이

는 점점 더 어둠에 빠지고 알 수 없는 환상 속을 살아가게 되었다. 지금 우리가 알고 있던 세상은 점점 사라지고 있다. 우리는 현실 검증에 문제를 갖고 있으며, 정신과의사들이 '현실감 상실'이라고 부르는 증상을 보이고 있다. 그것은 가끔 아무것도 실제로 존재하지 않는 것처럼 느껴지는 현상이다.[4] 인간이 존재하면서부터 변치 않는 진리는 '인간은 땅을 밟고 사는 동물'이라는 것이다. 그러나 이제 인간은 '가상세계를 떠도는 동물'이라는 새로운 정의로 바뀌어야 한다. 컴퓨터, 인터넷, TV, 스마트폰을 통해 가상의 세계에서 움직이는 인류는 이제 깨어 있는 시간 중 절반 이상을 가상의 스크린 속에서 지내고 있다.

생명복제가 '인간이란 무엇인가? 신의 창조물인가, 단세포에서 진화된 동물인가?'와 같은 생명 본질의 문제를 다시 생각하게 했다면, 가상세계를 불러온 ICT의 발전은 '어떻게 살 것인가?'에 대한 실존적 의미를 다시 생각하도록 했다. '인간은 사회적 동물'이라고 할 때, 인간은 집단 속에서 태어나 여러 집단에 소속되고 또 집단을 형성하면서 삶의 궤적을 그려나간다. 그런데 가족, 친구, 회사, 단체와 직접 접촉을 전제로 하는 사회가 아닌 가상공동체라고 할 때도 이런 정의가 여전히 유효한지 궁금하다.

가상공동체라는 말이 나오기 시작한 것은 인터넷이 실용화되고 1~2년이 지난 후다. 필자의 경험을 바탕으로 한다면 아마도 1997년부터다. 필자가 홈페이지를 처음 만든 것이 1997년이다. 당시만 해도 대단히 생소했던 인터넷은 불과 10년도 되지 않아 인류의 삶을 완전히 바꾸었다. 그런데 그 인터넷이 또 다른 새로운 기술 발전에 힘입어 엄청나게 업그레이드되고 있다. 선이 사라지고, 속도가 빨라지고, 더 많은 사람들이 접속한다. 유비쿼터스ubiquitous. 우리말로 하자면 '어느 곳에나 존재한다'는 뜻이다. 그런데 좀 더 명확하게 말하자면, 전지全知, 전능全能, 전재全在라고 해야 맞다. 그야말로 신에게나 해당되는 말이다. 이제 인간은 과학의 힘으로 신의 영역에 들어서고 있다.

| 과학의 발전과 경제구조의 변화 |

과학의 발전으로 인간 이동과 재물 운송을 이전보다 훨씬 저렴하고 신속하게 할 수 있게 됐다. 그에 따라 지구상에서 인류가 소유하고 생산할 수 있는 요소들을 어디에서나 누구나 알게 되었다. 이제 지구의 한 지역에서 독자적으로 유지할 수 있는 국가나 사상은 존재하지 않는다. 모든 사물과 사람은 서로에게 영향을 줄 수 있게 되었다. 생산과 분배체계의 기본 이념은 자유와 민주주의가 되었고, 이러한 지배체제를 갖지 못한 나라들도 스마트폰을 통해 다른 나라의 자유롭고 풍요로운 삶의 방식을 알게 되었다. 2010년부터 2011년에 튀니지에서 시작된 재스민 혁명은 신속한 정보가 정치권력을 어떻게 무너뜨릴 수 있는지 극명하게 보여주었다. 이처럼 현재는 어느 시대보다도 과학기술 진보가 정치·경제·사회 문제의 모든 부분을 빠르게 재편하고 있다.

21세기에 들어서면서 IT 기술의 발전은 국가들에게 자국의 정책과 경제구조를 기술에 맞게 대폭 조정하도록 강요하고 있다. 컨설팅 회사 맥킨지에 따르면, 5천만 명에게 라디오가 보급되는 데 38년 걸렸지만, TV 보급은 13년, 인터넷은 3년, 트위터는 단 9개월이 소요되었다고 한다. 과학기술 발전은 제조업, 에너지 인프라, 수송 방식, 활동 영역 등 모든 분야에서 변화를 야기했다. 디지털 경제의 핵심이 되는 IT 기술은 빅데이터, 인공지능, 전자상거래와 핀테크 등이며 기존 시장의 거래구조, 기업구조, 고용구조와 더불어 무역구조에도 변화를 불러일으켰다.

그러나 모든 나라의 모든 기업에서 골고루 기술 발전이 일어나지는 않는다. 기술은 모든 기업이 똑같이 이용 가능한 공공재가 아니다. 투자와 사업화에 성공한 기업은 일시적이라도 세계시장에서 기술을 독점할 수 있다. 혁신을 일으킨 기술과 지식을 축적하고, 이를 바탕으로 독점적 지위를 유지하는 것이 경제성장과 국제경쟁력의 요인으로 점점 더 중요해지고 있다. 이런 상황에서 기업과 정부는 최첨단기술을 보유하고, 그것의 국제적 파급을 지연시켜 자국 내에서 머무는 시간을 좀 더 연장시키려고 한다. 기술 발전이 혁명적일 경우 국가와 기업 간의 상대적 지위가 역전되어 기술 추월이 일어나기도 한다. 대표적인 사례가 바로 일본에 대한 한국의 기술 추월과 시장점유율 역전이다. 1990년 이후 한국의 조선, 반도체, 디스플레이 등 다수 산업이 일본의 세계 시장점유율을 넘어섰다. 세계 메모리 반도체 시장점유율은 2017년 기준 한국 58%, 일본 9%라는 압도적인 차이로 일본을 추월했다. 이처럼 기술이 국가경쟁력에 지대한 영향을 미치기에 세계 각국은 기술과 관련된 국제경제질서를 자국에 유리하게 구축하고자 노력하고 있다.

국제 경쟁이 치열해짐에 따라 선진국 대부분이 기술이전에 인색하다. 연구개발 보조금과 지식재산권에 대한 국제 규제가 심해지는 등 기술을 둘러싼 국제 환경이 갈수록 악화되고, 새로운 경쟁우위 요소로서 기술의 가치가 더욱 커지고 있다. 특히 현대의 최첨단 전자제품은 양자물리학에 대한 이해가 없다면 개발 자체가 어렵다. 반도체는 전자의 움직임을 연구하는 양자역학이 이용되는 최첨단기술의 산물이다. 또한 생명공학은 생물학이 공학화된 분야다.

하지만 기초과학 연구가 '진리의 탐구'라는 고상한 의무를 인정하기보다 기업과 국가의 경쟁력을 먼저 따져야 하는 세상이 되었다. 연구비를 지불할 때에도 산업화, 상품화 가능성부터 검토한다. 과학자들에게도 상품화되지 않은 과학적 성과는 무의미하다. 그들은 연구

시작 전부터 심오한 과학적 원리보다 상품화를 염두에 두고 소비자의 구미를 끌어당길 만한 연구 재료를 찾아야만 기업으로부터 지원을 받는다. 과학자로서의 학문적 한계와 더불어 이익을 중시하는 경영학적 덫에서 빠져나올 수가 없게 된 것이다.

| 기술과 생산의 역학관계 변화 |

세계경제가 글로벌화되면서 단순히 무역과 현지 직접투자뿐 아니라 판매, 부품 조달, 연구개발 등 다양한 분야에서 새로운 관계가 형

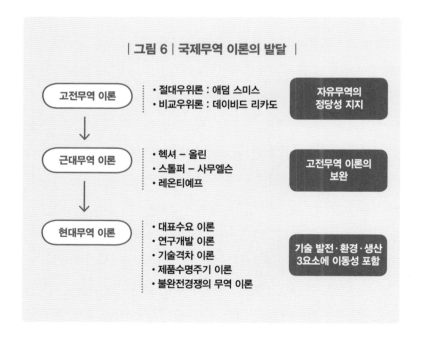

| 그림 6 | 국제무역 이론의 발달 |

고전무역 이론
· 절대우위론 : 애덤 스미스
· 비교우위론 : 데이비드 리카도
자유무역의 정당성 지지

근대무역 이론
· 헥셔 – 올린
· 스톨퍼 – 사무엘슨
· 레온티예프
고전무역 이론의 보완

현대무역 이론
· 대표수요 이론
· 연구개발 이론
· 기술격차 이론
· 제품수명주기 이론
· 불완전경쟁의 무역 이론
기술 발전·환경·생산 3요소에 이동성 포함

성되고 있다. 현재 진행 중인 미중 무역전쟁도 기술과 생산 문제로 인해 야기되었다. 미국은 거의 제조업 전 분야에서 중국에 비해 절대적인 경쟁열위에 있다. 반면에 중국은 첨단기술 분야를 제외한 생산 분야에서 경쟁우위를 보여주고 있다. 그럼에도 미국은 중국과의 무역전쟁에서 중국에 비해 많은 국가의 지지를 얻고 있다. 그 이유는 중국의 약탈적 기술 획득을 다수의 나라가 싫어하기 때문이다. 이에 대해 중국은 하청 생산국의 지위에서 벗어나 글로벌 가치사슬의 상위로 올라가고자 하는 노력이라고 주장하고 있다.

과거에는 산업 간 분업을 기반으로 국가 사이의 무역과 투자가 이루어졌지만, 최근에는 같은 산업 내에서도 분업이 이루어지고 있다. 일반적으로 공급사슬은 최종 제품을 생산하기 위해 부품소재 및 원자재 조달이 이루어지는 연결망을 가리킨다. 특정 국가가 최종재를 생산하면, 이를 위해 부품소재를 다른 국가에서 수입하는 식으로 산업 내에서 국가 간 분업 관계가 확산되어 왔다. 이와 더불어 최근에는 상품의 제조뿐만 아니라 기획, 연구개발, 판매, 사후 관리 등 다양한 부가가치 창출 과정이 다른 국가에서 이루어지는 양상을 보이고 있다. 제품 기획에서부터 판매 및 사후관리까지 이러한 전 과정을 부가가치사슬로 표현한다. 결국 국가별로 각자의 경쟁력에 따라 부가가치사슬에서 수행하는 역할이 다를 수밖에 없다.

글로벌 가치사슬 안에서 국제무역은 상품의 교역을 넘어 역할의 교역으로 변화하고 있다. 특히 최근에는 부가가치가 단순히 상품을 제조하는 과정이 아니라 연구개발이나 브랜드 등 가치사슬의 다른 부분에서 나온다는 논의가 활발해지면서 글로벌 가치사슬에 대한 관심이 높아지고 있다. 결국 주요국과의 관계에서도 단순히 특정 산업의 경쟁력이나 장단점이 있다는 것은 큰 의미가 없고, 가치사슬의 어떤 부분에 강점과 약점, 경쟁력이 있는지가 중요하다.[5]

그러한 가치사슬의 변화를 일으키는 가장 중요한 요인은 역시 기술의 변화다. 무역이 일어나는 이유를 설명하는 과거의 무역 이론은 생산의 3요소, 즉 토지, 노동, 자본으로만 국한해서 검토했다. 그러나 이 3가지 요인만으로 국가 간 무역이 발생한다고 보기에는 현실적인 제한이 많았다. 이에 미국의 경제학자 포스너와 후프바우어는 각국의 생산기술 격차가 무역 발생의 원인이 되고 무역 패턴이 결정된다는 '기술격차 이론'을 제기한다. 기술격차 이론은 무역의 원인이 무역 당사국 사이에서 발생한 기술격차 때문에 생긴다고 주장한다. 생산기술 혁신으로 인한 기술격차가 각종 산업에서 불규칙적으로 일어나고, 그것이 비교생산비의 차이를 발생시킨다는 것이다.

기술 선진국에서 기술 모방국으로의 기술 수출은 양국 간의 기술격차를 해소시킨다. 동시에 기술 선진국의 기술은 개발도상국 또는 경쟁국과의 격차를 유지하는 수단이 된다. 따라서 선진국의 기술을 빨리 획득해서 경쟁력을 끌어올리려는 후발국과 선진국의 갈등이 상존할 수밖에 없다.

| 무역기술장벽의 증가 |

중국이 한류 열풍을 타고 급성장한 한국 화장품에 대해 투자와 견제

를 동시에 하면서 자국 화장품 산업 경쟁력 향상을 노리는 것으로 나타났다. (중략) 중국은 자국 화장품 산업 보호를 위해 수입 화장품 통관절차를 까다롭게 하고 기술장벽을 높이고 있다. 중국의 국가질량감독검험검역총국은 지난해 11~12월 서류 미비나 품질 불량 등을 이유로 한국산 화장품 수입을 대거 불허했고, 5월부터는 그동안 관여하지 않던 해외 직구(직접 구매) 화장품에 대해 통관 수입품과 마찬가지로 위생허가증을 요구하고 면세 혜택을 폐지할 예정이다. 한반도 고고도미사일방어체계THAAD(사드) 배치를 둘러싼 갈등도 영향을 미친 것으로 알려졌다. 이 보고서는 "한국 화장품 업체들은 중국 위주에서 다른 개발도상국과 선진국 시장으로 수출 경로를 다변화하기 위해 브랜드력을 강화하는 전략을 고민해야 한다"고 조언했다.[6]

전 세계적인 무역 자유화 바람으로 인해 전통적인 무역장벽은 계속 낮아진 반면 다양한 형태의 비관세장벽, 특히 무역기술장벽은 계속 증가하는 추세를 보이고 있다. 과학기술 개발 능력을 가진 선진 국가들은 자국 기술이나 제품 보호를 위해 기술 체계를 폐쇄적으로 유지하려고 하는데, 이로 인해 기술이 통상마찰의 요인이 되는 경우가 흔히 발생한다. 이러한 기술장벽 문제로 인한 분쟁해결 노력이 1970년 도쿄라운드 협상에서 처음으로 이루어졌다.

그 후 1995년 WTO가 설립되면서 기술 관련 국제경제 규범이 본격적으로 발전되었다. WTO는 분쟁해결 제도를 통해 기술이 불필요한 무역장벽으로 활용되지 않도록 제도화하고 있다. 실제로 여러 나라에서 자국의 기술 관련 제도나 조치가 타국 제품이나 기술의 수출입을 금지하는 기술장벽 역할을 하고 있다. 특히 각국의 서로 다른 기술 표준 채택은 교역상 비관세장벽으로 오용될 가능성이 크며, 급속한 기술혁신은 상이한 기술표준 체계의 고착화를 초래한다. 급속히 발전하는 IT 기술은 국가 간 경계를 모호하게 만드는 새로운 산업을 출현시키고 있으며, 기존 통상 규범의 한계를 넘어선다. IT에 기반한 신산업 출현과 새로운 거래 방식의 발생, 그리고 이를 따라가지 못하는 통상 규범 간의 조화가 국제경제질서 확립의 핵심 사안으로 부각되었다.

무역기술장벽의 주요 사안으로는 국내외 업체 간 기술규제를 차별 적용하거나, 과다하게 높은 기술적 요건을 필요로 하거나, 관련 법령이나 규정의 빈번한 개정과 불충분한 의견 제시 기간 등이 있다. 특히 한국의 주요 교역 상대국인 미국과 중국이 한국에 대해 기술장벽을 쌓는 주된 국가다. 수입품에 대한 기술규제는 환경, 안전 등 공익 목적을 위해 각국이 취할 수 있는 정책 수단이다. 그러나 국제기준에 맞지 않는 불합리한 기술규제는 무역 활성화에 장애로 작용한다. 2014년 사우디아라비아는 한국산 가전제품에 사용되는 냉매를 사용할 수 없도록 규제했다. 이 규제가 시행되면 한국 제품 수출이 전면 중단될 수밖에 없었다. 더군다나 사우디아라비아는 정확한 규제 시기를 공표하지 않아 한국 업체들이 더욱 어려움을 겪었다. 수출 주도형 경제성장 구조를 가진 한국의 입장에서 볼 때, 사전에 교역국의 무역기술장벽에 대한 대응 방안을 모색하고 교역 상대국의 '숨은 규제'를 찾아내어 예방책을 만드는 정책을 꾸준히 시행해야 한다.

4차 산업혁명 시대에 기업이나 국가의 경쟁력은 기술 발전 그 자체보다 기술개발의 방향성과 변화 적응성이 되어야 한다. 매우 빠른 속도로 변화하는 국제경제질서에 대응하는 능력이 필요하다. 기술 변화가 커지는 만큼 각국도 자국의 기술을 보호하기 위한 폐쇄성과 비호환성을 높여간다. 기술 기득권 국가들은 경제질서의 재편 경쟁에서 국제기준과 규범을 자국에 유리하게 확립하고자 노력하고 있다. 이런 와중에 우리나라의 기술개발 방향 및 정책의 적응성과 호환성이 얼마나 확대되는가에 따라 미래 한국의 경쟁력이 좌우될 것이다.

| 무역 갈등의 첨예화 |

20세기 중반까지만 해도 기술은 눈에 보이는 구체적인 형태를 띠지 않기 때문에 관세를 매길 수 없었고, 따라서 국제무역의 직접적인 대상이 아니었다. 그런데 기술 그 자체가 로열티라는 형태로 상당한 수익을 발생시키기 시작하면서 무형의 기술은 국제경제 체제에서 상당한 논란을 야기하는 사안이 되었다. 전통적으로 산업과 관련된 기술에 대한 국제질서 구축은 대부분 국제표준화기구International Organization for Standardization, ISO, 국제전기표준회의International Electrotechnical Commission, IEC, 국제전기통신연합International Telecommunication Union, ITU 등 국제기구 중심의 표준화 작업을 통해 이루어져 왔다.

1970년대 들어 국제무역이 본격적으로 확대되기 시작하면서 어느 나라의 기술이 국제표준이 되는가에 따라 해당 산업 전체를 선도하는 주도권을 확보하게 되었다. 이러한 기술로 인한 갈등의 대표적인 사례로 작금의 미중 무역전쟁을 들 수 있다. 트럼프 전 미국 대통령이 본격적으로 시작한 미중 무역전쟁의 실체는 첨단기술 선점을 목표로 하는 '기술전쟁'이라고 봐야 한다.

　미국 내에서는 중국의 지식재산권 침해, 기술이전 강요 및 절취 의혹, 그리고 중국 시장에 대한 접근 제약 등의 불만이 갈수록 고조되고 있다. 특히 실리콘밸리를 중심으로 미국의 대표적 IT 기업들은 중국의 불공정한 기술이전 요구와 지식재산권 침해에 대한 위기감과 이에 대한 대책 수립을 당시 트럼프 대통령에게 직접 요구한 것으로 알려졌다. 이 때문에 트럼프 행정부의 대중 무역전쟁의 표적이 첨단기술에 집중되었으며, 중국의 첨단기술 육성정책인 〈중국제조 2025〉가 과녁의 정중앙에 놓여 있었다.[7] 미국의 이러한 불만은 미국이 보유한 기술에 대한 중국 기업과 정부의 불법적, 약탈적 탈취가 결국 미국의 무역적자를 초래했으므로 중국과의 무역전쟁에서 당연히 기술규제 조치를 취해야 한다는 것으로 나타났다. 무역전쟁에서 과거처럼 보호무역정책이나 관세를 통한 단순한 제재 방식이 아니라, 상대국의 생산기술 그 자체에 시비를 거는 것이다.

　미국의 입장에서 보면 기술도 당연히 무역 상품이 되는 만큼 돈을 주고 사야 한다는 것이다. 하지만 중국이 단시일 내에 미국의 기술을 따라가기에는 역부족이다. 현대 기술은 너무나 빨리 변해서 차근차근 연구하면서 발전시키기엔 기하급수적으로 증가하는 혁신의 속도를 감당할 수 없기 때문이다.

| 기술무역의 현황 |

후발 개발도상국은 다양한 방법으로 선진국의 기술을 도입하려고 노력한다. 중국처럼 선진국 기술을 해킹이나 강제적인 기업 합작을 통해 강탈하는 경우도 있지만, 대체로 기술 도입 방법은 기술 보유국으로부터 사들이는 것이다. 2017년 연합뉴스 보도에 의하면, 우리나라 기업의 기술 획득 방법은 자체 개발이 84.5%로 대부분이고, 연구개발에 속하는 라이선스 구매(1.5%)나 인수합병(0.3%)을 통한 방식은 저조한 수준이다. 이 중 자체 개발을 제외하고, 해외로부터 기술을 구입하는 것을 기술무역Technology Trade이라고 한다.

국가 간 기술을 사고파는 기술무역 규모는 2019년에 역대 최대 규

표 1 | 한국의 기술무역과 상품무역 현황(2015-2020년)

(단위 : 백만 달러)

연도	기술무역				상품무역			
	수출	도입	규모	수지	수출	도입	규모	수지
2015년	10,413	16,409	26,817	-6,001	526,757	436,499	963,255	90,258
2016년	10,687	14,842	25,529	-4,155	495,426	406,193	901,619	89,233
2017년	11,798	16,476	28,275	-4,678	573,694	478,478	105,2173	95,216
2018년	12,430	16,292	28,722	-3,862	604,860	535,202	1,140062	69,657
2019년	13,756	17,876	31,632	-4,121	542,233	503,343	1,045576	38,890
2020년	12,780	17,098	29,878	-4.318	512.498	467,633	980,131	44,865

출처: 〈2020년도 기술무역통계보고서〉

모를 기록했다. 기술무역 수지는 점차 개선되고 있지만 기술 도입액 증가율이 수출액을 넘어서는 것으로 나타났다. 2020년 기술무역 수지 적자는 43억 달러였다. 기술무역은 기술 지식과 기술 서비스 등과 관련된 국제적·상업적 비용 지출 및 수입이 있는 거래를 일컫는다. 특허 판매 및 사용료, 발명, 노하우 전수, 기술지도, 엔지니어링 컨설팅, 연구개발 서비스 등이 여기에 포함된다.

기술무역은 국가 간 기술 흐름과 해당 국가의 기술 및 산업구조 변화를 측정하는 중요한 지표로 활용되고 있다. 특히 기술 수출액에서 기술 도입액을 뺀 기술무역 수지는 해당 국가의 기술력 수준을 거시적으로 살펴볼 수 있는 지표로 사용된다. 개발도상국은 기술무역을 활용해 선진기술을 도입하고 흡수하여 자체 개발 능력을 확충하고 산업구조를 고도화할 수 있다. 글로벌 기업의 경우, 해외 생산 및 판매 거점을 만들면서 본국으로부터 기술 노하우 이전 과정을 통해 부가가치를 창출할 수 있는 장점이 있다. 4차 산업혁명과 지식 기반 경제로의 패러다임 변화에 따라 국제적 거래관계에서 제품 등 유형자산의 거래뿐만 아니라 특허나 상표권처럼 기술로 대표되는 무형자산의 무역 거래도 그 중요성이 커지고 있다.[8]

특히 미국이 포괄적·점진적환태평양경제동반자협정 CPTPP 대신 들고 나온 인도태평양경제프레임워크 IPEF는 이보다 훨씬 강화된 가입 조건이 붙어 있다. 현재까지의 자유무역협정 FTA이 관세뿐만 아니라 자유 교역을 방해하지 않는 사회적 시스템의 개선을 포괄했다면, IPEF는 디지털 경제 및 기술표준, 공급망 회복, 탈탄소·청정에너지, 사회간접자본, 노동기준 등 신新통상 의제에 대한 공동 대응까지 포괄하고 있다. 이는 기술을 통한 이념의 확산, 그리고 권위주의적 중국의 무차별적인 기술 침탈을 막겠다는 미국의 분명하고 단호한 의지의 표현이다.

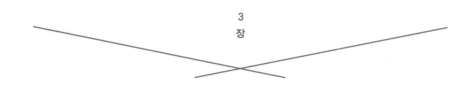

동북아시아 무역전쟁과 상생의 길

동북아시아가 다른 지역에 비해 무역전쟁이 격렬하게 일어나는 이유는 그만큼 변화무쌍하기 때문이다. 동북아의 한국, 일본, 중국은 세계경제의 핵심이자 시장경제의 25%, 세계 인구의 20%를 차지하며 EU, 미국에 이어 세계 3번째 경제 규모를 자랑한다. 이 지역은 오랜 역사 속에서 갈등을 지속해 왔다. 그럼에도 전쟁보다 평화의 시간이 훨씬 길었는데, 그 근간에는 무역이 있었다. 한중일의 경제·무역 협력은 3국 간 복잡한 정치적·역사적 갈등 속에서 서로의 관계를 유지시키는 버팀목 역할을 했다. 하지만 최근에는 이 지역 평화의 기초였던 무역이 오히려 갈등의 수단으로 활용되고 있다.

| 협력과 경쟁의 한중일 3국 경제 |

한국 사람으로서 무역을 하다 보면 동북아 3국에 대한 무역상들의 인식 차이를 많이 접하게 된다. 중국은 납기, 품질, 그리고 약속에 대한 불성실함을 많이 이야기하고, 일본은 품질에 대해서는 매우 까다롭지만 일단 거래를 하면 오래 지속된다는 인식이 많았다. 다수의 생각이니 대체로 맞겠지만, 그런 인식들 중 상당 부분이 바뀌어가고 있다. 즉, 중국 제품에 대한 부정적 인식도 많이 좋아졌고, 일본에 대한 지나치게 좋은 인식도 많이 없어졌다. 일본과 거래하는 친구들은 일본이 여전히 까다롭게 하지만 이전보다 거래 기간이 매우 짧아졌음을 불평한다.

이제 분명한 사실은 한국이나 일본은 소비재의 대부분을 중국에서 수입하고 생산재를 수출한다는 것이다. 중국의 기술력이 높아지면서 산업재 분야에서 서로 경쟁할 수준에까지 이르렀다. 한중일 3국의 산업구조가 비슷해지고 있는 것은 글로벌 경제 흐름상 2차 산업 분야, 그중에서도 반도체, 기계, 조선처럼 부가가치가 높은 분야를 지향하고, 3국의 소비문화도 다른 유럽 국가와 비교해 동질성이 높기 때문이다. 앞으로도 3국은 경쟁과 의존이 더욱 심화될 것이다.

■ 세계경제에서 한중일 3국의 비중 ■

이제 아시아, 그중에서도 한중일 3국 사람들은 서양 문명에 대한 동경이나 열등감은 어느 정도 해소한 듯하다. 아주 고도의 기술을 필요로 하는 제품이나 눈에 보이지 않는 산업재 시장과는 별개로, 세계 어디를 가나 손에 들고 다니는 물건은 대부분 아시아에서 만든 제품이기 때문이다. 그만큼 아시아의 경제와 문화가 다른 어느 지역보다 빠르게 성장하고 있다. 특히 동북아시아는 세계경제에서 가장 역동적인 지역으로 제2차 세계대전 이후 경제성장률이 가장 높은 지역으로 꼽힌다. 1990년대 이후 지난 30년간 14억 인구 대국 중국의 고속성장에 힘입어 규모 면에서 세계경제의 25% 내외를 담당하고 있다. 동북아 한중일 3국의 경제성장률은 2000년까지 세계 평균 경제성장률을 2배 이상 상회한다. 이후에도 일본을 제외한 한국, 중국, 미국의 경제성장률은 선진국 평균을 넘고 있다.

한국은 1970년대 이래 '잘살아 보자!'라는 구호 아래 열정적으로

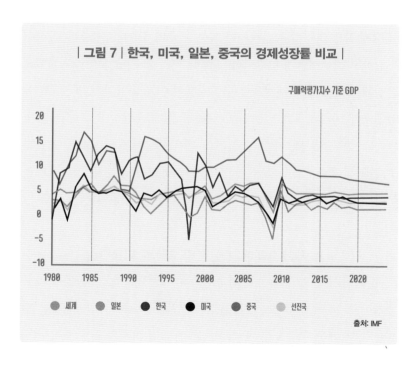

| 그림 7 | 한국, 미국, 일본, 중국의 경제성장률 비교 |

구매력평가지수 기준 GDP

● 세계　● 일본　● 한국　● 미국　● 중국　● 선진국

출처: IMF

경제발전에 힘을 쏟아 세계 역사상 전무후무한 경제성장을 기록했다. 매우 급속한 속도로 후진국에서 산업 발전을 이룩한 한국은 2003년까지만 해도 신흥국의 특징인 높은 경제성장률을 보였지만, 이후 선진국형으로 변모하면서 미국, 일본과 마찬가지로 세계 평균 경제성장률보다 낮아졌다. 중국 역시 점차 성장률이 낮아지면서 평균치에 수렴하고 있다. 중국은 1990년 시장개방 이후 인구 14억에 달하는 거대 소비시장과 생산능력을 바탕으로 다른 지역보다 빠르게 산업 발전을 이루었다. 이러한 중국의 성장에 힘입어 동북아 3국이 세계경제에서 차지하는 비중 역시 지속적으로 높아지고 있다. 이러한 추세는 일본 경제의 상대적인 위축에도 불구하고 중국의 성장으로 계속 유

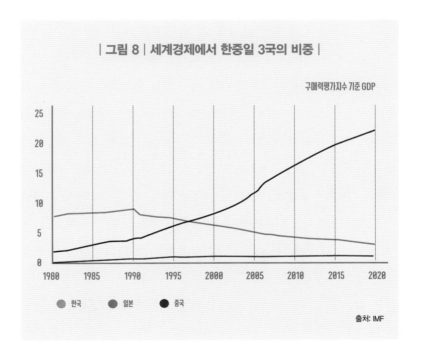

| 그림 8 | 세계경제에서 한중일 3국의 비중 |

구매력평가지수 기준 GDP

한국   일본   중국

출처: IMF

지될 것이다.

　1980년에 한국 649억 달러, 중국 3,053억 달러, 일본 1조 1,053억 달러였던 3국의 GDP는 2018년에 한국 1조 6,914억 달러, 일본 4조 9,719억 달러, 중국 13조 4,074억 달러로 크게 성장했다. 이를 구매력 평가지수 기준 GDP로 보면, 세계경제에서 동북아 3국의 비중은 일본을 제외하고 지속적으로 증가해 왔음을 알 수 있다. 세계경제에서 1980년 한국의 비중은 0.63%, 중국 2.3%, 일본 7.9%였는데, 2018년에는 한국 1.58%, 중국 18.7%로 늘어났지만, 일본은 오히려 4.1%로 줄었다. 그러나 동북아 3국을 합친 비중은 10.8%에서 24.4%로 늘어났다. 세계경제에서 중국과 일본의 비중이 역전된 해는 1999년이다.

■ 한중일 3국 간 무역구조 ■

　동북아시아는 19세기 들어 서구 열강의 침략과 수탈로 정치·경제 체제가 쇠퇴했다. 다만, 좀 더 일찍 개항을 한 일본은 서구 문명과 기술을 적극적으로 받아들여 경제발전을 이룩했다. 그 과정에서 한국과 중국에 대한 일본의 식민지 수탈과 침략으로 3국 간 역사적 감정의 골이 깊어졌다. 그러나 제2차 세계대전 이후 한중일 3국은 정치적 갈등과는 별개로 경제적 협력관계는 아주 긴밀해졌다. 특히 1990년대 중국 개방은 한중일 3국 관계에서도 새로운 이정표를 만들며 상호 경제의존도를 높이게 되었다. 흥미로운 것은 이 세 나라가 서로에게 흑자를 내는 과정이 삼각구도를 이루며 조화를 이루고 있다는 점이다.

　표 2와 표 3은 1990년과 2021년의 한·미·일·중 4개국의 상호 수출 매트릭스다. 1990년에 일본은 한국에 약 175억 달러어치를 수출

표 2 | 1990년 한·미·중·일 4개국 수출 매트릭스

(단위: 백만 달러)

기준국(↓)	일본	한국	중국	미국
일본	-	17,499.00	6,146.00	91,121.00
한국	12,638.00	-	-	19,446.00
중국	9,211.00	433.00	-	5,315.00
미국	48,586.00	14,399.00	4,806.00	-

출처: KOTIS 자료, 저자 수정

표 3 | 2021년 한·미·중·일 4개국 수출 매트릭스

(단위: 백만 달러)

기준국(↓)	일본	한국	중국	미국
일본	-	52,507.00	163,598.00	136,777.00
한국	30,063.00	-	162,913.00	96,306.00
중국	165,902.00	150,553.00	-	577,636.00
미국	74,971.00	65,772.00	151,065.00	-
기타 국가	440,012.00	322,107.00	1,831,509.00	2,069,283.00
세계	710,953.00	590,940.00	2,309,088.00	2,879,001.00

출처: KOTIS 자료, 저자 수정

했고, 한국은 일본에 126억 달러어치를 수출했다. 1990년만 해도 한국과 중국은 국교가 수립되지 않아 한국의 대중국 공식 수출입액은 산정되지 않았다. 중국의 일본 수출액은 92억 달러였고, 중국의 한국

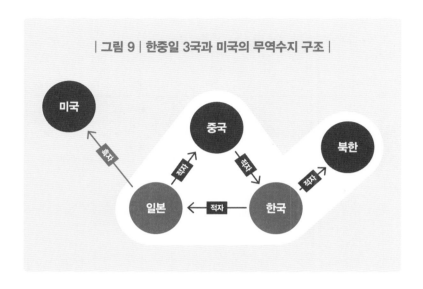

| 그림 9 | 한중일 3국과 미국의 무역수지 구조 |

수출액은 4억 3천 달러였다. 하지만 불과 30년 후인 2021년에는 일본의 한국 수출액이 525억 달러, 한국의 일본 수출액은 300억 달러로 약 3배가량 증가했다. 반면에 대중국 수출액은 일본은 1,636억 달러, 한국은 1,629억 달러로 더욱 가파르게 성장했다.

한중일 3개국의 무역수지 내용을 보면, 2021년 한국은 일본에 225억 달러의 적자를 기록했다. 일본은 중국에 1,636억 달러를 수출하고, 중국은 일본에 1,659억 달러를 수출하여 일본이 약 20억 달러의 적자를 보았다. 반면 한국은 중국에 1,629억 달러를 수출하고, 중국이 한국에 1,505억 달러를 수출하여 한국이 124억 달러의 대중국 무역흑자를 보았다. 이처럼 한중일 3개국은 서로 물고 물리면서 무역흑자를 기록했지만, 3개국 모두 대미 무역에서는 상당한 흑자를 보이고 있다. 결국 동북아 무역흑자의 원천은 미국인 셈이다. 한중일 3국의 상호 무역은 4위 이내의 수출입 상대국 지위를 갖고 있어 경제적 상호의존도가 매우 높다.

이처럼 동북아 3개국의 무역 규모와 경제적 상호의존도가 높아진 것은 중국 경제의 급성장으로 인한 대중 교역이 크게 늘어났기 때문이다. 1990년 이후 중국이 세계의 생산기지로 등장하면서 한일 양국 모두 대중 수출 비중이 매년 증가했다. 한국의 대중 수출 비중은 2000년 10.7%에서 2021년 23.3%로, 일본의 대중 수출 비중은 6.3%에서 21.6%로 늘어났다. 특히 대중 투자 비중이 높은 한국과 일본은 현지생산에 따른 부품 등 중간재 수출 증가로 대중 수출 비중이 급증하고 있다. 한국의 경우 1990년대에는 부품소재 분야의 대일 적자폭이 커서 전체 부품소재 무역수지가 적자였지만, 2000년 이후 중국으로의 부품소재 수출이 급증하면서 전체 부품소재 무역수지가 개선되는 효과를 보고 있다.

한편, 한중일 3국의 수출 상대국으로는 미국이 여전히 중요한데, 3개국 공히 대미 수출 비중이 전체 수출의 15~30%대를 차지하고 있다. 이는 일본을 시작으로 한국, 중국 모두 수출지향적 공업화 과정을 겪으면서 미국이 가장 중요한 수출 시장 역할을 하고 있기 때문이다.

| 한중일 가치사슬의 변화 |

■ 한중일 무역과 가치사슬의 구조 ■

한중일 3국의 무역은 중국을 중심으로 해서 주로 부품이나 소재 같은 중간재와 산업재를 중국에 수출하고 중국으로부터 소비재를 수입하는 구조다. 최근에는 아세안 국가들의 개방과 발전, 그리고 일본의 대아세안 투자로 한국과 일본이 부품소재를 베트남이나 태국 등 아세안 국가들의 투자 공장에 보내면 여기서 중간재를 생산해 중국에 수출하고 소비재를 수입하는 비중도 높아졌다. 이러한 구조에서 한국은 일본으로부터 불화수소 같은 원자재를 수입하고 중간재인 반도체를 생산하여 중국에 수출한다. 중국은 반도체를 활용하여 스마트폰이나 컴퓨터 같은 완제품을 미국으로 수출해서 무역 이익을 낸다.

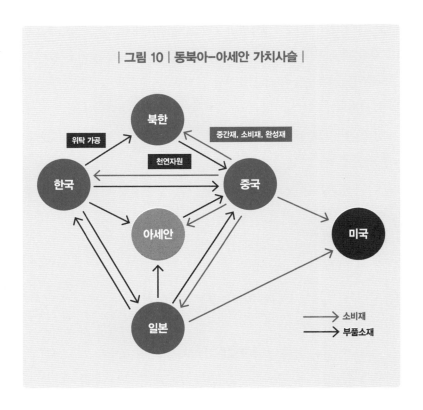

| 그림 10 | 동북아-아세안 가치사슬 |

산업 통합의 정도를 나타내는 산업 간, 산업 내 무역에서 한중일 3국의 무역은 대부분 산업 간 무역이며, 산업 내 무역은 수평적 무역보다 수직적 분업 관계가 일반적이다. 산업 간 무역이 차지하는 비율은 한일은 50.2%, 한중은 61.9%, 중일은 68.8%다. 한국은 일본에 대해 2배 이상 산업 간 수입 품목이 많고, 산업 내 무역에서는 수직분업 비율이 높아 일본보다 기술 수준이 낮은 제품을 생산하고 있음을 알 수 있다. 플라스틱, 1차 금속, 기계 및 전기 제품 등에서 일본과 산업 내 무역이 많다. 그러나 중국과는 산업 간 수출 품목이 많고, 신발·모자, 석재·시멘트·유리, 기계·전기 제품 등에서 산업 내 무역이 활발하여 경제 분업이 진행되었다.

일본은 중국과 전형적인 산업 간 무역이 활발하여 일본에서 일방적으로 수출하고 있는 품목이 41.6%에 이르고 있다. 하지만 산업 내 무역에서는 수직적 무역이 많아 공정화 및 분업화가 상당히 진행되었다. 북한은 2021년 현재까지 동북아의 가치사슬에서 전혀 영향력을 주지 못하고 있다. 한때는 40%에 육박하던 북한의 대남 무역의존도는 거의 제로 상태로 곤두박질치며 북중 무역 비중이 99%에 이르게 되었다.

■ 흔들리는 한중일 가치사슬 ■

그런데 이런 동북아시아의 한중일 가치사슬이 흔들리고 있다. 그 원인으로 다음의 3가지를 들 수 있다.

첫째, 〈중국제조 2025〉다. 2015년 5월 18일 중국 국무원은 2025년까지 제조 강국에 진입하는 것을 목표로 〈중국제조 2025〉를 발표했다. 이 계획에 따르면 중국은 향후 30년간 3단계로 나누어 산업구조를 고도화하려고 한다. 이를 3단계로 나누어 진행한다.

- 1단계(2015~2025년): 2020년까지 제조업의 IT 경쟁력을 크게 개선하고 핵심 경쟁력을 보유하며, 이를 통해 2025년까지 노동생산성을 크게 제고시키고 IT와 제조업 융합을 통해 새로운 도약을 도모하는 한편, 주요 업종의 에너지 소모율과 오염 배출량을 글로벌 선진 수준으로 감축한다.
- 2단계(2025~2035년): 중국 제조업 수준을 글로벌 제조 강국의 중간 수준까지 높이고, 중국 우위 산업에서는 글로벌 시장을 견인할 수 있도록 경쟁력을 보유하여 세계 제조업 제2그룹 대열 중 선두에 자리매김한다.
- 3단계(2035~2045년): 주요 산업에서 선진적인 경쟁력을 갖춰 세계 시장을 혁신적으로 선도하는 세계 제조업 제1그룹으로의 진입을 완성한다.

중국공산당은 이를 추진하기 위해 10대 산업을 선정하여 전략산업으로 육성한다. 10대 산업에는 차세대 정보기술, 고정밀 수치제어 및 로봇, 항공우주 장비, 해양 장비 및 첨단기술 선박, 선진 궤도교통 설비, 에너지 절약 및 신에너지 자동차, 전력 설비, 농업기계 장비, 신소재, 바이오 의약 및 고성능 의료기기 등이 포함되어 있다.

특히 〈중국제조 2025〉의 일환으로 추진되는 '홍색 공급망Red Supply Chain'이 문제다. 중국의 배타적 자국 완결형 가치사슬을 뜻하는 홍색 공급망 문제가 지난 2013년부터 제기되면서 대중국 중간재 수출 비중이 높은 한국, 대만, 일본 등의 국가들에게 위협을 주고 있다. 홍색 공급망은 중국이 수입에 의존하던 중간재를 국산화하면서 자국 내 가치사슬을 구축한다는 의미로, 차이나 인사이드China Inside 정책과도 맞물려 있다. 이는 중국이 자국 경제를 운영함에 있어 수출은 개방경제의 혜택은 충분히 누리되, 생산과 소비는 중국 자체적으로 해결하는 폐쇄적 경제로 가겠다는 의미다. 동북아 지역은 물론이고 세계경제의 일원임을 무시하고, 보이지 않는 무역장벽을 세우는 보호무역으로 중국공산당의 무역정책이 변하고 있는 것이다. 결과적으로 중국공산당의 정책은 동북아의 가치사슬을 무너뜨릴 가능성이 높다.

둘째 역내 무역전쟁이다. 일본이 한국을 화이트리스트(수출절차 간소화 국가)에서 제외한 데 이어, 미국이 중국을 환율조작국으로 지정함에 따라 '동북아의 한중일 제조업 가치사슬이 무너지는 것 아니냐'는 우려가 생겼다. 한중일 가치사슬은 한국이 일본에서 소재와 부품을 수입해 반도체, 디스플레이 등 중간재를 생산한 뒤 중국에 수출하고, 중국이 완제품을 제조해 미국 등 세계시장에 공급하는 구조를 말한다. 중국이 수출을 가장 많이 하는 나라인 미국으로부터 환율조작국으로 분류돼 수출이 감소하면 한국과 일본이 연쇄 타격을 받을 가능성이 있다.

2018년 한국이 일본에서 수입한 546억 달러 중 53%인 288억 달러가 소재와 부품이었다. 한국의 대중국 수출액 1,621억 달러 중 79%인 1,282억 달러가 중간재로 분류된다. 한국산 반도체(858억 달러)와 디스플레이(116억 달러) 등이 중국으로 건너가 중국산 ICT 제품의 핵심

부품으로 쓰였다. 중국은 세계 수출액의 13%를 담당하는 1위 수출국이다. 하지만 여전히 가공무역 의존도가 높다. 2017년 기준으로 중국이 수입한 금액 중 27%가 가공무역용이었다. 가공무역은 외국에서 중간재를 수입하여 이를 완제품으로 생산해 파는 것이다. 중국 물건을 가장 많이 수입하는 나라가 미국이다. 중국은 2021년 전체 수출액 2조 2,352억 달러의 24%인 5,415억 달러를 미국에 수출했다.[9]

미국과 중국은 연간 무역액이 1조 달러를 상회하는 세계 최대의 무역 파트너였다. 그런데 이들이 서로 원원하는 파트너가 아니라 적대적 관계가 되어 무역전쟁을 치르고 있다. 동북아시아의 무역구조에서 가장 중요한 나라는 미국이다. 미국은 이 사슬의 보이지 않는 한 축에서 기축통화를 가진 절대적인 만성 무역적자 국가였다. 유엔 자료에 따르면, 미국의 2020년 무역적자는 1,020억 달러였고, 2021년에는 1,332억 달러였다. 트럼프 정부 역시 무역적자를 가장 시급한 문제로 보고, 이를 해결한다는 명목으로 중국에 대한 보복을 시작했다. 물론 그 이면에는 한 장의 원가가 40센트밖에 하지 않는 100달러짜리 지폐의 지배력을 벗어나려는 중국의 기축통화 도전이나 군사력 증강 위협도 존재한다. 왜냐하면 동북아 3국은 서로의 가치사슬이 긴밀하게 연결되어 있기는 하지만, 실질적으로 이익을 내는 곳은 미국이기 때문이다.

그런데 미국이 중국에게 수출액을 줄이라고 하고 있다. 현대경제연구원은 중국의 대미 수출이 10% 감소하면 한국의 대중 수출은 19.9%, 전체 수출은 4.9% 감소할 것으로 전망했다. 이는 현재도 좋지 않은 세계경제, 그리고 대외무역에 크게 영향을 받는 한국 경제에도 좋지 않은 영향을 미칠 것이 분명하다. 미국과 중국은 글로벌 경제 1, 2위 국가인데, 이 두 국가의 반목으로 그동안 견고하게 묶였던 가치사슬이 느슨해진다. 미국의 의도는 이제까지 중국 중심으로 이루어졌던 공급사슬을 가능한 한 중국 이외의 국가로 이전하는 것이다. 미국도 완전한 탈중국이 아닌 가능한 한 자신에게 악영향을 미치지 않는 속도로 가급적 빨리 최대한 제3국으로 생산기지 이전을 추구한다.

이러한 미국의 공급망 재구성 때문에 미국 중심으로 이익을 내며 한중일 간에 이루어졌던 공급망은 근본적인 변화를 겪어야 한다. 예를 들어 미국 수입액에서 대중국 의존도를 현재보다 30%만 줄여도 중국 경제는 대단히 어려워질 것이며, 중국 수출 비중이 높은 반제품, 부품, 소재 산업 중심의 한국과 일본도 더불어 힘들어진다. 기업의 의도와는 달리 전적으로 국가 간의 경쟁에 의해 동북아 경제가 영향을 받게 된다. 김태기 단국대 경제학과 교수는 "지난 30년간 세계화 체제에서 국가의 역할은 줄었고 기업이 독자적으로 움직였다"며 "그런데 지금은 국가와 기업이 함께 움직이는 반反세계화로 경제질서가 재편되는 과정"이며, "정부가 기업의 체력이나 개인의 창의성을 떨어뜨리는 규제 등을 과감하게 정비해야 한다"고 했다.[10]

셋째, 북한의 동북아 가치사슬 참가 가능성이다. 북한은 핵무기를 개발하면서 미국으로부터 경제제재를 받아왔다. 그럼에도 북한 경제를 발전시키기 위해서는 외부로부터의 자원과 자금 투입이 절대적으로 필요하다. 북한이 경제를 개방하는 날은 바로 북한이 동북아 가치사슬에 합류하는 날이다. 동북아시아에서 섬처럼 고립되어 있는 북한의 미래를 밝게 보는 경제 전문가들이 많다. 그 이유를 꼽는다면

1) 북한 내 저평가되고 미개발된 천연자연, 2) 북한의 지정학적 위치, 3) 고등학교까지 의무교육을 받은 숙련된 저임금 노동력이다. 북한이 순조로이 한국, 미국과 핵 협상을 마무리 짓고 동북아 가치사슬에 가담하면 역내 국가 모두에게 이익이 될 수 있다.

남북한 경제통합과 동북아 경제통합을 별도의 과정이 아니라, 동북아 지역의 생산 네트워크를 매개로 서로 연결되면서 시너지를 발휘하는 과정으로 보아야 한다. 또한 북한은 동북아 지역에서 불안 요소로 작용하고 있기 때문에 동북아 경제통합이 이루어지기 위해서는 북한 문제의 해결이 필요하다. 동북아 경제통합에서 북한의 참여는 이 지역이 안고 있는 평화 위협과 불안정성의 문제점을 해결할 수 있을 뿐만 아니라, 동북아 국가와 생산 네트워크를 심화하여 생산성 향상과 경제성장을 도모할 수 있다.

| 상생을 위한 결단 |

최근 들어 한중일 3국 간의 무역 갈등, 미중 무역전쟁의 파고가 높아지고 있다. 이에 따른 동북아의 경제적 긴장도 높아지고 있다. 지금 상황에서 동북아시아 가치사슬이 글로벌 가치사슬 체계 안에서 기존 패러다임을 유지할지, 아니면 새로운 패러다임으로 전환될지 여부는 아직 분명치 않다. 기존 구조는 수출입 균형을 통해 한중일이 상호 의존하며 시너지를 발휘했지만, 중국의 홍색 공급망, 역내 무역전쟁, 그리고 다크호스로서 북한의 진로가 변수로 작용하고 있다. 기존 패러

다임이 바뀌는 것은 한국의 산업구조와 무역구조 자체가 변화하는
계기가 될 것이다.

■ 중국의 포용적인 대외정책이 필요하다 ■

　미중 무역전쟁에 관한 중국인의 생각을 담은 유튜브 동영상을 본
적이 있다. 대부분의 중국인들은 미국이 중국을 불공정하고 차별적
으로 대한다고 분개한다. 이 유튜버는 그런 중국인들에게 "중국은 과
연 이웃 동남아 국가들이나 대중국 투자회사들을 공정하게 대하고
있느냐?"고 거꾸로 되묻는다. 그러자 중국인들은 한동안 대답을 하지
않다가 결국 "그래도 미국과 중국은 공정하게 무역을 하고 외교를 해
야 한다"고 말한다. 이처럼 중국은 지나치게 자기중심적 편향성을 가
지고 다른 나라를 대한다.

　사실 중국은 세계화로 가장 많은 이익을 본 나라다. 세계 2위의 경
제대국으로 부상한 만큼 글로벌 정치·경제의 평등한 발전에 기여할
책무가 있다. 특히 중국은 세계의 화약고인 북한에 대해 큰 영향력을
가지고 있는 나라다. 반면, 한국이나 일본은 북한 핵문제와 경제에 관
한 한 중국보다 훨씬 적은 영향력을 가지고 있다. 미국과 나란히 G2 반
열에 오른 중국이 국제적 책임을 다해야 한다. 그러나 중국이 이러한
책임을 제대로 수행하고 주변국과 평화로운 공존을 추구할 의지가
있는지 갈수록 의심이 커지고 있다.

　많은 나라들이 중국은 하드파워 Hard Power(경성권력)에서는 강대국
일지 몰라도 소프트파워 Soft Power(연성권력)에서는 아직 한참 먼 나라
라고 생각한다. 현재 동북아에서 일어나는 분쟁은 모두 중국과 관련

이 있다. 중국-대만, 중국-일본, 중국-한국처럼 직접 당사자인 분쟁도 있고, 남북관계에서는 제3의 당사자이자 휴전협정 참가자로서 법적 지위를 갖고 있다. 그리고 매번 정치적 분쟁에서 무역전쟁을 암묵적·명시적 해결 수단으로 사용했다. 이런 중국의 태도는 주변국과의 분쟁을 일으키는 요인이 되고 있다. 하버드대학의 조지프 나이Joseph S. Nye 교수는 한 국가가 진정한 패권으로 성장하기 위해서 하드파워뿐만 아니라 소프트파워의 중요성을 잘 이해해야 한다고 주장한다. 나이 교수는 소프트파워의 세 가지 자원으로 첫째 타국에서 통용될 수 있는 문화, 둘째 국내외에서 실현 가능한 정치적 가치관, 셋째 합법성과 도덕적 위신을 갖는 외교정책을 제시한다. 중국은 하드파워와 소프트파워에서 모두 강대국의 책임과 면모를 보이며 동북아시아의 각종 분쟁에서 빠져나와야 한다.

동북아시아는 늘 전쟁을 하던 유럽과 달리 대체로 평화적이었다. 그것은 주변국들이 중국의 압도적인 힘을 인정하고 갈등을 피했기 때문이다. 그러나 교통과 통신이 발달한 지금은 중국이 더 이상 세상의 중심이나 최강국도 아니며, 다른 나라가 군사적으로 일방적으로 당하는 시대도 아니다. 글로벌화한 세계에서는 모든 나라가 동등한 위치에서 대화하며, 미사일 등으로 약소국도 언제든지 강대국의 심장부를 타격할 수 있는 수단을 가지고 있다. 그러나 중국은 여전히 중화공산주의로 이웃 국가들을 위협하고 있고, 그로 인한 분쟁이 늘 시끄럽다. 중국은 자국의 핵심이익core interest만 중요시하지 그로 인한 주변국의 피해는 고려하지 않는다. 아직도 세상이 중국 중심으로 흘러가야 하고, 주변국을 지배해야 한다는 생각에 사로잡혀 있다. 그렇다고 그런 갈등의 결과가 늘 중국에 이익이 되는 것도 아니다.

　동북아시아의 평화를 위해서는 중국이 변해야 한다. 물론 한국, 북한, 그리고 일본의 평화적 태도 변화도 필요하지만 결국 동북아에서 정치, 경제, 군사, 영토 문제 등 모든 면에서 가장 크고 강대한 중국의 타국을 존중하는 태도가 중요하다. 글로벌 개방경제를 통한 이익은 가져가면서 막상 자국 시장은 폐쇄적으로 운영해 주변국에 피해를 주는 무역정책도 전환되어야 한다. 현재 동북아에서 일어나는 정치·무역 분쟁은 이러한 중국의 이기적이고 자국 중심적인 정책에서 기인한 바가 크기 때문이다.

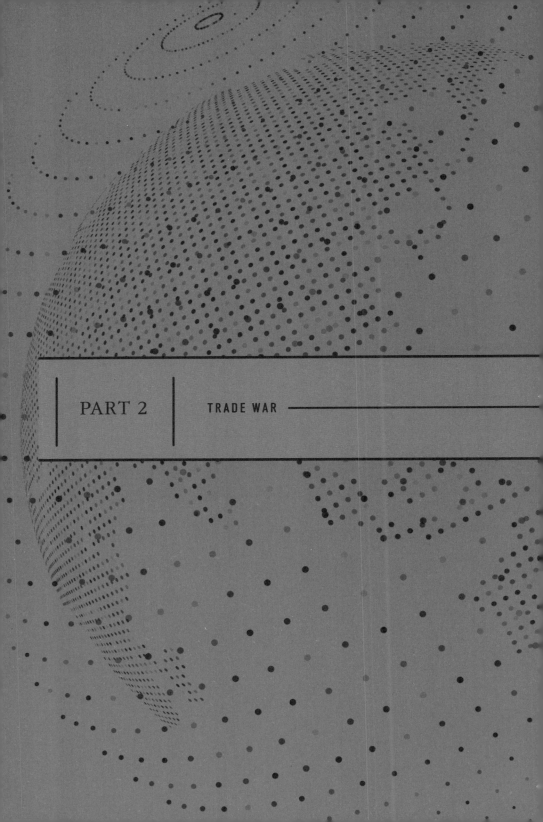

PART 2 | TRADE WAR

미중 무역전쟁

중국은 미국을 타도해야 할 제국주의이면서 제품을 팔아야 하는 시장으로 보았고, 미국은 중국이 자유민주주의 체제로 바뀌길 희망했지만 생산기지로서 상대적 중요성만 부여하고 있다. 미국과 중국의 '동상이몽'은 양국의 무역 갈등을 심화시키고 있다.

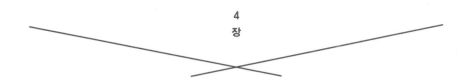

4
장

미중 무역전쟁의 시작과 끝

| 중국의 도발, 미국의 확전 |

■ 무역전쟁의 이해 ■

무역전쟁은 일반적으로 국제무역을 제한하는 보호무역주의의 부작용으로 이해된다. 대체로 보호무역주의는 해외자본으로부터 국내 기업과 일자리를 보호하고 무역적자의 균형을 맞추기 위해 활용되는 정부의 정책이다. 무역전쟁의 역사를 보면 보호무역주의의 반대편에는 자유무역을 주장하는 국가가 있다. 어느 한 나라가 상당한 정도의 무역적자를 보게 될 때 수입 상품에 부과되는 국경세, 즉 관세를 부과하는 방법이 주로 사용되었다. 세계경제에서 무역전쟁은 양국의 소비자와 기업에 큰 피해를 줄 수 있다.

교과서적인 무역 이론에 의하면 양국 간의 무역적자나 흑자는 오랜 기간 지속되지 않고 일정 시간이 지나면 환율이라는 평형 수단을 통해 무역균형을 이루게 된다. 결국 무역전쟁이 일어났다는 것은 환율이라는 화폐가치의 평가 수단이 제대로 작동하지 않았다는 의미이고, 필연적으로 환율전쟁도 부수적으로 일어나게 된다.

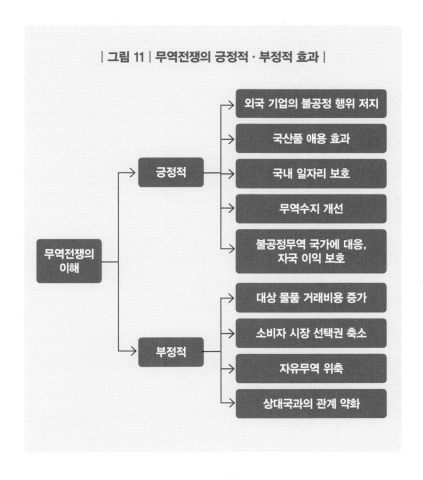

| 그림 11 | 무역전쟁의 긍정적 · 부정적 효과 |

보호무역주의자들에 의하면, 무역전쟁의 장단점에도 불구하고 일반적으로 보호무역주의는 무역 상대국에 대한 경쟁력을 높여준다. 수입을 차단하거나 억제함으로써 보호정책은 국내 생산자에게 더 많은 비즈니스 기회를 제공하고 궁극적으로 더 많은 고용을 창출할 수 있어 무역적자를 극복하는 수단이 된다. 보호무역 지지자들은 고통스러운 관세와 무역전쟁이 지속적으로 불공정하거나 비윤리적인 무역정책을 펴는 국가를 다루는 유일하게 효과적인 방법일 수 있다고 주장한다.

하지만 반대론자들은 보호무역주의가 시장을 질식시키고 경제성장과 문화교류를 둔화시켜 장기적으로 보호하려는 사람들에게 피해를 입히는 경우가 많다고 반박한다. 게다가 소비자는 시장에서 선택의 폭이 줄어들고, 관세로 인해 가격이 높아지거나 수입이 금지된 상품의 국내 대체품이 없을 경우 어려움을 겪게 된다. 소비재 완제품이 아니더라도 중간재에 대한 관세가 부가되면 결국 수입업자는 원자재에 더 많은 비용을 지불해야 하고, 이 비용은 결국 최종 소비자에게 전가된다. 결과적으로 무역전쟁은, 특히 공산품 가격 상승으로 이어져 지역경제 전반에 인플레이션을 유발할 수도 있다.

그런데 미중 무역전쟁의 특이점은 보호주의자와 자유무역주의자 간의 싸움이 아니라 불공정무역에 대한 응징으로 시작되었는데, 그 시작점은 지식재산권과 패권 다툼으로 인한 정치적 원인이 많이 작용했다. 즉, 이전까지의 무역전쟁은 분명한 실체가 있는 차, 곡물, 마약 같은 불공정한 무역을 이유로 벌어졌고, 실제 무력을 동원한 전쟁으로 이어진 적도 많다. 그러나 미중 무역전쟁은 무형의 지식재산권

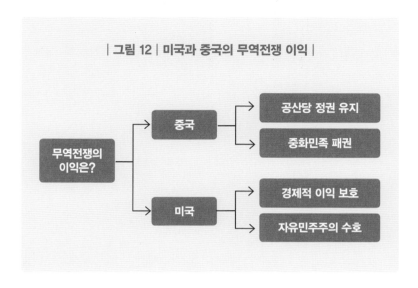

| 그림 12 | 미국과 중국의 무역전쟁 이익 |

무역전쟁의 이익은?

중국 → 공산당 정권 유지
중국 → 중화민족 패권

미국 → 경제적 이익 보호
미국 → 자유민주주의 수호

분쟁이 시발점이었다는 게 특이하다. 이는 세계가 아날로그 시대에서 디지털 시대로 이행하면서 분쟁의 대상물이 추상적인 지식재산권이 되었다는 점을 시사한다. 표면적으로는 미국이 먼저 무역전쟁을 선포한 것처럼 보이지만 실질적으로 무역전쟁의 도발은 중국이 먼저 했다. 그것도 은밀하게. 이전에 없던 지식재산권 해킹 또는 무형 재산의 침해라는 수단으로 말이다.

왜 중국은 무역전쟁을 도발했고, 미국은 이를 확전시켰을까? 이념적으로는 미국의 자유민주주의적 패권 대 중국의 중화공산주의 패권의 대립이었고, 무역에서는 자유무역 대 관리무역의 대결이었다. 물론 표면적으로는 중국이나 미국 모두 자유무역을 내세우지만, 자유무역을 시작한 국가이고 자유민주주의를 표방하는 미국식 자유무역과 공산당식 독재를 기본 국가체제로 하는 중국식 자유무역은 근본적인 차이가 있다. 미국은 철저하게 법에 정한 절차에 따라 기업과 개인의 자유를 제한할 수 있지만, 중국은 공산당과 정부기관이 자의적으로 언제든지 제한할 수 있는 자유다.

- **자유민주주의**: 시장경제, 개인의 소유권 중시, 정부 개입 최소화, 미국 이외 국가의 독립성 존중
- **중화공산주의**: 계획경제, 개인 소유권 제한, 정부 기능 최대화, 중국 중심의 대국주의

미국과 중국은 무역 파트너로서 상호 이익을 추구했다. 그러나 무역을 하는 궁극의 이유는 달랐다. 미국이 많은 나라 중 중국을 무역 파트너로 선택한 것은 중국의 자유화와 민주화도 중요한 이유였다. 반면에 중국은 중화공산주의 체제의 강화가 목표였다. 구소련이 러시아로 바뀐 이후 미국은 중국도 경제를 개방하고 중국 내 자유와 인권이 확대되고 향상되기를 기대했다. 중국 기업은 미국에서 자유롭게 활동했지만, 중국 내 미국 기업은 중국의 공산주의 독재체제에서 많은 제약을 받았다.

■ **중국의 도발** ■

많은 사람이 트럼프가 중국을 향해 경제전쟁을 시작했다고 생각한다. 그러나 경제전쟁의 포문을 연 나라는 중국이다. 국제 금융시장에서 달러화의 비중이 점점 낮아지는 상황 속에서 2008년 미국발 금융위기가 발발했다. 미국 역시 자신의 패권이 무너지는 것은 아닌지 불

안감을 갖게 되었다. 중국이 이 틈을 놓치지 않고 발톱을 드러냈다. 2008년 글로벌 금융위기로 전 세계 경제가 휘청거릴 때 중국이 미국을 대신해서 세계경제의 구원자로 등장하자 세계가 환호했다.

2009년 1월, 중국 원자바오 총리는 다보스 포럼에서 "위기의 원인은 일부 경제권의 부적절한 거시경제정책과 장기간 계속되는 낮은 저축률, 그리고 과소비로 규정되는 지속 불가능한 경제성장 모델이다"라며 직접 미국을 겨냥했다. 더 이상 미국의 국채를 마음 놓고 사기 어렵다는 것이다.[11] 관세전쟁은 트럼프가 시작했지만, 진짜 원인은 세계경제의 구조적 불균형과 장기간에 걸쳐 WTO와 기타 무역 규칙을 체계적으로 위반한 중국의 불공정이다. 중국은 공산당 집권 유지를 위해 의도적으로 국제무역을 중국 우선주의가 관철되는 장으로 재편하려고 노력했다.

미국 허드슨연구소의 존 리 박사는 미중 갈등은 중국공산당이 계속 집권하기 위해 중국의 정치와 경제, 그리고 공산당의 지속적인 성공을 보장하는 방식으로 국제무역을 재편하려는 중국의 의도된 결과라는 것이다. 중국공산당의 집권 유지는 과정이 아니라 목표이며 이 목표를 유지하기 위해 경제적 지배력을 활용한다.[12] 애초부터 중국은 자유무역을 할 생각이 없었고, 중국의 지배력을 강화하는 수단으로서 미국과의 자유무역을 활용했다는 것이다. 그렇기 때문에 중국공산당은 자신들의 속내를 감추고 미국과의 우호적인 관계를 유지했다.

2008년은 미중 관계의 중요한 분기점이다. 미국발 금융위기로 세계가 어려움을 겪을 때 중국은 높은 경제성장률을 유지했다. 이 과정을 통해 세계경제에서 중국의 역할과 필요성이 크게 부각됐다. 이후 중국은 대외정책의 기본 방침이었던 도광양회韜光養晦에서 한발 더 나아가 좀 더 공세적인 모습을 보이기 시작했다. 예컨대, 세계 금융위기 해소를 위해 소집된 G20 회의에서 중국은 달러 중심의 기축통화 체제에 문제를 제기하는 한편, 2009년 코펜하겐에서 개최된 유엔기후변화협약에서도 베이식BASIC 그룹(브라질, 남아프리카공화국, 인도, 중국)을 만들어 미국에 대항했다. 또한 2010년에는 댜오위다오(센카쿠열도)에서 일본과 충돌했고, 남중국해 지역에서는 베트남과 필리핀의 석유 탐사를 물리력으로 저지했다.[13]

2018년 트럼프가 관세전쟁을 하기 전에 일련의 과정을 보면 미중 무역전쟁은 단순히 비합리적인 미국 대통령 개인에 의해 주도된 것이 아님을 알 수 있다. 2001년 9·11테러와 2008년 금융위기가 닥치면서 중국공산당 지도부는 마침내 중국이 미국을 넘어 글로벌 패권을 쥐게 되었다고 확신하고 미국을 자극하기 시작했다. 1971년 4월 미국의 탁구팀이 중국을 방문했다. 유명한 '핑퐁외교'다. 그러나 중국의 속내는 달랐다. 이른바 도광양회 외교다.

도광양회는 덩샤오핑 집권 시기 중국의 외교 방침을 말한다. 덩샤오핑은 1980년대 개혁개방정책을 펼치며 도광양회를 중국의 전통적인 간접 통치인 기미정책羈縻政策을 달성하기 위한 대외정책의 뼈대로 삼았다. 이는 국제적으로 영향력을 행사할 수 있는 경제력이나 국력이 생길 때까지 침묵을 지키면서 강대국들의 눈치를 살피고 전술적으로도 협력하는 외교정책을 말한다. 이후 중국의 힘이 커짐에 따라 도광양회 → 유소작위 → 화평굴기 → 중국굴기의 과정을 거치면서 미국에 대한 도전을 드러내기 시작한다. 그리고 2008년 글로벌 금융위기가 발생하고 미국이 흔들리자 중국은 거침없이 상대를 압박한다는 뜻의 돌돌핍인呐呐逼人의 형국으로 미국을 도발했다.

■ 미국의 확전 ■

2016년 오바마 미국 대통령에 대한 중국의 홀대가 미국을 분노케 했다. 미국 의회는 대중국 규제 법안을 내놓기 시작했다. 하지만 무역전쟁임에도 미국이 내세운 것은 무역적자가 아니라 무역규범이었다. 제조업에서 금융·서비스 산업으로 전환한 미국은 물건을 외국에서 사오는 것에는 거부감이 적었다. 미국은 중국이 아니어도 대체 제조 국가를 만들 역량이 있었고, 여전히 세계 2~3위의 제조업 경쟁력을 가지고 있었기 때문에 제조업 재생이나 수입초과는 크게 걱정하지 않았다. 중국이 가지고 있는 미국 채권에 대해서도 '1조 달러짜리 지폐 한 장 찍어서 갚으면 된다'는 생각을 가지고 있을 정도였다.

미국이 정말 참을 수 없었던 것은 중국의 계속된 모욕이었다. 그리고 중국은 무역과 통상 분야뿐만 아니라, 안보를 둘러싼 하이테크 기술, 군사, 화폐, 금융 분야에서도 큰소리치며 미국을 뛰어넘으려고 시도했다. 미국은 여차하다가 다음 세대에서는 글로벌 주도권을 중국에 빼앗길지도 모른다는 걱정을 하기 시작했다. 트럼프 전 대통령이 미중 무역분쟁을 밀어붙였던 것은 단지 트럼프 개인의 의지가 아니라, 미국 민주·공화 양당의 동의와 더불어 주류 사회가 이를 뒷받침했기 때문에 가능했다.

미국 펜스 전 부통령의 대중국정책 연설인 〈새로운 냉전 선포Declaration of a New Cold War〉(2018년 10월) 이후, 미국은 국방성 보고서, 대

중국 전략 보고서 등을 잇따라 발표하며 대중 무역전쟁을 복합적인 전쟁으로 확전할 것을 선언한다. 미국은 지금까지는 소극적으로 중국 무역제도의 투명성 부족, 대규모 산업 보조금 지급, 지식재산권 보호의 실효성 결여, 국영기업의 특혜 등 무역과 직접적으로 연관된 분야만 문제 삼았다. 그러나 2018년 10월 이후부터는 신장 지역의 강요된 노동 등 중국의 비시장적 제도, 시장적 규범은 무시하면서 '개발도상국 특혜'는 놓지 않으려는 중국의 몰염치도 공개적으로 비난한다. 기술, 안보, 인권으로 전방위적 확전이 시작된 것이다. 이후 미국 상무부는 화웨이에 대한 제재뿐 아니라, 최근에는 중국의 슈퍼컴퓨터 제조와 관련된 기업 5곳에 대해 '국가안보와 외교정책 이익에 반하는 행동을 하고 있다'는 이유로 제재 명단black list에 올렸다. 또한 핵무기, 암호, 미사일 방어 등 군사 목적으로 전용될 수 있는 슈퍼컴퓨터 관련 반도체 기술의 대중국 수출을 금지했다.

미국이 무역전쟁이라는 명분하에 턱밑까지 따라온 중국을 따돌리기 위해 미래의 기술패권과 4차 산업혁명의 생태계를 장악하는 데 중점을 두고 있다는 분석에 무게가 실린다. 전통적 무역전쟁에서는 서로가 패자일 수 있지만, 첨단기술 경쟁력을 다투는 '하이테크 전쟁'에서는 기술을 선점한 승자가 모든 것을 독차지할 수 있기 때문이다. 래리 커들로 전 미국 백악관 국가경제위원회NEC 위원장은 2019년 6월 미중 무역전쟁을 냉전시대 미국과 소련의 경쟁에 비유하며 "미중 협상은 매우 중요하기 때문에 제대로 풀어야 하고 (미국은) 10년이 걸리더라도 그렇게 할 것이다"라며 장기전을 시사했다.[14]

미중 무역전쟁에 대해 중국은 사실상 미국이 중국에 전쟁을 선포한 것으로 단순히 무역과 통상을 둘러싼 분쟁이 아니라고 판단한다. 왜냐하면 미국은 중국과의 무역 협상에서 지식재산권, 국유기업 개조 및 개발도상국 지위 박탈 등 무역 문제를 뛰어넘는 문제들을 제시했기 때문이다. 또한 중국은 미국의 제재가 보다 전면적으로 시간이 갈수록 구체화되는 것으로 파악하고 있다. 미국의 대중국 압박은 무역 분야를 뛰어넘어 과학기술과 인문, 교류 분야로 확대되고 있는 바, 중국 유학생 입국 제한, 전문가 비자 제한, 대만 문제 야기, 2018년 '대만여행법' 통과, 샹그릴라 대화(아시아안보회의) 및 인도태평양 전략 보고서에서 대만을 국가로 처음 언급한 점, 신장 위구르 문제 개입 등을 근거로 제시한다.[15]

그런데 왜 중국은 미국에 무역전쟁과 패권경쟁을 도발했을까? 패권경쟁을 벌임으로써 중국이 얻는 구체적 이익은 거의 없다고 할 수 있다. 다만, 공산당 정권 유지와 중화민족 패권이라는 추상적 가치를 추구하는 듯 보인다. 반면에 미국이 무역전쟁을 확전시킨 이유는 분명하다. 미국의 경제, 기술, 안보를 적극적으로 지키면서 자신의 패권을 공고히 하려는 것이다. 그러면서 미국이 국제사회에 공개적으로 선언한 명분은 자유, 시장경제, 민주주의를 수호한다는 것이다. 일단 글로벌 차원에서 보면 미국이 우세해 보인다. 중국 국방대학 전략연구소 다이쉬 교수가 강의에서 언급한, 중국이 미국에 대해 놓친 4가지가 그것을 말해준다. 특히 중국 편을 들어주는 나라가 없다는 것이 결정적이다.

미국과 관련해 중국이 놓친 네 가지는, 첫째 미국의 원한이 이렇게 클

줄 몰랐다는 것, 둘째 미국의 수법이 이토록 악랄할 줄 몰랐다는 것, 셋째 미국에게 얻어맞는데 편들어 주는 나라가 하나도 없다는 것, 넷째 중국 때리기엔 미국 공화당과 민주당이 따로 없다는 것이다.

| 미중 무역전쟁의 잉태 |

중국의 관점에서 보면 중국과 미국은 처음부터 전쟁이었지만, 미국의 관점에서 보면 무역전쟁은 그보다 수십 년 후다. 필자가 보기에는 미중 무역전쟁의 출발점은 1972년 상하이 공동성명이고, 명시적으로 본격화한 시점은 1991년 중국의 WTO 가입이며, 표면화된 시점은 2016년 오바마의 중국 공항 사건으로 볼 수 있다. 공개적으로 시작된 것은 2018년 7월 16일 트럼프 전 대통령이 대중국 수입품에 대한 보복관세를 부과하면서부터다. 이처럼 무역전쟁이 언제부터 시작됐는지는 관점에 따라 다르다. 여기서의 관점은 미중 관계를 분석하는 전문가들의 관점이 아니라, 각각 미국과 중국이라는 나라의 관점이다.

미국과 중국은 양국 관계를 왜 시작했는지에 대한 생각이 서로 달랐다. 미국은 중국이라는 나라가 자유, 민주, 자본주의로 전환될 수 있다고 생각했지만, 중국은 애초부터 중화, 공산당, 사회주의를 포기할 생각 없이 미국을 압도하는 세계의 지도 국가로 부상하려고 했다. 따라서 중국은 처음부터 미국과 전쟁을 하고 있었고, 미국은 중국의 그런 의도를 알고 난 후에도 한참 뒤에야 중국과 무역전쟁을 시작했다. 그 시점은 중국 입장에서 보면 중국공산당이 미국과 관계를 갖기 원했던 1950년대 이전이고, 미국의 입장에서 보면 중국공산당의 의도를 알아차린 1990년대 중반 이후로 차이가 있다.

■ 미중 무역전쟁의 시작 ■

중국이 미국 주도의 WTO에 가입하지 않았다면 미중 무역전쟁은 없었을 것이다. 제2차 세계대전 이후, 세계경제는 미국 주도로 흘러가고 있었으며 공산권과의 대결에서 자유민주 진영의 우세가 점점 확실해졌다. 그런 상황에서 1983년 당시 '중공'이 WTO의 전신인 '관세 및 무역에 관한 일반 협정General Agreement on Tariff and Trade, GATT'의 옵서버 자격을 획득하고, 1986년에 가입 신청서를 내면서 미국과 중국의 상이한 체제를 배경으로 WTO 가입 전쟁이 시작되었다. 이후 중공이 당시 가입되어 있던 대만(이때까지 대만이 중국이라는 국호를 썼다)을 밀어내고 중국이라는 국호로 WTO에 가입한 2001년까지 무려 15년 동안 양국은 갈등 상태를 이어갔다.

미국은 중국이 자유, 민주, 자본주의 체제와는 동떨어진 국가라는 이유로 중국의 가입에 반대했다. 중국은 인권을 보호하는 국가가 아니며, 지식재산권 등 사유재산에 대한 보호제도가 미흡하고, 대만을 무력으로 점령하려는 의도가 있기 때문이라는 것이다. 미국의 반대에도 중국은 1992년 남순강화, 1993년 사회주의 시장경제 도입 등 일련의 시장 지향적 개혁 조치 이후 중국 경제의 세계경제 통합을 지속적으로 추진했다. 중국의 이런 노력으로 1995년 세계 11대 무역국으로 부상했고, 미국으로부터 최혜국대우를 얻어냈다. 그렇지만 여

표 4 | 중국의 WTO 가입을 둘러싼 협상 쟁점

분야	미국 측 요구	중국 측 답변
통신	중국은 WTO 가입 이후 6년 이내에 호출기, 휴대전화 수입제한을 폐지하고, 국내 유선전화 서비스 시장을 개방하라. 또 4년 이내에 모든 통신 분야에서 외자 출자를 49%까지 허용하고, 부가 통신 서비스와 호출기 사업은 외자 출자를 51%까지 허용하라.	통신 분야의 주요 업무에 대한 외자 출자를 최대 25%, 부가가치 사업의 경우 외자 출자를 최대 30%까지 허용한다. 그러나 외국 기업의 중국 인터넷 기업인수는 허용하지 않는다.
은행	중국은 WTO 가입 후 2년 이내에 외국계 은행의 위안화 업무를 허용하고, 5년 이내 위안화 소매금융 업무를 허용하라.	중국은 상하이와 선전에 이미 외국계 은행의 위안화 영업을 시험적으로 허용했고, 향후 점차 범위를 확대할 계획이다. 그러나 외국계 은행에 대한 위안화 소매금융업 개방은 아직 여건이 갖춰지지 않았다.
증권	외국 자본의 중국 증권시장과 채권시장의 진출을 허용하라.	외국 자본을 대상으로 중국의 증권시장과 채권시장을 개방한 전례가 없다.
보험	보험회사의 외국 기업 지분율을 51%까지 허용하고, 2년 이내에 외국 기업이 100% 출자한 자회사 설립을 허용하라.	공동 출자 보험회사의 외국 기업 지분율을 이미 50%까지 높였다. 다른 의견 차이에 대해서는 보다 높은 단계의 협상이 필요하다.
첨단기술	첨단 제품의 현행 평균 관세율을 13.3%에서 단계적으로 인하하여 제로 관세를 실시하라. 2005년까지 컴퓨터, 통신 등 기술 제품의 관세 제한을 폐지하라.	중국은 산업 제품 관세율을 점차 낮추기로 결정했다. 다만, 미국의 첨단 제품 수출 금지정책이 장애물이다.
자동차	중국은 WTO 가입 이후 5년 이내에 자동차 수입관세를 현행 10~100%에서 25%까지 낮추고, 자동차 부품 수입관세율도 10% 이하로 낮춰야 한다. 이와 함께 자동차 수입쿼터제를 폐지하라.	중국은 이미 자동차 및 자동차 부품 수입쿼터제 폐지에 동의했다.
방직업	미국은 중국산 방직 제품에 대한 수입쿼터제를 2005년까지 적용할 것이다.	중국의 WTO 가입 후 미국은 즉시 중국 방직 제품에 대한 차별적 수입제한을 폐지해야 한다.

출처: CCTV 경제 30분팀, 홍순도 옮김, 《무역전쟁》, 랜덤하우스코리아, 2011

전히 중국은 자유무역을 할 만한 국가가 아닌 정부 주도의 계획경제를 이끌어가는 사회주의 국가라는 점에서 변함이 없었다.

1995년 GATT의 약점이었던 집행기구 부재를 보완하기 위해 실질적 집행기구를 설치한 WTO가 창설되었을 때도 중국은 미국과 유럽 각국의 반대로 가입하지 못했다. 이후 중국은 세계 자본주의 국가의 리더이면서 가장 큰 수입 시장을 가진 미국과 더 적극적인 협상을 하고자 했다. 주요 협상 쟁점은 표 4와 같다. 이러한 쟁점들에 대해 중국은 전면적 즉시 개방보다는 점진적인, 즉 WTO 가입 이후 단계적 개방 전략으로 협상에 임했다. 이 과정에서 중국은 WTO의 대원칙인 내국 기업과 외국 기업의 동등한 대우, 기업 규제의 투명성 보장, 협정 가입국 모든 나라에 대한 최혜국대우 원칙 등을 약속했다. 이러한 약속을 통해 미국과 중국은 1999년 WTO 가입 협상을 타결했고, 2000년 미국 의회 비준을 받아 중국의 WTO 가입을 위한 미국 내 절차를 모두 마쳤다. 이때 미국 클린턴 대통령은 존스홉킨스대학 국제관계대학원SAIS에서 "중국이 WTO에 가입하면 우리 상품을 더 많이 수입할 뿐만 아니라 민주주의의 가장 소중한 가치인 '경제적 자유'를 받아들이게 될 것이다"라고 연설하기도 했다.

■ 미중 무역전쟁의 표면화 ■

2016년 9월 3일 미국 오바마 대통령이 탑승한 대통령 전용기 '에어포스원'이 중국 항저우 공항에 도착했다. 그러나 다른 나라 정상들과 정상급 인사들에게 제공되는 이동식 계단이 없었다. 오바마 대통령은 비행기 동체 아래의 비상용 접이식 계단을 통해 내려왔고, 그 계단

| 그림 13 | 2016년 미국 오바마 전 대통령의 중국 방문 시 불거진 홀대론 |

출처: Carolyn Kaster / Associated Press

에는 외국 대통령의 방문을 예우하는 '레드카펫'조차 없었다. 심지어 중국은 미국 취재진과 백악관 사진기사의 공항 환영행사 취재까지 막았다. 이에 항의하는 미국 외교관에게 중국 외교 관료는 "여기는 우리나라이고 우리 공항"이라며 큰소리치며 막아섰다. 영국《가디언》은 전 주중 멕시코 대사관의 말을 인용하여 "이번 일은 실수로 일어날 수 없는 철저히 계산된 외교적 무시"라고 설명했다. 이후로 미중 무역 갈등이 표면화되었고, 양국 정부는 상대 정부의 잘못을 대놓고 지적하기를 주저하지 않았다.

　1999년에 미국과 중국은 WTO 가입 협상을 타결했다. 그러나 중국과 미국의 무역 갈등은 더욱 깊어졌다. WTO 가입이 이루어지자 중국의 대외무역이 폭발적으로 증가하기 시작했다. 가공무역을 토대로 나오는 값싸고 질 좋은 중국의 생활필수품들이 미국 등 세계시장을 휩쓸기 시작했다. 그러나 순조롭지만은 않았다. 중국이 안고 있는 갖가지 무역 시스템상의 문제가 불거져 나오기 시작한 것이다. 무역량 급증과 함께 무역 갈등이 증가했고, 동시에 반덤핑 공세가 시작됐다.

WTO 가입 이후, 중국은 반덤핑 조사를 가장 많이 받은 나라로 떠올랐다. 정부 보조금 지급 혐의 조사도 최고 수준이었다. 가장 심각한 문제는 미국과의 무역 불균형이었다. 양국의 통상마찰은 완화되긴커녕 점점 더 격화되었다.[16] 미국과 중국은 갈수록 꼬이는 양국의 무역 갈등을 풀어보고자 새로운 방식의 대화 채널을 열었다. 2006년 조지 W. 부시 대통령과 후진타오 주석은 전략적 경제대화SED라는 창구를 만들었다. 오바마 대통령은 이를 미중 전략경제대화S&ED로 격상시켰다. 이처럼 여러 차례 무역 갈등 해소를 위한 상호 노력에도 불구하고 이렇다 할 진전은커녕 오히려 상황은 더욱 악화되어 갔다.

오바마 집권 시기 동안 미국은 중국을 좀 더 개방시키는 데 실패했다. 미국 시장에 비해 중국은 닫힌 시장이다. 농산물과 공산품 등 주요 소비재들의 수입관세가 높을 뿐만 아니라, 중국의 명시적 혹은 암묵적인 비관세장벽도 악명이 높다. 세계 투자자들은 중국의 지속적인 성장과 시장 규모에 홀려 중국행을 선택하지만 중국 정부는 그런 외국인 투자자들에게 중국 기업과 동등한 대우를 보장해 주지 않는다. WTO 가입 협상에서 중국은 많은 분야의 지속적인 자유화를 약속했지만, 이미 WTO에 자리를 확보한 중국에게 그 약속 이행은 의무가 아닌 후속 협상의 대상일 뿐이었다. 이러한 중국의 변심은 워싱턴 정가에 중국을 손봐야 한다는 강경 기류를 만들어냈다.

특히 미국은 중국이 아무런 거리낌없이 행하는 미국의 지식재산권

침해는 물론, 미국 정부기관에 대한 해킹에 불만이 컸다. 2015년 시진핑 주석이 워싱턴을 방문했을 때 오바마 대통령은 시진핑에게 중국이 더 이상 미국에 대한 해킹을 하지 말도록 주문하기도 했다. 이때 시진핑은 "중국도 해킹 공격의 피해자이며, 사이버 범죄와 맞서 싸우기 위해 미국과 협력할 준비가 됐다"고 말했다. 물론 그 이후 상황이 나아진 것은 없었다. 2016년 미국 대통령 선거에서 공화·민주 양당 모두 초강경 대중 무역정책을 천명했다.

이렇게 무역을 둘러싼 양국의 환경은 악화되었고, 더불어 외교관계도 불편해지기 시작했다. 그러다가 표면상으로 양국 정부의 감정이 그대로 드러난 것이 앞서 언급한 2016년 오바마 대통령의 중국 방문 시 중국 외교부가 보여준 노골적인 홀대였다. 중국이 미국에 이어 세계 2위의 무역국이 되었고, 곧 미국을 추월할 것이라는 자신감에 넘친 중국의 액션이었다.

| 미중 무역전쟁의 명분과 WTO 규범 |

어떤 갈등이든지 실리와 명분이 있다. 실제로는 이익을 취하는 것이 목적이지만 야비하다는 말을 듣지 않기 위해 겉으로는 '명분'을 내세운다. 미중 무역전쟁의 명분은 무엇일까? 'WTO 규범을 누가 더 잘 지켰는가?'다. WTO가 추구하는 것은 공정한 자유무역이기 때문이다. 이는 또한 미국과 중국 양국이 모두 인정한 규범이기도 하다. 따라서 미중 무역전쟁에서 명분은 바로 WTO 규범을 누가 더 잘 지켰

는지에 달려 있다.

WTO는 1995년 1월에 창설되었지만, 실제 연혁은 1948년 체결된 GATT의 연장된 국제무역 규범의 실행기구로 발전되어 온 것이다. WTO는 국가 간의 자유로운 무역을 위해 전 세계 164여 개국이 합의하여 만들었다. 간단히 말하면, WTO는 거의 전 세계적인 수준에서 국가들 간의 무역규범을 다루는 곳이다.

중국의 WTO 가입 과정은 다른 자본주의 국가와는 달리 순탄치 않았다. 사회주의 국가인 중국이 자본주의를 기본 이념으로 하는 WTO에 가입하는 것 자체가 모순이었기 때문이다. 중국은 덩샤오핑이 개혁개방 노선을 채택한 이후 IMF, 세계은행 World Bank, 아시아개발은행 ADB 등 국제경제 기구에 잇달아 가입했으며, 1986년에는 WTO의 모태인 GATT에 가입 신청을 했다. 하지만 중국 경제의 구조적인 문제들을 포함한 내부 이슈와 함께, 가장 중요하게는 미중 관계의 굴곡 속에서 1995년 1월 WTO 체제가 출범할 때까지도 중국은 참여하지 못했다. 미국이 정치적(인권, 대만 문제 등), 경제적(지식재산권 보호, 미국의 대중 무역적자 등) 문제를 이유로 가입에 제동을 걸었기 때문이다.

1999년 11월 15일 미중 양국 간 협상이 타결되었고, 2000년 5월에는 EU와 양자 협상이 완료되었으며, 2000년 5월 24일과 9월 19일에 각각 미국 하원과 상원이 '항구적정상무역관계 PNTR'를 중국에 부여하기로 결정했다. 그 후에도 약 1년 가까이 미중 양국의 현안으로 남아 있던 농업 보조금 문제와 보험시장 개방 문제가 2001년 6월 9일에

완전히 타결되었다. 이후 2001년 11월 카타르 도하에서 열린 제4차 WTO 각료회의에서 중국의 WTO 가입 의정서를 채택했다. 이때 중국은 WTO 가입을 위한 여러 가지 조건의 이행과, WTO의 기본 원칙을 준수하기로 약속했다. 이 원칙의 준수 약속은 현재까지 미중 무역전쟁 명분 싸움의 주된 의제가 되기도 한다.

중국의 WTO 가입 과정

1948년 5월 대만(중국), GATT 가입

1950년 5월 중국 공산화로 GATT 탈퇴

1983년 10월 중국, GATT 업서버 자격 획득

1986년 7월 중국, GATT 가입 신청

1987년 3월 중국의 GATT 가입 검토 작업반 설치

1995년 1월 WTO 출범

1999년 11월 미중 양자 협상 및 합의

2001년 6월 미중 간 구체적 가입 조건에 대한 최종 합의

2001년 11월 WTO 각료회의(도하)에서 중국의 WTO 가입 승인

▪ WTO의 기본 원칙 ▪

WTO 협정은 다양한 분야들을 포괄하는 법적인 문서들의 집합이기 때문에 길고 복잡하다. 협정이 다루는 분야는 농업, 섬유, 금융, 통신, 정부조달, 산업표준 및 생산물 안전, 식품위생 규정, 지식재산권 등이다. 하지만 단순하고 기본적인 원칙들이 이 모든 법적 문서들 속에 면면히 흐르고 있다. 이 원칙들이 다자무역체제의 기초인 것이다.

차별 없는 무역 원칙

최혜국대우-Most Favored Nation, MFN: 다른 국가들을 서로 공정하게 대우해야 한다. WTO 협정하에서는 어떤 국가가 무역 상대국들 간에 차별을 할 수 없다. 누구에게 특별한 대우를 해주면(예를 들어, 어떤 상품에 대해 관세를 낮춰주는 조치) 다른 모든 WTO 회원국들에게도 동일한 대우를 해주어야 한다.

내국민대우-National Treatment Principle, NTP: 외국인과 내국인을 동등하게 대우해야 한다. 수입 상품이 국내시장에 진입한 후에는 국내 상품과 동등하게 취급되어야 한다. 서비스, 상표, 저작권 및 특허도 마찬가지다. 내국민대우는 외국의 상품, 서비스 또는 지식재산권 보호 대상이 국내시장에 진입한 이후에 적용된다. 그러므로 수입품에 관세를 부과하는 것은 국내 상품에 동등한 세금이 부과되지 않더라도 내국민대우를 위반하는 것이 아니다.

점진적인 협상을 통한 보다 자유로운 무역

무역장벽을 낮추는 것은 무역을 장려하는 가장 명백한 수단 중 하나다. 그러한 무역장벽에는 관세나 수량을 선택적으로 제한하는 쿼터 또는 수입금지와 같은 조치들이 포함된다. 경우에 따라서는 정부의 행정규제나 환율정책이 논의되기도 한다. 시장개방 원칙이 회원국의 이익을 가져오기도 하지만 구조조정을 필요로 하기도 한다. WTO 협정은 회원국들이 '점진적 자유화'를 통해 단계적 변화를 수용하도록 하고 있다. 일반적으로 개도국들에게는 보다 긴 의무이행기간이 주어진다. 참고로, 중국에게는 2001년부터 2016년까지 15년의 시간이 주어졌다.

양허와 투명성을 통한 예측 가능성

경우에 따라 무역장벽을 높이지 않겠다고 약속하는 것도 무역장벽을 낮추는 것만큼이나 중요하다. 왜냐하면 그런 약속이 기업으로 하여금 미래의 기회를 보다 명확하게 전망하도록 하기 때문이다. 안정성과 예측 가능성 덕분에 투자가 장려되고, 일자리가 창출되며, 소비자들은 선택의 폭 확대와 낮은 가격이라는 경쟁의 이익을 충분히 향유할 수 있게 된다. 다자무역체제는 기업 환경을 보다 안정적이고 예측 가능하도록 만들기 위해 각국 정부가 노력한 산물이다.

WTO 체제는 다른 방법을 통해서도 예측 가능성을 제고하기 위해 노력하고 있다. 한 가지 방법은 쿼터나 수입량에 제한을 두기 위해 활용하는 여타 조치들(쿼터 운용이 더 불공정한 관행이나 불필요한 행정규제로 이어질 수 있다)의 사용을 자제하도록 하는 것이다. 또 다른 방법은 각국의 무역정책이 가능한 한 최대로 명확하게(투명하게) 공개되도록 하는 것이다. 많은 WTO 협정들이 각국 정부로 하여금 정책과 관행을 해당 국가 내에서 공개하거나 WTO에 통보하도록 요구한다. 무역정책검토제도Trade Policy Review Mechanism, TPRM를 통한 회원국의 무역정책에 대한 정기적 검토는 국내적으로나 다자적으로 투명성을 적극 권장하기 위한 방법 중 하나다.

공정한 경쟁의 증진

WTO는 흔히 '자유무역' 기구라고 표현되기도 한다. 하지만 그런

용어가 전적으로 정확한 것은 아니다. WTO 체제 자체는 관세뿐만 아니라, 일부 제한적인 상황에서는 다른 보호 형태도 허용한다. 따라서 WTO 체제를 정확히 표현하자면, 자유롭고 공정하며 왜곡되지 않은 경쟁을 추구하는 규범 체제의 집합이라고 해야 한다. 최혜국대우 및 내국민대우라는 비차별 원칙 규범은 공정한 무역 조건을 확보하기 위해 만들어졌다. 덤핑(시장점유율을 높이기 위해 원가 이하로 수출하는 것)과 보조금에 대한 규범들도 그렇다. 이러한 이슈들은 복잡하다. 그 규범들은 무엇이 공정하고 무엇이 공정하지 않은지, 또한 불공정무역에 의해 발생한 피해를 보상하기 위해 추가적인 관세를 부과하는 등 정부가 어떻게 대응할 수 있는지 그 기준을 설정하려고 한다.[17]

■ 무역전쟁의 명분, 중국의 WTO 원칙 준수 여부 ■

2001년 중국이 WTO에 가입한 이래 미국과 중국은 원칙 준수 여부를 둘러싼 첨예한 싸움을 계속해 왔다. 미국은 중국이 WTO 회원국의 이점은 누리면서 원칙은 여전히 준수하지 않는다고 비판한다. 미국무역대표부USTR는 〈2018 중국의 WTO 규정 이행에 관한 연례 보고서〉를 통해 중국이 경제와 무역체제를 근본적으로 변화시키려는 의지를 보이지 않고 있다고 지적했다.

USTR는 중국이 여전히 정부가 시장에 깊이 개입하는 정부 주도적이고 중상주의적인 무역 관행을 유지하고 있으며, WTO 정책에 준하는 개방경제와 시장경제로 이행하려는 노력을 보이지 않고 있다고 비판했다. 이 보고서는 "중국이 자국의 무역 관행과 경제 시스템의 변화를 도모하는 새로운 WTO 규정을 적용하는 데 동의할 것으로 기대하기는 대단히 어렵다"고 전망했다. 한마디로 미국은 중국의 원칙 준수 기대를 포기했다는 의미다. 반면에 중국은 자국의 형편에 따라, 가입 국가의 형편에 따라, WTO 원칙의 일부를 유예시켜 주는 약정서에 따라 자국의 경제구조를 바꾸려고 노력했다고 반박했다.

중국 정부는 중국이 WTO 가입 15년이 경과하면 시장경제 지위, 즉 자유자본주의 원칙을 잘 지키고 있음을 인정하는 지위를 자동적으로 획득한다고 주장하고 있지만, 중국의 주요 교역국인 미국과 유럽 국가들은 이를 인정하지 않고 있다. 이에 중국은 미국과 유럽을 가입 의정서 의무 위반으로 WTO에 공식 제소했다. 그러나 중국은 WTO 위원들이 중국을 시장경제 국가로 인정하지 않을 것으로 예상하고 스스로 제소를 철회했다. 결국 중국은 여전히 비시장경제 국가로서 불이익을 감수하고 있다. WTO 원칙을 지키지 않았음을 스스로 인정하는 셈이 되었다.

■ 중국의 WTO 가입 조건 미이행 사항 ■

중국은 2001년 WTO 가입 시 다양한 문제에 대한 국가 규칙을 바꾸겠다는 일련의 약속을 했다. 이러한 약속은 중국이 WTO 회원국을 가능케 했던 협정의 일부였다. 하지만 중국은 여전히 많은 의정서 약속을 준수하지 않았다. 유럽의 제조업체 연합인 'AEGIS 유럽'의 보고서는 시장경제 기능에 필수적이지만 중국이 존중하지 않는 미실행 협정 내용을 10가지로 분류하여 그 내용을 정리했다.[18]

모든 부문의 가격은 시장 흐름에 의해 결정

중국의 WTO 가입 규약 제9조는 중국이 모든 부문에서 거래되는 상품 및 서비스 가격을 시장 세력에 의해 결정하도록 허용하고, 이러한 시장의 가격 조절에 반하는 가격 결정 관행들을 제거해야 한다고 규정한다. 이 요건에 대한 예외는 상당히 제한되어 있으며, 의정서 부록 4에 명시되어 있는 특정 농산물, 특정 의약품, 천연가스 및 가공유가 해당된다. 이러한 예외적 상품을 제외하고 중국은 2001년 가입 즉시부터 시장에서 가격이 결정되도록 최선의 노력을 다하기로 했다. 그러나 중국은 정부의 시장개입과 영향력 행사가 계속됨으로써 여전히 많은 제품에 대한 진정한 시장경쟁이 이루어지지 않고 있다.

모든 정부 보조금의 WTO 통보 및 제거

중국은 WTO 가입 규약 제15조에 따라 중국 내에서 유지되는 보조금을 최대한 자세하게 통보할 것에 동의했다. 그러나 중국 정부가 기업에 지급한 보조금의 WTO 통보 의무는 존중되지 않았다. 보조금을 WTO에 보고하겠다는 약속에도 불구하고 보조금은 공표되지 않고 있다. 중국 중앙정부와 지방정부는 현재까지도 자국산 제품에 대한 수출보조금을 중국 기업에 지급하고 있다.

또한 상품, 서비스, 무역 관련 지식재산권Trade Related Intellectual Properties, TRIPs 협정, 외환거래 등에 관련되거나 그에 영향을 미치는 모든 법률, 규정 및 기타 중국 정부의 조치는 시행되기 전에 그 내용을 WTO 회원국에 제공할 것을 약속했다. 즉, 모든 무역 관련 법률, 규정 및 기타 조치는 하나 이상의 WTO 언어(영어, 프랑스어 및 스페인어)

로 번역되어 정부 공보 형태로 신뢰성 있는 정보를 공표해야 한다. 그러나 중국 정부는 이러한 의무를 존중하지 않았다. 중국의 입법부, 사법부 및 행정기관에 의한 법률 및 규정의 정교화, 공표와 이행에는 투명성이 없다.

정부의 영향을 받지 않고 운영되는 공기업 SOE

중국 정부는 공기업과 국가투자기업의 상업적 결정에 직간접적으로 영향을 미치지 않기로 WTO 가입 시 합의했다. 중국 공기업은 가격이나 품질 같은 상업적 고려 사항만을 기반으로 구매 및 판매 결정을 해야 한다. 그러나 국유기업의 결정은 상업적 고려만으로 이루어지지 않고 있으며, 많은 산업과 공기업에 대한 정부의 통제가 가해지고 있다. 중국 공기업은 소재, 원재료 구매, 해외투자, 생산 및 생산능력 관리에 대한 정부 개입으로 거대한 과잉 상태를 유지하고 있으며, 기업으로서 최소 의무인 이익을 남겨야 할 부담감이 없다.

정부조달의 외국 기업 차별 금지

WTO 의정서에 달리 규정된 경우를 제외하고, 외국 기업 및 외국인투자기업은 생산에 필요한 투입물과 상품, 서비스 조달에 있어 국내 기업과 비교해 중국 내에서 상품의 생산, 판매, 수출 시에 차별을 받아서는 안 된다. 중국은 국가와 준정부기관이 제공하는 교통, 에너지, 통신, 기타 유틸리티 및 생산요소의 정부조달협정 Government Procurement Agreement, GPA에 아직 가입하지 않았으며, 가입을 위한 어떤 믿을 만한 제안도 하지 않고 있다. 외국인투자기업은 중국 내 공공

조달에서 다양한 방식으로 차별을 받는다. 공기업과 공공기관은 철도 시장 같은 특정 부문에서 외국 기업의 공공계약 입찰을 금지하고 있다. 이러한 차별 사례는 철강 부문에서도 찾아볼 수 있다. 철강산업 분야의 신규 투자는 외국 장비 및 기술 수입보다 중국 내 철강 자재와 기술 사용을 권하고, 이에 대한 정부 지원을 강조하고 있다.

일반적인 차별 금지

중국은 GATT 최혜국대우, 내국민대우 원칙과 일치하지 않는 중국 내 법률, 규정, 기타 조치 등을 폐지 또는 개정하기로 합의했다. 또한 중국은 이 원칙들을 확인하고, 모든 WTO 회원국에 대해 규칙을 준수하겠다고 했다. 하지만 중국은 이 원칙과 동떨어진 정책을 펼치고 있다. 중국은 산업부흥 전략에서 외국 기업과 그들의 제품을 차별하는 첨단기술 혁신 촉진 계획을 채택했다. 중국은 첨단기술 이전에서도 공기업의 과도한 개입을 장려하고 있다. 아울러 중국산과 외국산 수입 상품에 대한 부가가치세도 구분하고 있다.

무역기술장벽 협정 준수

중국은 WTO 가입 시 무역기술장벽Technical Barriers to Trade, TBT 협정에 따라 모든 기술에 관한 규정, 표준, 적합성 평가절차를 준수해야 함에도 불구하고, 외국 기업의 장애물로 이어지는 TBT 계약을 준수하지 않는다. 특정 필수 산업표준 및 규정 적합성 평가절차는 WTO에 통보되지 않았을 뿐만 아니라, 다른 기술적 규정은 TBT 협정에 정의된 합법적인 목적에 부합하지 않는다. 중국 내 사용 제품에 대한 기술 테스트에서 국제 관행에 맞지 않는 특이한 테스트 결과와 인증을 받도록 하는 경우가 많다. 외국 기업과의 경쟁에서 중국 기업을 보호하기 위해 엉뚱한 잣대를 들이대는 것이다.

지식재산권 보호

WTO에 가입하면서 중국은 TRIPS 협정에 동의함으로써 일반적인 외국 기업과 개인이 보유한 지식재산권을 보호하고 집행하는 국제법을 준수하기로 했다. 그러나 중국 내에서 외국인의 영업비밀과 관련된 문제, 저작권 보호 부족, 소프트웨어 불법 복제와 위조, 불확실하고 복잡한 시행 환경과 투명성 부재, 민사 집행에 대한 절차적 장애물, 지역 보호주의와 부패 등으로 인해 지식재산권이 제대로 등록·보호되지 않는다.

시장 접근 보장

중국은 WTO 가입 첫날부터 모든 부문에서 외국 기업 및 수출 무역장벽 제거와 국내시장 개방을 약속했지만, 여전히 중국 시장 접근 시 장벽이 남아 있다. 중국 내 사업에 대한 외국인직접투자FDI 금지, 특정 부문의 투자 제한, 매우 까다로운 외국인투자 사전 승인 절차(수입 전 생산자 등록), 지역 콘텐츠 및 합작투자 요건 등으로 인해 중국 시장 접근은 여전히 높은 장벽이 가로막고 있다. 외국 기업에 대한 내국인 대우는 아직 요원한 일이다. 중국 내 철강 분야에 대한 외국인투자는 2005년부터 금지되어 있다.

비관세 조치

중국은 법과 규정, 각종 규제를 통해 무역수지와 외환 균형을 이루도록 강제하는 것을 중지해야 한다. 중국은 정부와 공기업이 수입과 투자 허가 권한을 가진 경우가 많다. 이런 기관들이 수입면허의 배분, 수량 제한, 저율의 할당관세 등을 배정하는 데 있어 중국 기업의 경쟁력을 높이기 위해 중국 내 콘텐츠 사용, 경쟁의 균형 유지, 기술이전, 수출 이행 또는 중국 내 연구개발 수행을 강제 조건으로 부과해서는 안 된다. 중국 내 외국 기업들은 시장에 접근하기 위한 전제 조건으로 기술이전을 강요받고 있다. 정부조달 입찰에 참가하는 외국인 기업은 합작 투자한 중국 파트너에 대한 기술 정보 이전을 조건으로 참가 자격이 주어지기도 한다.

공정한 사법 심사

중국은 법률, 규정, 사법 결정 이행과 관련된 모든 행정 조치의 신속한 검토를 위해 재판소, 연락 지점 및 절차를 수립하고 유지해야 한다. 또한 이들 조항이 적용된 판결기관은 공정하고 독립적이어야 한다. 그러나 중국의 사법제도는 공정하고 객관적이지 않다. 이와 관련해 중국은 WTO 약속 또는 중국 자체 규정도 준수하지 않고 있다.

■ 중국은 왜 WTO를 탈퇴하지 않나? ■

현재 미중 무역전쟁은 WTO 규범의 준수 여부에 대한 논쟁이기도 하다. WTO는 사실상 자유, 민주, 시장경제라는 미국식 가치와 세계에 동참한다는 의미이기도 하다. 그런데 중국은 사실상 이런 WTO와 매우 이질적인 정치경제 체제인 중화공산주의를 유지하고 있다. 그렇기 때문에 중국이 WTO 규범을 준수한다는 것은 자신들의 정치체제를 포기한다는 모순이 생긴다. 그럼에도 중국은 WTO를 탈퇴하지 않고 있으며, 자신들은 자유무역의 가치를 준수하고 보호무역을 배격한다고 주장한다. 자신은 중국식 WTO 체제를 지지한다고 전 세계에 선언하고 있다. 물론 중국식 WTO의 본질은 중국의 핵심이익을 대변하는 것이고, 주변국이나 다른 WTO 회원국의 공통 이익에는 관심이 없다. 결국 그들의 수많은 발언에도 불구하고 WTO를 존중하지 않을 것이고, 존중할 수도 없는 것이 중국의 현 체제다. 그렇다면 중국은 수많은 모순과 현실적인 갈등에도 불구하고 왜 WTO를 탈퇴하지 않을까? 중국이 WTO에서 얻고자 하는 이익은 무엇일까?

WTO 가입으로 국제무역 협상의 편의 도모

WTO는 세계의 자유무역을 추구하는 164개국이 한자리에 모여서 최선의 무역 조건을 한꺼번에 협의하는 다자간 무역 교섭 기구다. WTO는 그에 걸맞은 관세 및 무역에 관한 일반 협정, 지식재산권 관련 협정, 그리고 서비스 무역에 관한 협정 등이 체결되어 있다. 그런데 만일 중국이 WTO 미가입국이라면 164개 회원국과 일일이 개별 협상을 해야 한다. 이를 'WTO 다자주의'라고 한다.

다자주의는 3개국 이상의 국가들이 일반화된 행위 원칙에 따라 정책을 조정해 가는 방식으로, 회원국 간 무역에서 불편부당성, 일관성, 국제법 존중을 원칙으로 한다. 또한 자국의 이익뿐 아니라 타국의 이익도 고려하는 공동체 의식이 바탕에 깔려 있다. 따라서 다자주의 기구인 WTO에 가입한 나라는 자신보다 강하고 큰 나라에 의한 일방적인 협정이나 불이익으로부터 보호받을 수 있다. 이처럼 다자주의가 부상하는 이유는 과학기술과 교통·통신의 발달로 인해 국제사회가 시공간적으로 가까워지고 세계화가 가속화되어 국경을 초월하는 환경, 기후변화 같은 문제들은 어떤 국가도 독자적으로 해결할 수 없기 때문이다.

WTO는 회원국의 국내법을 다자 규범에 일치시키도록 규정하는 등 일방주의 억제를 위한 제도적 장치를 마련함으로써 무역 상대국에 대한 일방적인 무역 보복을 금지하고 있다. 또한 WTO는 분쟁해결 기능을 갖고 있어 유럽공동체EC, 북미자유무역협정NAFTA, 아세안자유무역협정AFTA 등 폐쇄적인 지역 경제블록의 증가에 따른 불이익을 최소화할 수 있게 되었다. 이런 이익들을 중국은 결코 포기할 수 없다.

최혜국대우 확보

WTO에 가입한 회원국은 상호 간에 최혜국대우를 해주어야 한다. 예를 들면, 한국이 WTO 회원국으로서 미국에 신발을 5%의 관세를 내고 수출하는데, 만약 비회원국으로서 중국이 25%의 관세를 내야 한다면 중국의 생산 단가가 아무리 낮아도 이를 만회하기 어려울 것이다. 중국이 비회원국인 상태에서는 세계시장에서 경쟁력을 갖기 어렵다. 그런데 WTO 가입 국가들은 한국이 5%의 관세 혜택을 받으면 다른 나라들도 대미 수출품에 대해 세율이 높은 일반 관세를 적용받지 않고 세율이 훨씬 낮은 특혜 관세를 적용받는다. 이러한 조항은 미국뿐만 아니라 WTO에 가입한 164개국에 모두 적용된다. 그렇지 않다면 중국은 164개국과 일일이 무역협정을 맺고, 그에 상응하는 관세를 부과받아야 했을 것이다. 결국 중국이 WTO 가입으로 얻을 수 있는 가장 가시적인 이익은 최혜국대우다.

실제로 중국이 WTO에 가입하기 전 미국과 중국은 1980년 무역협정을 체결하고 상호 간에 최혜국대우를 해주기로 했다. 그런데 미국은 1974년에 제정된 잭슨-배닉 Jackson-Vanik 법에 의거, 이민의 자유를 제한하는 비시장경제 국가에는 최혜국대우를 해주지 않도록 돼 있다. 유대인들의 이스라엘 귀국과 해외 이주를 막았던 구소련을 주로 겨냥한 법이었다. 1993년 클린턴 대통령은 인권과 무역의 최혜국대우와의 연계성을 강화하겠다고 선언하고, 1993년에 이어 1994년에도 최혜국대우를 담보로 중국에 인권 개선 압력을 가했고, 이에 중국은 내정간섭이라며 반발한 적이 있다.

중국의 WTO 가입 이전까지 미중 간에는 이를 두고 첨예한 갈등이 벌어졌다. 그런데 WTO 가입 이후에는 이런 갈등이 사라졌다. WTO가 회원국 간의 최혜국대우를 명시하고 있고, 미국도 이를 무시하지 못했기 때문이다. 당연히 중국으로서는 WTO에 잔존하는 것이 중국의 경제발전에 크게 유리하다. 무역 규모가 연간 4조 5천억 달러로 세계 1위권으로 올라선 중국 입장에서 국제시장에서의 최혜국대우라는 엄청난 혜택을 포기할 수 없기 때문이다.

미국 시장 진출

미중 무역 갈등은 중국의 미국 시장 진출을 허용할지 여부에 대한 갈등이다. 사실 중국이 미국 시장을 탐내지만 않는다면 굳이 양국이 갈등할 필요가 없다. 그렇지만 세계 최대의 소비시장인 미국에 수출하지 않는다면 중국의 수출 경제는 무너질 것이 분명하다. 미국도 중국 제품의 수입을 한 칼에 자르지 못하는 여러 가지 이유가 있겠지만, 우선 자유무역이라는 명분과 WTO 협정이 있기 때문이다. 만일 중국이 WTO 회원국이 아니라면 미국은 중국에 무관세 혜택을 주지 않았을 것이고, 그렇다면 미국 시장에 대한 주요 수출국은 중국이 아니라 한국이나 베트남이 될 수도 있었다.

중국의 전체 무역흑자에서 미국이 차지하는 비중은 2018년 상반기 95.8%에 달한 것으로 나타났다. 2017년 상반기 63.5%에 달했던 중국 무역흑자의 미국 의존도가 더 높아졌음을 의미한다. 중국의 무역통계에 의하면 2018년 상반기 대미 무역흑자는 1,338억 달러로 전년 동기 대비 13.8% 증가했다. 중국 전체 무역흑자가 같은 기간 1,850억 달러에서 1,397억 달러로 24.5% 감소한 것과 비교된다. 이 정도로 중국의 대미 시장 의존도가 높다. 이런 상황에서 중국이 WTO를 탈퇴하고 미국 시장을 포기할 수는 없다. 미국 시장에 남아 있기 위해 미국과의 갈등에도 불구하고 WTO를 탈퇴할 수 없는 이유다.

외자 도입

중국의 대외개방 수준은 WTO 가입 이후 크게 높아진 것으로 평가되며, 그 결과 현재 중국 경제의 여러 부문에 걸쳐 많은 외국인투자기업들이 진출했다. 중국의 WTO 가입은 외자 도입이나 대외무역 제도 개선에도 커다란 이점으로 작용하고 있다. WTO 가입은 외국 투자자들의 중국에 대한 신뢰를 높이고 계획경제의 잔재가 남아 있는 대외

경제 메커니즘에도 변화를 가져다주었다. 행정 간섭과 각종 법규의 미비 상태를 벗어나 보다 개방적인 대외정책이 수립됨으로써 투자자들의 신뢰를 높였다.

　WTO 가입 후 대중국 투자기업은 제조업 가치사슬 각 부분에 대한 투자를 확대했다. 생산과 조립뿐만 아니라 연구개발과 설계는 물론이고, 마케팅 서비스 등에도 투자를 확대하여 가치사슬에서 양방향의 발전을 꾀했다. 중국의 외자 유치 규모는 1990년대 후반 매년 400억 달러 규모였으며, 1998년 전후 아시아 금융위기 여파로 잠시 감소했다가 WTO 가입 이후 다시 증가세를 보이며 2005년 724억 달러를 기록했고, 2020년 대중국 외국인직접투자는 1,493억 달러로 전년 대비 6% 증가했다. 만일 중국이 WTO 기준에 따라 경제 및 투자 유치 시스템을 바꾸지 않았다면 외국인의 대중국 투자는 지금보다 훨씬 적었을 것이고, 또한 현대적인 시설과 첨단기술을 가진 기업의 대중국 진출은 더욱 어려웠을 것이다.

| 미중 무역전쟁을 바라보는 미국의 관점 |

■ WTO에 실망하는 미국 ■

　미국은 WTO가 세계무역의 자유화를 확대하는 데 한계가 있다고 생각한다. 특히 미국이 경쟁력을 가진 서비스 무역의 자유화에는 WTO가 전혀 기여하지 못해 미국의 불만을 샀다. 미국은 이러한 문제가 생긴 것은 2001년 회원국으로 가입한 중국이 개도국이라는 이유로 무역 자유화 등 주요 문제에서 사사건건 제동을 걸었기 때문으로 보고 있다. 결과적으로 미국 입장에서 보면 중국은 전 세계의 무역 자유화를 증진시키지도 않았을뿐더러 공정하게 무역을 하고 있지도 않다. 현재 미중 무역전쟁의 가장 큰 이슈가 '자유무역'이 아닌 '공정무역'이라는 점을 확인할 필요가 있다.

공정무역은 자유무역의 전제이지만, 동시에 그 운용은 보호무역적이라는 두 얼굴을 가지고 있다. 공정한 경쟁환경 level playing field이 제공되지 않은 상태에서의 비교우위에 입각한 자유무역은 공정하지 않다. 이러한 불합리성을 보완하기 위해 불공정무역 관행에 대해서는 상호주의를 명목으로 산업별 수입 규제 조치가 취해지는 등 보호무역주의적으로 운용할 수밖에 없다. 결국 공정무역은 국제 통상 환경과 국내외 정치 환경에 따라 자유무역과 보호무역 어느 쪽과도 결합이 가능한 셈이다. 그런 점에서 보면 공정무역은 경제학적 논리에 기초하지 않은 다분히 상대적이고 정치경제학적인 개념으로서, 자의적으로 운용될 경우 오히려 자유무역을 저해할 가능성이 있다. 공정무역 개념은 쌍무적 차원에서 균형적인 거래의 보장, 개발도상국의 적절한 수출 보장, 외국의 불공정 관행을 공격하는 통상 압력 등의 근거로 사용된다. 현재 무역전쟁의 양상을 보면 미국은 중국에 대해 동등한 상태에서 공정한 경쟁과 무역을 요구하고 있지만, 중국은 자국이 개발도상국이라는 미명하에 개발도상국과 선진국 간의 공정무역이 적용되어야 한다고 항변하고 있다.

2019년 9월 24일, 도널드 트럼프 전 미국 대통령은 유엔총회 일반토의 연설을 통해 중국의 무역 관행을 '불공정무역'이라고 비판하면서 중국에 의한 무역 남용의 시대는 끝났다고 선언했다. 트럼프는 중국이 WTO에 가입한 후 국제무역체제의 혜택을 받으면서도 자체 개혁은 하지 않고 이 시스템을 이용해 다른 나라를 약탈해 왔다고 주장했다. AP와 로이터 통신에 따르면, 그는 "수년간 이러한 (무역) 남용이 용인되거나 무시되거나 심지어 장려되기조차 했다. (중략) 중국은 약속된 개혁을 거부했을 뿐만 아니라 대규모 시장 장벽, 과중한 국가보조금, 환율조작 등에 의존한 경제모델을 채택했다"며 기술이전 강요, 지식재산권과 대규모 기업비밀 절도 등의 문제도 언급했다.

트럼프는 WTO를 향해서도 중국이 거대한 경제 규모에도 불구하고 우대 조치를 받도록 허용했다고 비난하면서 WTO에 중대한 개혁이 필요하며, 미국은 이러한 변화를 요구할 것이라고 주장했다. 그는 "다른 나라들이 미국과 국제무역 시스템을 이용하도록 더는 허용하

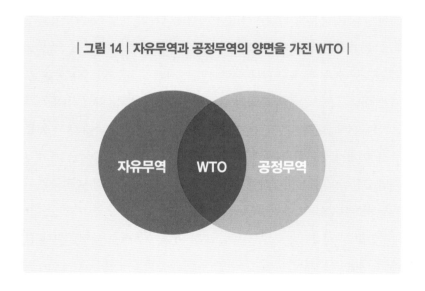

| 그림 14 | 자유무역과 공정무역의 양면을 가진 WTO |

지 않겠다"고 강조했다. 트럼프는 중국이 세계 두 번째 경제대국임에도 개발도상국으로 분류돼 각종 특혜를 누린다고 비판했다.[19]

실제로 미국은 지식재산권을 노린 중국의 미국 정부기관과 기업 해킹에 대해 지속적으로 불만을 제기했다. 2015년 미국을 방문한 시진핑 주석과 오바마 대통령은 중국이 사이버 공간에서 기업 관련 정보를 훔치는 등 경제적 목적의 스파이 활동을 벌이지 않기로 합의했다. 미국 정부가 자국 기업에 대한 중국의 해킹 공격을 문제 삼은 것은 꽤나 오래된 일이다. 마이크 맥코넬 전 국가안보국NSA 국장이 미국 미주리 주립대학을 방문한 자리에서 "중국이 모든 미국 기업들의 컴퓨터 시스템을 해킹했으며, 중국 해킹의 피해자는 기업뿐 아니라 연방의회와 국방부, 국무부 등 정부기관도 포함돼 있다"고 주장해 파문이 커졌다.

시진핑 주석도 이 같은 분위기를 의식한 듯 방미 첫날 워싱턴주 시애틀에서 열린 만찬 연설을 통해 "상업적 목적의 사이버 공격이나 정부 네트워크의 해킹은 법과 국제조약에 따라 처벌받아야 하는 범죄 행위"라면서 중국은 이 같은 행위에 가담하지 않을 것이며, 이런 일에 참여하는 것도 용인하거나 방조하지 않을 것이라고 강조했다. 하지만 시진핑 주석과 오바마 대통령 간의 합의에도 불구하고 지식재산권에 대한 중국의 불공정 행위는 지속되고 있으며, 이로 인한 미국의 손해는 연간 3천억 달러를 넘는다고 한다. 그렇기 때문에 트럼프는 중국 수입품에 대한 미국 정부의 관세부과는 정당하고, 중국의 불공정무역 행위가 중단될 때까지 계속될 것이라고 선언했던 것이다.

■ 무역전쟁, 미국 의회가 더 강경하다 ■

이런 상황에서 미국 행정부는 중국 통신장비업체인 화웨이와 ZTE를 국가안보에 위협이 되는 존재로 지정했지만, 실질적인 조치를 취하지는 못했다. 하지만 2019년 1월 16일, 미 의회는 미국에서 제조된 칩과 기타 부품을 화웨이, ZTE 등 미국의 금수 및 수출통제법을 따르지 않는 중국 통신장비업체에 판매할 수 없도록 하는 법안을 발의했다. 이 법안에는 톰 코튼 상원의원, 마이크 갤러거 하원의원(이상 공화당), 크리스 밴 홀렌 상원의원, 루벤 갈레고 하원의원(이상 민주당) 등 여야를 막론하고 초당적으로 참여했다.

공화당 아칸소주 톰 코튼 상원의원은 "런정페이 화웨이 창업자 겸 최고경영자는 인민해방군 출신 엔지니어로 화웨이는 중국공산당의 효율적인 정보수집 하수인이다. 화웨이 같은 중국 통신장비업체들이 우리의 수출 제재나 수출통제법을 위반하면 이 거부 명령에서 제시하는 사형을 받아야 한다"고까지 말했다. 이러한 의회의 대중 강경 기조는 당시 야당이었던 민주당도 더하면 더했지 덜하지 않았다. 미국의 대외무역정책을 관할하는 하원 세입위원회 위원장 리처드 닐(민주당 매사추세츠주)은 언론과의 인터뷰에서 "미국은 중국이 반경쟁적 행위를 영원히 할 수 없도록 구조적 변화를 유도해야 한다"고 말했다. 민주당 상원의원 세러드 브라운도 "대통령은 미국 노동자를 위한 무역정책을 마련해야지 월스트리트를 위한 정책을 마련하면 안 된다. 이번 기회에 중국의 불공정무역 관행을 일소해야 한다"고 주장했다.

또한 미국 상하원 협상 대표들은 외국인투자심의위원회CFIUS와 수출통제 시스템 권한을 더욱 강화하는 법안에도 합의했다. 이는 국가안보에 위협이 될 것으로 보이는 중국과 다른 외국 기업의 미국 투자를 차단하기 위한 조치다. 이 법안은 합작사를 내세워 미국의 핵심 기술을 해외로 빼돌리려는 시도에 맞서 수출통제 시스템을 강화할 것도 제시했다. 당시 트럼프 대통령은 "중국 투자에 대해 자체적으로 규제를 가하는 대신 의회의 CFIUS 법 개정에 의지하기로 했다"고 말했다. 트럼프 행정부와 중국 상무성은 무역전쟁에 관한 협상을 진행했다. 트럼프는 어쩌면 끝내고 싶어했을지도 모른다. 중국 정부도 마찬가지였을 것이다.

하지만 중국 정부는 트럼프를 설득한 후에 미국 의회도 설득해야 하는 난제가 남아 있었다. 무역전쟁은 미국의 민주당과 공화당이 협력하는 극소수 분야 중의 하나다. 그렇다면 중국 정부는 미국 의회를 설득하는 방안에 대해 고민했을까? 트럼프 행정부에만 집중했지 의회 대응 방안은 전혀 마련하고 있지 않았던 듯하다. 실질적으로 중국 정부는 무역전쟁의 전선을 좁히기보다 오히려 넓혔다. 캐나다와의 갈등구조를 키워나갔고, 폴란드에서는 화웨이 유럽 담당자가 스파이 혐의로 체포되었다. 게다가 미국이 요구하는 실질적이고 기본적인 조건들에 대한 성의를 보이지 않고 있다. 다만, 현금으로 해결하고자 할 뿐이지 지식재산권, 기업의 자유 보장 등 구조적인 개선에는 입을 다물고 있다.

미국 행정부는 법안에 근거한 행정 조치의 일환으로 중국 정부와 협상하고 있지만, 미국 의회는 법률이라는 제도를 통해 장기적으로 중국과의 무역전쟁을 위한 힘을 마련하고 있다. 그만큼 미국 사회가 중국에 대해 느끼는 배신감이 큰 것이다. 무역전쟁 협상의 진전 정도를 평가하려면 트럼프와 시진핑의 말보다 중국이 제도적으로 어떻게 바꾸었는지, 이를 평가하는 미국 의회의 반응이 어떠했는지 살펴보아야 한다. 문제는 중국은 여전히 제도를 바꾸지 않았고, 미국 의회는 더 강경해졌다는 점이다. 양국의 무역 협상이 타결될 것이라는 전망이 어두운 이유다.

우리의 경우에도 중국은 여전히 사드 경제보복 조치를 풀지 않고 있다. 또한 중국의 대미 무역 협상은 미국 상품을 많이 살 테니 무역전쟁을 끝내자는 것인데, 이는 미국 이외의 다른 나라에서 보면 참으로 난감하다. 미국에서 벌던 돈을 다른 나라에서 벌겠다는 생각의 다른 표현이기 때문이다. 중국이 현금으로 무역 협상을 끝낸다면 그야말로 우리에게는 재앙이 될 수도 있다. 다행히 미국 의회는 그런 중국의 전략을 좋아하지 않는다. 중국 협상 팀이 미국 의회를 설득할 방안을 만들어낸다면, 이는 우리에게도 좋은 방안이 될 것이다.

| 미중 무역전쟁을 바라보는 중국의 관점 |

중국 정부는 2019년 6월 〈중미 무역 협상과 관련한 중국의 입장〉이라는 백서를 발표했다. 이 백서에서 중국은 미중 무역 관계는 물론이고 글로벌 경제에서 선의를 갖고 보호무역주의를 배격한다고 하면서, 중국은 여전히 공정무역을 지지한다고 했다. 그러면서 중국의 기술혁신은 자립에 바탕을 두고 있으며, 중국의 지식재산권 도난과 강제된 기술이전 비난은 전혀 근거가 없다고 주장한다. 또한 중국은 혁신적이고 근면한 국가로서 매우 정교한 문명을 창조했으며, 5천 년 동안 인간 진보에 크게 기여했다고 말한다. 백서의 주요 내용을 간추리면 다음과 같다.

1949년에 인민공화국이 창립된 이래로, 특히 1978년에 개혁개방이 시작된 이래로 중국의 과학 및 기술 사업은 일련의 단계를 거쳤다. 어려운 시기에 출발하여 개혁 과정을 이끌어나갔고, 이제 다양한 혁신을 특징으로 하는 여러 가지 성과를 달성했다. 이러한 성과는 세계적으로 인정받고 있다. 역사 기록에 따르면 중국의 과학기술 혁신 성과는 우리가 훔친 것이 아니며 다른 사람들로부터 강제로 취한 것도 아니다. 오로지 중국인의 자립과 노력으로 만들어냈다. 자체 개발을 지원하기 위해 지식재산을 훔쳤다는 중국에 대한 비난은 근거가 없으며, 중국은 지식재산권 보호에 전념하고 있다. 중국 정부는 국제 통치 규칙에 부합하고 중국의 국내 조건에 적합한 지식재산권 보호를 위한 법적 제도를 수립했다. 중국은 지식재산권 보호에 있어 사법적 조치의 주도적인 역할을 중요하게 생각하며 인상적인 결과를 얻으려 애썼다. 이런 노력의 결과로 지식재산권의 중요성에 대한 중국의 일반 대중과 기업계의 이해가 증진되었고, 외국인 권리 보유자에게 지급되는 로열티의 가치가 크게 상승했다.

한마디로 중국은 어느 나라보다 자유무역과 공정무역을 선호하며 이를 인정하고 있다는 것이다. 미국의 무역적자와 일자리가 줄어드는 것은 미국의 내부 문제이지 중국과는 연관성이 낮다. 중국은 어느 나라보다 자유무역을 지키려 노력하고 있으며, 중국 내에서 공정한 경쟁을 보장하고 있다고 했다.

그럼에도 미중 간에 무역분쟁이 일어난 것은 미국이 중국의 이익을 침해하면서 잦은 무역마찰을 일으키기 때문이다. 2017년 새로 취임한 미국 트럼프 행정부가 추가 관세 및 기타 조치로 중국을 위협하고 주요 무역 상대국과의 경제 및 무역 마찰을 빈번하게 일으키고 있다는 것이다. 2018년 3월 이후 미국이 일방적으로 시작한 경제 및 무역 마찰에 대응하여 중국은 국가와 국민 이익을 방어하기 위해 강력한 조치를 취해야 했다고 변호한다. 동시에 대화와 협의를 통해 분쟁을 해결하고, 양국 간 무역 관계를 안정시키기 위해 중국은 미국과 여러 차례 경제·무역 협상을 진행했다.

이 과정에서 중국의 입장은 일관되고 분명하다. 협력은 양국의 이익을 위한 것이고, 갈등은 양쪽 모두를 해칠 뿐이며, 협력이야말로 양쪽 모두에게 유일한 선택지라고 주장했다. 또한 중국은 무역상의 차이점과 경제적 마찰에 관해 미국과 협력해 해결책을 찾고 서로 상생하기 위한 협약을 맺을 의향이 있음을 표명했다. 중국은 미국이 시작한 경제 및 무역 마찰로 인해 양자 간 무역·투자 관계가 타격을 입어 대책을 강요받고 있다. 중국과 미국 국민의 복지와 양국의 경제발전을 위해 양측은 협의를 통해 해결책을 찾기 위한 좀 더 진지한 협상을 해야 한다는 입장이다.

또한 이 백서는 미국이 무역협정을 이탈하여 대중 무역전쟁을 벌임으로써 세계경제에 끼친 4가지 해악을 언급한다. 우선, 미국의 조치가 다자간 무역체제의 권위를 훼손시킨다고 주장했다. 미국은 섹

션 201, 232 및 301에 따라 일련의 일방적 조사를 시작했으며 관세 조치를 중국에 강요했는데, 이는 최혜국대우와 관세 구제를 포함하여 가장 기본적이고 중심적인 WTO 규범을 심각하게 위반한 것이다. 이러한 일방주의적 및 보호주의적 행동은 중국 및 다른 WTO 회원국의 이익을 침해할뿐더러, 더욱 중요한 것은 WTO와 분쟁해결 시스템의 권한을 훼손시키고 다자간 무역체제와 국제무역질서를 위험에 노출시킨다고 비판한다.

둘째, 미국의 조치는 세계경제의 성장을 위협한다. 국제 금융위기의 여파가 여전히 세계경제에 머물러 있는 상황에서 미국 정부는 경제·무역 마찰을 가속화하고 추가 관세를 인상하여 관련국들의 대응 조치를 촉발시켰다. 이는 세계경제와 무역질서를 혼란에 빠뜨리고 세계경제 회복을 저해하며 모든 국가의 기업 발전과 복지를 저해하여 세계경제를 '경기침체'로 몰아가고 있다. 2019년 1월 세계은행은 지속적인 무역 마찰을 주요 하향 위험으로 내세우며 세계 경제성장률이 2.9%로 하락할 것이라고 발표했다. 이는 미중 무역전쟁으로 인한 경제·무역 마찰로 세계경제 성장이 약화되고, 추가적으로 더욱 약화될 수 있음을 시사한다.

셋째, 미국의 움직임은 세계의 산업과 공급망을 혼란에 빠뜨린다. 중국과 미국은 글로벌 산업과 공급망의 핵심 링크다. 미국에 수출되는 중국산 최종 제품에는 다른 국가의 중간재와 부품이 상당량 포함되어 있으므로 미국의 관세인상은 중국 기업과 협력하는 모든 다국적 기업을 해칠 것이다. 관세 조치는 인위적으로 공급망 비용을 높이고 안정성과 보안을 약화시키며, 결과적으로 일부 기업은 최적의 자원 배분을 희생하면서 글로벌 공급망을 재조정해야 하는 상황에 직면하게 된다. 중국 제품에 대한 미국의 관세인상은 모든 면에서 상황을 악화시킬 것이며, 중국은 이에 적극적으로 반대한다는 입장을 천명했다.

넷째, 미국 행정부는 화웨이와 다른 중국 기업들에 대해 중국이 강경하게 반대하는 국가안보의 가공된 기반 위에서 미국 법률의 확대된 관할권을 중국 기업에 부과하고 제재를 가했다. 이에 반해 중국은 미국과의 무역에서 아무런 문제를 일으킨 적이 없으며 자유무역을 하기 위해 노력했다고 한다. 실제로 중국 관료들은 미국이 보호무역을 하기 위해 불합리한 정책을 펴고 있으며, 중국은 이에 적극 반대한다고 주장한다. 경향신문에 따르면, 시진핑 주석은 2018년 4월 중국 하이난성 보아오진에서 열린 보아오 포럼 개막식 연설에서 "중국 개방의 큰 문은 절대 닫히지 않을 것이며 점점 더 크게 열릴 것"이라고 말했다. 그는 이어 "개혁개방이라는 중국의 제2차 혁명은 중국을 크게 바꿀 뿐만 아니라 전 세계에 막대한 영향을 줄 것이다. 중국의 개혁개방은 반드시 성공할 것"이라고 강조했다. 그러면서 "역사는 우리에게 개방은 진보를 가져오고 폐쇄는 낙후된다는 것을 보여줬다"고 했다. 40여 분간의 연설에서 개방이라는 단어가 43차례나 나왔다. 또한 시진핑은 "서비스업, 특히 금융업의 외자 투자 제한 조치를 완화하고 수입도 확대할 것이다. 아울러 높은 수준의 무역 및 투자 자유화와 편리화 정책을 실시하겠다"면서 자유무역항 건설을 모색하겠다는 계획도 공개했다.

하지만 미국 관료들이나 미 정가에서 보는 대중국 관점은 이와 많이 다르다. 한마디로 중국은 미국을 상호이익을 증대하기 위한 무역 파트너가 아니라, 애초부터 패권을 쟁취하기 위한 적대적 관점에서 상대해 왔다고 생각한다. 마이클 필스버리는 《백년의 마라톤》이라는 책에서 1950년대에 마오쩌둥을 비롯한 중국의 지도자들이 세계 지배를 자주 언급했다고 지적한다. 아이젠하워, 트루먼, 케네디 혹은 닉슨 같은 미국 대통령들이 미국을 지구상에서 가장 위대한 나라라고 했던 말들과 크게 다를 바 없는, 지극히 민족주의적이고 과대망상적 말이었다. 대약진운동 시기에 중국 지도부는 중국이 앞으로 '영국을 따라잡고 미국을 추월할 것'이라는 식의 슬로건을 내걸었다. 하지만 서구의 어느 누구도 이런 말이 담고 있는 심각한 의도를 인식하지 못했다.[20]

마오쩌둥의 독선적 민족주의 책략과 경제정책은 결국 중국을 문화혁명으로 몰아가 수천만 명의 희생자를 냈다. 하지만 중국인의 인식 속에 중국이 세계의 중심이라는 '중화사상'이 있음을 감안한다면, 중국이 세계의 패권을 차지해야 한다는 중국적인 세계관이 그들에게는 매우 당연하다. 중국은 국제관계의 공식적인 위계 구조하에서만 평화가 가능하다고 믿는 반면에, 중국 이외의 다른 나라들은 국제관계에 위계 구조가 없어야 평화와 질서가 가능하다는 정반대 인식을 하고 있다. 이처럼 전근대적인 중국인들의 질서관은 중국 중심의 위계적 질서관이며, 큰 나라와 작은 나라 사이의 수직적 질서관이다.[21] 중국인들은 여전히 주변국이 자신들에게 조공을 바쳐야 하는 세계관을 갖고 있는 것이다. 따라서 다른 나라들은 중국에게 어떤 나라도 중국의 하위 국가가 아니며, 어떤 나라도 중국을 사대하는 현대 국가는 없음을 보여줄 수밖에 없다. 특히 미중 관계에서도 여전히 중국은 미국을 극복하고, 결국에는 '조공'을 받아야 할 나라로 최소한 미래에는 중국 우위의 관계를 가져야 한다고 생각한다.

중국이 미국을 전쟁 상대로 보는 것은 중국에서 나온 책들을 봐도 알 수 있다. 예를 들면, 2010년 중국의 저명한 경제학자인 랑셴핑이 쓴 《중미전쟁》을 보면 미국은 중국을 괴롭히기 위해 집요하게 노력한다고 한다. 그에 따르면 (미국 등) 제국주의가 중국을 죽이려는 의도는 여전히 사라지지 않고 있다. 그 이유로는 중국 내부에 깊숙이 침투해 들어온 각국의 수석 협상 대표들이 줄곧 각양각색의 도움을 주고 있기 때문이다. 또한 금융 과두들이 확립한 국제 게임의 룰을 중국이 이해하지 못하는 것도 이유 중의 하나라고 한다. 그는 또한 (미국) 제국주의가 중국을 죽이려는 마음을 포기하지 않았다고 말했는데, 중국과 아프리카 관계를 이간시키려는 노력이 이를 무엇보다 잘 대변하고 있다. 미국은 어떤 형태로든 아프리카 대륙에 협력하거나 개발하는 것을 절대 용납하지 않고 있다.

그러면서 랑셴핑은 미국이 어떻게 중국의 위기를 틈타 전쟁을 야기할 것인지 설명한다. 그는 중국의 위기가 자산 거품, 경제 정체, 인플레이션에서 온다고 제기했다. 미국은 이를 악용해 이른바 3대 전쟁인 환율전쟁, 무역전쟁, 원가전쟁을 일으킬 것이라고 주장했다. 전쟁의 주목적은 당연히 중국의 위기를 더욱 악화시키는 데에 있다. 여기서 가장 중요한 것은 환율전쟁이며, 다른 두 전쟁은 그저 보조 수단에 불과하다. 구체적으로 미국은 무역전쟁이라는 보조 수단을 무기로 환율전쟁에서 중국에게 양보를 강요해 중국의 수출에 막대한 타격을 가할 것이다. 그런 노력은 단지 미국 정부만 하는 것이 아니라, 월스트리트로 대표되는 미국 자본가들, 월 마트가 선두에 선 산업자본, 그리고 군산복합체들까지 혼연일체가 되어 1950년 이래 계속되었다고 주장한다.

랑셴핑에 의하면, 자산 거품 전쟁도 미국이 중국을 공격하기 위해 일으켰다. 미국이 중국을 공격한 사례로는 환율전쟁, 탄소배출권을 발생시킨 기후 전쟁과 탄소배출권 전쟁, 신에너지 전쟁, 금융자본 전쟁, 산업자본 전쟁, 유전자변형 전쟁, 심지어는 문화전쟁까지 있다. 미국에서 이 모든 전쟁을 지휘하는 핵심 인물이나 기관은 없다. 그럼에도 이러한 미국의 모든 행동은 중국을 공격하기 위한 시도라는 것이다. 하지만 각각의 실제 사례가 있었다 하더라도 개별 기업들의 이익 추구 활동이었지 미국 정부가 사기업에 지시하여 중국을 공격할 리도, 할 수도 없다는 사실은 언급하지 않는다. 심지어 금융위기에 대해서도 같은 관점을 보이고 있다.

이에 대해 마이클 필스버리는 《백년의 마라톤》에서 간단하게 중국의 관점과 대응책을 정리한다. 중국 지도부는 미국이 150여 년 전부터 중국을 지배하려고 시도해 왔으며, 이에 대응해 미국을 압도하기 위한 모든 방법을 동원하는 것이 중국이 해야 할 일이라고 믿는다. 그들은 국제 정세를 기본적으로 제로섬게임으로 인식하며, 1841년부터 1845년까지 재임한 미국 10대 대통령 존 타일러를 비롯한 '가증스런 미제국주의자'가 중국에게 했다고 믿는 것과 동일한 방식으로 되갚으려고 한다. 만약 중국 지도부가 자신들의 오해를 행동으로 옮기려고만 하지 않았어도 미국을 향한 중국의 시각이 지금처럼 문제가 되지는 않았을 것이다. 언뜻 미국과 맞서려는 생각이 없어 보이지만, 중국 지도부가 미국을 글로벌 경쟁에서 기필코 이겨야 할 적으로 보고 있다는 사실은 분명하다고 마이클 필스버리는 주장한다. 미국 정부와 의회도 이제 그것을 깨달았다고 한다. 그렇기 때문에 미국도 중국이 미국에게 해오던 대로, 생각해 왔던 대로 중국에게 돌려주고 상대하겠다는 생각을 갖기 시작했다.

중국은 미국을 타도해야 할 제국주의이면서 제품을 팔아야 하는 시장으로 보았고, 미국은 중국이 자유민주주의 체제로 바뀌길 희망했지만 생산기지로서 상대적 중요성만 부여하고 있다.

| 코로나19로 악화된 미중 갈등 |

코로나19 팬데믹으로 인해 세계는 협력과 갈등의 기로에 서 있다. 협력도 해야 하지만 갈등의 요소도 등장했다. 인간이 만든 빠르고 편리한 이동수단을 따라 코로나19는 전 세계를 몇 바퀴 돌았고, 215개국을 감염시켰다. 이제 어느 한 나라의 힘만으로는 코로나19를 이길 가망이 없다. 온 나라가 협력하여 감염원을 찾아내 근절시키고, 감염자의 유입을 막으며, 발생한 확진자 방역에 함께 힘써야 한다. 그러기 위해서는 글로벌 협력이 절대 필요하다. 그런데 갈등의 골도 더 깊어지고 있다. 물론 이러한 갈등의 중심에는 중국이 있지만, 꼭 중국과 연관된 갈등만은 아니다. 지역 국가 간의 갈등도 만만치 않다.

표 5 | 코로나19로 인한 국가 간 갈등 양상

갈등 국가	주요 갈등 내용
중국 대 다수 국가	감염병 발생 후 초기 대응 미흡과 정보 왜곡 비판
미국—중국, 영국—중국	코로나19 바이러스의 최초 발생지를 둘러싼 대립
이탈리아와 주변 국가	발생 초기 주변국에 의료 장비와 도구를 요청했지만, 독일과 프랑스는 관련 물품의 수출을 금지시킴
EU 국가 내 갈등	코로나19로 타격을 입은 국가에 대한 지원을 놓고 독일과 네덜란드 등은 반대, 프랑스와 스페인 등은 찬성
중국—브라질	코로나19를 이용해 중국이 이득을 취하며 세계 지배 계획을 가속화한다고 브라질 정부가 비판함
한국—일본	일본 방역을 위해 한국으로부터 일방적인 입국 금지

■ 팬데믹이 부른 자국 우선주의 ■

코로나19가 발생하자 각국이 가장 먼저 취한 조치는 발병 국가로부터 오는 비행기를 막는 것이었다. 감염자의 입국을 막음으로써 자국민을 보호하기 위한 적절하지만 어쩔 수 없는 조치였다. 2020년 3월 중순경 미국 국무부는 2단계 이상 여행경보를 발령한 모든 국가에 신규 비자 발급을 중단하고, 캐나다와 멕시코 국경도 일시 폐쇄했다. 모든 회원국이 육로로 연결되어 국경 통과 과정 없이 자유롭게 드나들던 EU도 27개 회원국이 30일간 외국인의 입국을 막는 여행금지 조치에 합의했다. 대만, 홍콩, 싱가포르는 중국에 대한 경제의존도가 매우 높음에도 코로나19의 위험도를 인지하고 즉시 대중국 국경을 폐쇄했다. 그러한 신속한 조치에 힘입어 이들 3국은 이례적일 정도로 감염자와 사망자가 적었다. 코로나19가 중국에서 어느 정도 잠잠해진다고 생각되던 2020년 3월 27일 중국공산당은 느닷없이 국경을 봉쇄한다. 코로나19의 해외 역유입을 막기 위한 조치였다. 중국 외교부는 외국인 중 APEC 비즈니스 여행 카드를 통한 입국, 항구 비자, 하이난성 입경 비자, 상하이 크루즈 입국 비자, 홍콩·마카오 지역 외국인 단체여행객의 광둥성 144시간 체류 비자, 아세안에 대한 광둥성 무비자 입국을 모두 취소한다고 밝혔다. 다른 어느 나라가 취했던 입국 금지보다 더 강력한 조치였다.

이렇게 함으로써 세계는 스스로를 다른 나라로부터 고립시키는 섬들이 되어갔다. 물건과 사람이 오가지 못하게 막아놓고 국제공조를 할 수는 없다. 국경 봉쇄를 하면서 다른 나라는 물론, 자국민에 대한 배려조차 포기한 나라가 생겼다. 미국이나 중국 등 선진 각국은 그동안 떠들었던 국제 협력을 내팽개치고 자국 우선주의의 깃발을 높이 쳐들었다. 다른 나라는 어떻게 되든 자기부터 살겠다는 절박함도 한몫거들었다. 일단 시작된 자국 우선주의는 고립주의 확산 등 세계화의 후퇴를 더 부채질할 가능성이 크다.

■ 코로나19 발원 국가, 중국 책임론의 부상 ■

코로나19가 블랙스완인지 아닌지는 논란이 있다. 미리 예측이 가능했다는 것이다. 인간의 환경파괴가 늘어난 만큼 정글에 있는 야생 바이러스의 인간 침투가 잦아진 것은 당연하다. 또한 이미 6년 전 발생했던 메르스MERS는 코로나바이러스와 비슷한 종이었던 만큼, 변종의 출현 가능성과 그에 대비해야 한다는 경고도 있었다. 빌 게이츠도 수천만 명의 인간을 죽이는 것은 핵무기가 아니라 바이러스 감염병일 것이라고 예측했다. 어쩌면 코로나19는 인간이 만들었고 관리 소홀로 생겼다는 이야기도 있다. 그러나 분명한 것은 중국의 사실 은폐 책임론이 세계를 또 하나의 갈등으로 몰고 갈 가능성이 높다는 사실이다.

2019년 12월 중국에서 코로나19 환자가 발생한 지 3개월여 만에 세계보건기구 WHO는 신종 코로나바이러스 감염증에 대해 팬데믹(세계적 대유행)을 선언했다. 하지만 WHO는 이미 시기를 놓쳤다고 중국을 제외한 전 세계로부터 비난을 받았다. 테워드로스 아드하놈 거브러여수스 WHO 사무총장은 과학적 견지가 아닌 중국과의 정치적·경제적 밀착 관계 때문에 지나치게 중국 위주였다는 의혹도 받았다. 코로나19가 점차 약해지면서 세계 각국은 중국 책임론에 불을 지피고 있다. 이러한 중국 책임론은 '중국 때리기'에 앞장서온 미국 말고도 영국 등 일부 서방 국가도 목소리를 내면서 커지고 있다.

중국 책임론은 '3대 사실'로 말할 수 있다. 3대 사실은 중국의 관영지인 《환구시보》 사설에서 나온 말로 중국 책임론을 부인하면서 사용했다. 《환구시보》는 서방에서 중국을 향해 제기하는 '잡음' 세 가지를 꼽았다.[22] 첫 번째 잡음은 중국이 코로나19 감염자와 사망자 수를 숨겼다는 것이다. 중국의 은폐로 신종 코로나바이러스 감염증의 위험성을 잘 몰랐고, 제대로 대응 조치를 준비하지 못했다는 비판이다. 두 번째 잡음은 일부 기준 미달의 중국산 의료 물자를 문제 삼아 중국 외교를 먹칠하고 있다는 것이다. 네덜란드는 2020년 3월 28일, 기준에 미달한 중국산 마스크 130만 개를 퇴짜 놓은 바 있다. 또 스페인과 체코에서도 중국산 진단 키트를 수입했다가 정확도가 크게 떨어져 사용 중단하는 사태가 벌어졌다.

세 번째 잡음은 '중국의 책임을 따져야 한다'는 본격적인 중국 책임론의 제기다. 《환구시보》는 영국 《가디언》지를 인용해 영국 정부의 관료들이 코로나19 관련 중국의 부실한 정보에 대해 '계산'을 준비 중이라고 했다. 또한 영국 관리들은 중국이 감염병을 이용해 경제적인 이익을 취하고 있다고 분노했다. 《환구시보》는 이 같은 세 가지 잡음이 지극히 시대착오적인 '합창'을 이루고 있다고 비난했다. 《환구시보》의 이러한 부인에도 중국 정부에 대한 국가적 차원의 책임을 묻겠다는 나라가 많아졌다. 특히 수상과 여왕의 측근마저 코로나19에 감염되었던 영국은 미국의 반대를 무릅쓰고 5G에 화웨이 장비 사용을 허가했던 결정을 철회해야 한다는 이야기도 나왔다.

정부 차원에서 중국 책임론을 제기하는 것은 물론, 사적 차원의 민사소송도 걸겠다는 단체도 있다. 인도 변호사 단체가 코로나19 확산에 대한 책임을 물어 중국을 유엔 인권이사회에 제소해 20조 달러 규모의 손해배상을 청구했다. 일본 NHK의 2020년 3월 28일자 보도에 의하면, 3월 12일 미국 남부 플로리다주에서는 중국 정부가 코로나19의 초동 대응을 잘못해 막대한 손해를 입혔다며 개인과 기업이 중국 정부를 상대로 연방지방재판소에 손해배상을 요구하는 소송을 제기했다고 한다. 소송을 제기한 원고의 법률사무소 홍보 담당자는 소송을 제기한 계기에 대해, 중국 외교부가 트위터에서 중국에 바이러스를 가져온 것은 미군이었을 가능성을 주장했다고 지적하고, 바이러스 제압에 실패한 것은 중국인데 오히려 미국을 비난하는 것은 잘못된 처사라고 강조했다. 아울러 중국에서 최초로 감염 사실을 밝혀낸 의사의 고발이 묵살된 사실을 들어 중국 정부의 책임을 추궁하고 배상을 요구하겠다는 것이다.

미국의 법학자 제임스 크라스카 James Kraska에 의하면, 사스로 인해 감염병의 세계적 발병 가능성을 인지한 WHO는 사스를 비롯하여 '새로운 아류형(코로나19를 일으킨 바이러스가 여기에 해당)'에 의해 초래되는 비슷한 질병들에 대해 모든 회원국이 24시간 이내에 WHO와 관련 정보를 의무적으로 공유해야 한다는 국제 보건 규정을 채택했다고 한다. 이 규정은 법적 구속력이 있고, 코로나19 발병 이후 두 달 동안 이를 감추었던 중국 정부를 상대로 소송을 제기할 수 있는 근거가 된다는 것이다. 이제 중국 정부는 코로나19의 발병을 최초로 공개했던 의사 리원량李文亮, 1986-2020의 말을 따르지 않은 것을 후회할 수도 있게 되었다.

5
장

반도체, 무역전쟁의 종착역

| 지식재산권과 기술 갈등 |

지식재산권이 가치사슬에 참여하는 행위자 사이의 관계 양식과 가치 배분 관계를 규정하는 핵심적 매개체였다는 점에서 양자는 실질적으로 결합되어 있다. 특히 미국과 중국 사이의 갈등과 분쟁이 격화되는 상황에서 이 두 가지 쟁점은 분리 불가능할 만큼 동시적으로 등장한다.[23]

■ 기술 사용에 관한 미국과 중국의 차이점 ■

미중 무역전쟁은 표면적으로 관세인상과 양국 간의 현실주의적 패권경쟁이 중요한 것으로 보이지만, 그 이면에는 지구적 가치사슬의 약화와 지식재산권 체제의 동요라는 배경이 무역전쟁의 전개와 쟁점을 강하게 규정하고 있다. 지구적 금융위기 이후 지구적 가치사슬을 매개로 한 다양한 기업 간 연결망은 서로에게 상호 연관의 부담을 가중시켰고, 이 연결망으로부터 참여자 이탈을 야기하고 있다.

지식재산권은 가치사슬의 기업 간 관계를 규제하는 핵심적 매개체였지만, 이제 그 보호 범위와 운영 규칙의 갈등에 노출되어 있다. 지식재산권 체제는 그것이 만들어내는 사회적 비용과, 이 재산권을 획득함으로써 가질 수 있는 지구적 경쟁력 사이에서 표류하고 있다.[24] 그중에서도 글로벌 표준을 존중하지 않는 중국의 지식재산권 침해는

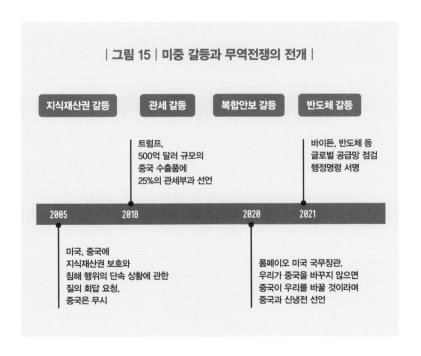

| 그림 15 | 미중 갈등과 무역전쟁의 전개 |

지식재산권 갈등   관세 갈등   복합안보 갈등   반도체 갈등

트럼프,
500억 달러 규모의
중국 수출품에
25%의 관세부과 선언

바이든, 반도체 등
글로벌 공급망 점검
행정명령 서명

2005   2018   2020   2021

미국, 중국에
지식재산권 보호와
침해 행위의 단속 상황에 관한
질의 회답 요청,
중국은 무시

폼페이오 미국 국무장관,
우리가 중국을 바꾸지 않으면
중국이 우리를 바꿀 것이라며
중국과 신냉전 선언

해묵은 논쟁거리다. 1990년대 미국은 중국과 지식재산권 협정까지 맺었지만, 현실은 협정과 거리가 멀다. 중국도 이 점에 대해서는 강하게 부정하지 못한다. 중앙정부는 강력한 의지를 가지고 지속적으로 단속하고 있지만, 지방에서 벌어지는 위반 사태에는 힘이 미치지 못한다는 식의 중국답지 않은 변명으로 일관하고 있다. 중국이 짝퉁, 싸구려 제조업 위주에서 첨단산업 쪽으로 방향 전환을 하면서 이 문제는 더 뜨거워지고 있다. 지금 벌어지고 있는 미중 무역전쟁의 도화선을 미국이 해묵은 지식재산권 문제로 잡은 것도 이런 맥락이다.

미국 지식재산권 침해위원회는 미국이 전 세계적으로 지식재산권 침해로 입는 손실이 약 6천억 달러에 달하며, 이 가운데 87%가 중국으로부터 기인한다고 밝혔다. 미국이 무역전쟁을 불사하면서까지 지식재산권 방어에 나선 것은 인공지능 같은 첨단산업에서 중국이 지식재산권을 도용하는 것을 막기 위해서다.[25] 1994년 무역 관련 지식재산권TRIPs 협정은 WTO 가맹국이라면 국가별로 상이한 특허 규정과 정책을 가지고 있더라도 공통적으로 지켜야 할 최소 기준을 정립했다. 진보성nonobviousness, 유용성utility, 혁신성novelty 같은 기존 미국의 특허 인식 기준을 적용하는 것, 외국인에게 자국 시민과 동일한 특허 획득 기회를 제공하는 것, 특허에 대한 20년간 배타적 권리를 인정하는 것이 여기에 포함되었다.

2000년대 이후 지식재산권 협정에 대한 개발도상국의 비판이 커진 결과, 개별 국가가 공적 질서 유지를 목적으로 특허권 행사를 제한할 수 있는 재량이 증가했다.[26] 미국이 기술 공개를 통한 활용 범위를 넓히는 데 주안점을 두었다면, 중국은 기술 활용 방법에 대해 반대 입장을 견지해 왔다. IBM과 마이크로소프트가 1980년대에 미국의 혁신을 주도하는 동안, 중국은 인터넷을 통해 널리 사용 가능한 콘텐츠를 차단하는 대규모 검열 메커니즘인 '만리장성 Great Firewall'의 기반을 마련했다. 이러한 중국의 기술 지식 활용은 중국 내에서 폐쇄적이고 통제된 인터넷을 만들었고, 중국의 방식은 다른 권위주의적 독재 국가들에게 호응을 얻었다. 예를 들어, 러시아는 중국 기술의 도움으로 한때 규제 없이 자유롭게 정보를 공개했던 인터넷을 국가권력 자의대로 쉽게 억제할 수 있는 방향으로 재편했다. 중국의 기술 투자는 무선통신, 마이크로칩, 로봇공학 같은 분야에 수십억 달러를 지출함으로써, 외국 기술에 대한 중국의 의존도를 낮추려는 야심 찬 계획인 〈중국제조 2025〉를 통해 외국 기술로부터 독립적인 생산을 유지하려는 방향으로 나아가고 있다.[27]

■ **중국제조 2025** ■

세계 대국의 위치에 오르고 중국의 제조업은 크지만, 강하지 못하다.
제조업 개선과 추월 발전이 우리의 절박한 과제다(《중국제조 2025》, 서문).

중국은 1990년대 중반 이후, 제조업의 비약적인 발전을 실현함으로써 경제성장과 생산효율 향상을 달성하며 세계 최대 제조 대국의 입지를 다져왔다. 2010년에는 미국을 제치고 세계 최대 제조 생산국이 되었다. 하지만 질적 성장 측면에서 선진국에 비해 뒤처져 있고, 혁신역량 부족, 환경오염 심화, 정부 인프라 및 응용 수준 낙후, 첨단 설비의 대외의존도가 높다는 자가진단과 함께 기업 중심의 혁신 시스템 개선이 시급하다고 선언했다. 〈중국제조 2025〉는 중국 제조업 내의 당면 문제점들을 해결하고 구조 최적화를 추진함으로써 제조 대국에서 제조 강국으로 성장하기 위한 계획이다.

〈중국제조 2025〉는 독일이 4차 산업혁명 시대에 맞게 산업의 재구성을 추진하는 '인더스트리 4.0'의 중국판이라고 할 수 있다. 중국 리커창 총리가 이 계획을 심사하고 비준했으며, 중국 국무원이 2015년 5월 8일 중국 제조업의 부가가치 향상을 촉구하며 공식 발표했다. 중국의 제조 강국 건설을 위한 향후 30년간 중장기 계획(각 10년씩 총 3차)의 3단계 三步走 전략을 제시하고, 그 첫 단계인 〈중국제조 2025〉를 발표한 것이다.[28]

첨단산업에서 세계 패권을 장악한다는 〈중국제조 2025〉는 2025년까지 첨단 의료기기, 바이오·의약 기술 및 원료 물질, 로봇, 통신장비, 첨단 화학제품, 항공우주, 해양 엔지니어링, 전기차, 반도체 등 10개 하이테크 제조업 분야에서 대표 기업을 육성하는 게 목표다. 이 계획을 추진하는 과정에서 중국 정부는 자국 기업에 대규모 보조금을 지원하고 중국에 진출한 외국 기업에는 핵심 기술을 이전하라고 압박을 가하고 있다. 특히 중국은 자국의 반도체 산업 육성을 위해 지난 2015년부터 10년간 1조 위안(약 170조 원)을 쏟아붓는, 이른바 '반도체 굴기'를 강력하게 추진했다.[29] 이는 2025년까지 핵심 소재 및 부품의 70%를 자급자족하고, 2035년에 제조 강국인 일본과 독일을 제친 뒤, 중국 해방 100주년인 2049년에 미국까지 추월하여 글로벌 패권을 장악하겠다는 야심 찬 계획이다.

과거 트럼프 행정부는 이러한 〈중국제조 2025〉를 중국이 미국을 뛰어넘어 세계의 경제와 기술패권을 차지하려는 전략이라고 보았다. 이런 목표를 달성하기 위해 미국 기업 등을 상대로 중국의 기술 탈취가 만연하고 있다는 점을 우려했다. 이 때문에 미중 무역전쟁의 이면엔 단순한 무역적자 문제가 아니라 중국의 첨단산업 굴기를 막아야 한다는 인식이 깔려 있다. 〈중국제조 2025〉와 관련한 반도체 등 첨단 제품은 대부분 미국의 관세부과 대상에 포함됐다.

　　미국은 중국 기업들이 미국 기업의 기술을 도둑질하거나 강제로 이전하도록 압박해 온 관행을 철저하게 제거할 방침이다. 합작 형태로 중국 시장에 진출하는 경우가 많은데, 이 과정에서 미국 기업의 선진기술이 현지 기업에 강제로 탈취되고 있다는 게 미 정부의 생각이다. 기술이전 문제는 지식재산권과 달리 특정한 법률로 보호하기 어려운 만큼 명확하면서도 새로운 접근이 필요하다는 게 미국의 입장이다. 미국은 안보와 관련한 일부 분야를 제외하고는 합작회사 설립 규정과 외국인 지분 제한을 없애야 한다고 중국을 압박하고 있다.

　　미국은 국유기업에 대한 중국 정부의 지원과 불공정무역 관행도 계속 문제 삼고 있다. 중국이 국유기업들에 과도한 보조금을 지급하는 게 공정한 경쟁환경을 해치고, 이것이 비관세장벽으로 작용한다는 주장이다. 미국 기업의 시장 접근을 차단해 중국 기업을 키우는 것을 용납해서는 안 된다는 것이다.[30] 그런데 이처럼 미국 정부가 중국을 강력하게 압박할 수 있는 것은 중국에 진출한 미국 기업들의 적극적인 협조도 한몫했다. 중국을 '꿀이 흐르는 시장'으로만 바라보던 기업들의 시각도 변했다. '시장을 내줄 테니 기술을 내놓으라'는 중국식 거래 방식을 수용해 오던 미국 기업들은 더 이상 그런 거래를 참지 않을 태세다. 더 큰 이익을 위해 중국의 상표 베끼기, 디자인 도용, 영업비밀 침탈을 참아온 기업들이 이제 침묵을 깨고 '증언대'로 나오고 있다.

미국은 중국이 시장경제를 도입했지만 그 시장은 경쟁을 허용하지 않는 독특한 제도임을 이제야 깨달았다. 중국이 열린 미국 시장에서 미국 기술과 브랜드를 사냥해 가지만 그 투자의 배후에는 중국 정부와 중국공산당의 비밀스러운 계획이 있다는 의혹을 품게 되었다. 이런 불공정한 관계가 그대로 유지되는 한 중국의 무한 질주는 계속되고 미국의 패권이 위협받는다는 생각이 미중 무역전쟁의 바닥에 깔려 있다.[31]

■ 미중 기술격차 줄이기 ■

미중 간의 첨단 분야 경쟁은 단순히 값싸고 좋은 반도체, 성능 좋은 소프트웨어나 컴퓨터, 빠르게 접속되는 인터넷 장비를 만들기 위해 벌였던 예전의 경쟁과는 다르다. 다시 말해, 제품이나 기술 경쟁과 같이 기업과 국가가 자원을 확보하거나 역량을 기르는 차원의 경쟁을 넘어선다. 물론 이러한 경쟁에서 이기기 위해 충분한 자본과 첨단기술력을 확보하는 것이 중요하다는 사실은 부인할 수 없다. 그러나 복합적인 네트워크와 미디어 융합 환경에서 벌어지는 ICT 분야의 경쟁에서는 시장 표준을 장악하는 것뿐만 아니라 소비자들의 취향을 만족시키기 위한 매력을 발산하는 능력을 갖추는 것도 매우 중요하다. 요컨대, 첨단 분야의 경쟁은 자본과 기술의 평면적 경쟁을 넘어서 시장의 표준과 내용적 매력을 장악하기 위해 벌이는 플랫폼 경쟁의

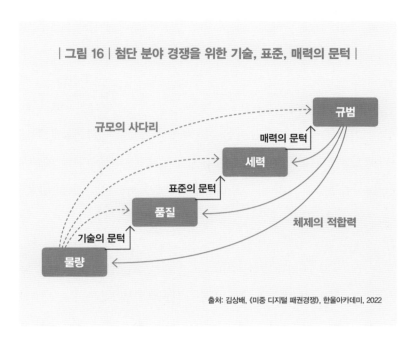

| 그림 16 | 첨단 분야 경쟁을 위한 기술, 표준, 매력의 문턱 |

규범

매력의 문턱

세력

규모의 사다리

표준의 문턱

품질

체제의 적합력

기술의 문턱

물량

출처: 김상배, 《미중 디지털 패권경쟁》, 한울아카데미, 2022

양상을 띠고 있다.[32]

보다 정확히 말하자면, 기술 분야에서는 미국과 중국의 경쟁이라기보다 저만치 앞서 가는 미국을 중국이 힘겹게 따라가는 모습이다. 중국은 기술적으로 주로 중저가제품 생산 물량이 미국보다는 많지만 고가의 고품질 기술에서는 여전히, 그리고 앞으로도 한참을 미국에 뒤처질 것이다. 게다가 기술적인 제품의 소비 물량에서도 중국은 전 세계 최고의 소비 국가인 미국에 모자란다. 중국이 넘어야 할 또 하나의 문턱은 표준이다. 그림 16의 설명과 같이 표준의 문턱을 넘는 일은 좋은 품질의 제품이 아니더라도 많은 이들에 의해 채택되는 게 중요하다는 의미에서 '세력'의 문제다. 중국도 ICT 분야에서 표준의 중요성을 깨닫고 컴퓨터 소프트웨어나 모바일 분야를 중심으로 독자 표준을 수립하기 위해 노력해 왔다. 그러나 중국의 표준은 여전히 중국 내에서만 통하는 정도이고 글로벌 표준이 되지 못하고 있다.

마지막으로 중국은 '세력'에서 '규범'으로 가는 매력의 문턱을 넘어설 수 있을까? 매력의 문턱은 단순히 구조와 제도를 장악하는 차원을 넘어서 설득과 동의를 바탕으로 규범을 설정하는 문제다. 하드웨어 중심의 제조업과 달리 최근에 더욱 그 의미가 부각되고 있는 미디어와 콘텐츠 산업은 상대방의 마음을 얻는 콘텐츠를 생산하고 이를 통해 누가 더 많은 감동을 만들어낼 수 있느냐가 관건이다. 단순히 감각적이거나 지적인 감동뿐만 아니라 마음의 감동을 끌어내는 것이 중요하다. 기술이나 표준과 마찬가지로 이러한 매력의 문턱도 지금까지는 미국이 장악하고 있다.[33]

| 관세전쟁 |

■ 관세전쟁의 진행 과정 ■

2017년 11월 9일 베이징에서 개최된 미중 정상회담에서 중국은 총 2,535억 달러어치의 미국산 제품의 구매를 약속하면서 중국의 구매력을 과시했다. 그러나 이는 지키지 못할 약속에 불과했다. 이에 중국을 비난하지 않겠다고 했던 당시 트럼프 대통령은 이후 중국의 미온적인 태도에 불만을 보이기 시작했다. 2,535억 달러는 허황된 숫자였을 뿐이다. 2017년 미국의 대중 수출은 미 상무부 통계 기준 1,300억 달러에 불과했다. 한 해 수출의 두 배에 달하는 금액을 중국이 과연 얼마 동안 사줄 것인지도 불투명했다. 2018년 3월 트럼프 대통령은 미국 무역법 301조에 근거하여 500억 달러의 중국산 수입품에 대해 25%의 관세를 부과하는 행정명령에 서명했다. 7월 6일에는 미국과 중국이 동시에 보복관세 조치를 실행에 옮겼다. 이후 미중 관세전쟁은 부침이 있었지만, 계속 갈등이 고조되는 양상을 보였다.[34]

관세는 관세영역(보통은 국경선)을 통해 수출 또는 수입되거나 그 영역을 단순히 통과하는 물품에 부과하는 세금으로 국세의 하나다. 관세영역을 이동하는 물품에 부과되는 조세로는 수출세·수입세·통과세 등이 있지만, 오늘날 수출세나 통과세를 부과하는 나라는 거의 없으므로 관세라고 하면 대체로 수입세를 의미한다. 관세는 특정한 국내 산업 보호, 재정수입 확보, 소비 억제, 국제수지 개선 및 수출 촉진 등의 기능이 있다.[35] 일단 관세가 부과되면 그 효과는 즉각적이고 사후 교정은 제한적 의미만 가지므로 산업정책 도구로 활용될 유인이 강하다. 그러나 자국 이익만을 도모하는 관세부과는 국가 간 교역을 위축시켜 모두에게 손실의 부메랑으로 돌아올 수 있다. 자본주의 국가 간의 경제전쟁은 보통 무역전쟁이다. 가장 전통적인 무역전쟁은 상대 국가의 상품 가격에 세금을 부과하여 수입량을 감소시키는 관세전쟁이다. 관세전쟁은 교역량을 감소시키고, 제1, 2차 세계대전에서 보듯이 관세가 없는 식민지 시장 쟁탈전을 불러일으켜 전쟁의 원인이 된다.

1860년 '콥든-슈발리에 협정', 즉 영국-프랑스 통상조약에 따라 두 나라는 상호 관세를 낮추었다. 그로 인해 무역량이 거의 두 배로 증가했다. 그런데 1871년 통일을 이룬 이탈리아가 자국 산업을 보호하기 위해 프랑스와 맺은 무역협정을 1886년에 파기하고 프랑스 수입품에 60%의 관세를 물렸다. 이에 프랑스 역시 보복에 나서 1892년 자국의 농산물을 값싼 이탈리아 농산물로부터 보호하고자 '멜린 관세'를 부과했다. 양국이 보복관세를 주고받자 그 여파로 인해 영국과 프랑스의 콥든-슈발리에 협정이 사실상 파기되었다. 관세부과로 인해 영국, 프랑스, 이탈리아의 교역이 급감하고 프랑스의 식품 물가가 25% 이상 올랐다.[36] 이외에도 관세를 활용한 무역전쟁은 대체로 전쟁, 대공황, 무역량 감소 등 결과가 좋지 않았다. 그럼에도 불구하고

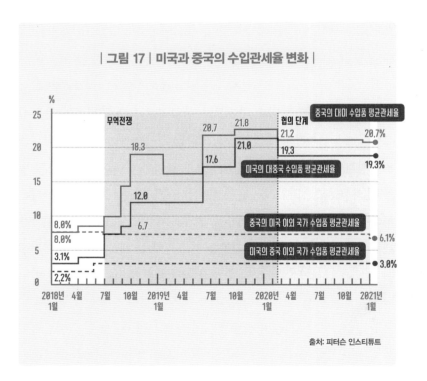

| 그림 17 | 미국과 중국의 수입관세율 변화 |

출처: 피터슨 인스티튜트

미국이 다시 관세전쟁을 시작한 것은 그럴 만한 이유가 있었고, 더 이상 미국으로서는 참기 어려웠기 때문이다.

　미중 간의 관세를 통한 무역전쟁은 그림 17에서 보는 바와 같이 2018년과 2021년 사이에 5단계로 진행되었다. 2018년 첫 6개월 동안 관세는 완만하게 인상되었지만, 2018년 7월부터 9월까지 미국의 평균 관세는 3.1%에서 12.0%로, 중국의 평균 관세는 8.0%에서 18.3%로 급격하게 인상되었다. 이후 3단계 8개월(2018년 9월 25일~2019년 6월) 동안의 관세 변동은 거의 없었다. 2019년 6월부터 9월까지 또 다른 일련의 관세인상이 시작되어 현재 5단계에서는 1단계 합의에도 불구하고 양국 간 관세는 여전히 인상된 상태를 유지하고 있다.

　2018년 1단계 시행 당시 미국과 중국은 협정을 통해 가까운 장래에 중국산 수입품에 새로운 관세를 부과하기로 했다. 중국산 수입품에 대한 미국의 평균 관세는 약간 높게 19.3%로 인상되어, 2018년 무역전쟁이 시작되기 전보다 6배 이상 높아졌다. 이 관세율은 미국에 대한 중국 수출의 66.4%를 차지하는 물량에 해당한다. 미국산 수입품에 대한 중국의 평균 관세도 20.7%로 높은 수준을 유지하고 있다. 중국의 보복관세는 미국의 대중국 수출량의 58.3%를 차지한다. 같은 기간 동안 중국은 다른 국가로부터 수입되는 물품의 관세를 낮추어 중국의 평균 수입관세는 2018년 초 8.0%에서 2021년 초까지 6.1%로 감소했다. 하지만 미국은 같은 기간 동안 나머지 세계의 수입품에 대한 평균 관세를 2.2%에서 3.0%로 인상했다. 2021년 미국에서는 바이든 정부가 들어섰지만, 트럼프가 만들어 놓은 대중국 관세율에는 변함이 없어 양국 관세율의 뉴노멀 상태로 굳어지고 있는 듯하다.[37]

■ 미중 관세전쟁의 특징 ■

21세기의 무역전쟁은 이전의 무역전쟁들과 많은 면에서 상이하다. 가장 커다란 차이점은 역시 경제의 글로벌화를 꼽을 수 있다. 미중 무역전쟁 이전에 국가 간 경제적 갈등은 대부분 관세전쟁이었고, 이는 두 당사국만 영향을 받았다. 예를 들어, 1930년 6월 17일 미국에서 제정된 '스무트-홀리Smoot- Hawley 관세법'에는 약 20여 개국이 참가했다. 스무트-홀리 관세법은 농산물 관세를 크게 인상하여 농민들을 보호하겠다는 후버 대통령의 선거 공약을 실현하기 위해 리드 스무트Reed Smoot 상원의원과 윌리스 홀리Willis C. Hawley 하원의원이 마련한 법안이었다.

이 관세법은 당시 여당이었던 공화당은 물론 민주당 의원들까지 동조하여 압도적인 찬성으로 상하 양원을 통과했다. 하지만 이 과정에서 반대의 목소리도 있었다. 상당수 경제학자들은 후버 대통령에게 거부권을 청원했고, 자동차 회사 포드의 창립자인 헨리 포드는 아

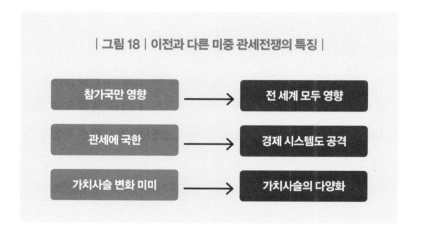

| 그림 18 | 이전과 다른 미중 관세전쟁의 특징 |

참가국만 영향 → 전 세계 모두 영향

관세에 국한 → 경제 시스템도 공격

가치사슬 변화 미미 → 가치사슬의 다양화

에 백악관을 직접 방문하여 만류하기까지 했다. 심지어 후버 대통령의 멘토 중 한 명이었던 토머스 라몬트Thomas Lamont JP모건 회장도 대통령 앞에서 애처롭게 사정할 정도였다고 한다. 그럼에도 불구하고 후버 대통령은 끝내 2만 여 개 품목의 관세율을 평균 59%, 최고 400%까지 인상해 버렸다.

법이 시행되자 미국의 수입액은 1929년 44억 달러에서 1933년 15억 달러까지 큰 폭으로 감소하긴 했다. 그러나 문제는 영국을 포함한 20여 개국들도 미국산 상품에 보복관세를 물리기 시작했다는 점이다. 이에 따라 미국의 수출액도 기존 52억 달러에서 21억 달러로 대폭 줄어들고 말았다. 특히 면화나 담배 등의 수출이 급격히 감소하여 혜택을 받아야 할 농민들이 오히려 더 심각한 타격을 입게 되었다. 게다가 7.8%였던 실업률이 25.1%까지 치솟았고 전 세계 교역량은 3분의 1로 축소되었다. 결과적으로 미국은 물론 다른 주변국들까지 혼란을 겪고 큰 피해를 입었으며, 이후 세계경제는 영국 파운드와 프랑스 프랑, 미국 달러로 분할되었다. 그리고 한동안 침체기에서 벗어나지 못했다.[38] 많은 학자들은 스무트-홀리 관세법이 미국 경제 대공황의 시발점이라고 지적한다. 이후로도 관세전쟁은 2~3개국 이상을 벗어난 적이 거의 없다. 또한 분쟁은 관세에 국한되었다.

그러나 미중 무역전쟁은 관세뿐만 아니라 정부의 지원 여부에 따라 승패가 결정되는 불공정한 경쟁 시스템 등 경제 제도 자체를 문제 삼고 있다. 이번 무역전쟁을 통해 미국이 가장 작심하고 바꾸고자 하는 것은 바로 글로벌 가치사슬, 즉 제조업 생태계의 변화다. 중국이 미국 중심의 글로벌 무역체제에 편입되어 곧장 '세계의 공장'으로 부상하면서 중국 중심의 글로벌 가치사슬Global Value Chain, GVC이 형성되었다. GVC란 세계 각국에 있는 기업들이 분업을 통해 제품을 기획하고 원자재 및 부품을 조달, 가공, 생산해 최종 고객에게 전달하는 글로벌 공급망을 뜻한다. 1960년대부터 1990년대까지 한국, 대만, 홍콩, 싱가포르는 수출 주도형 경제체제로 글로벌 공급망에 올라타며 '아시아의 4마리 용'이라는 신화를 창조했다. 1995년 WTO 출범과 함께 관세가 인하되고 교역과 운송 비용이 낮아지며, 1990년대 다국적기업들이 해외 공장을 세우는 현지화에 속도를 내면서 글로벌 공급망 구축이 가속화됐다.

이 흐름에 날개를 단 게 2001년 중국의 WTO 가입이다. 중국은 저렴한 인건비와 각종 세제 혜택, 14억 인구의 잠재적 소비시장을 앞세워 해외 기업을 블랙홀처럼 빨아들였다. 다국적기업은 이익을 챙기고, 중국은 '세계의 공장'으로 떠오르며 일자리를 창출하는 윈윈 구조였다. 그러나 중국이 폐쇄적 경제 시스템을 개방하지 않자 미국은 중국 제품에 고율의 관세를 부과하고, 제3국으로부터의 수입을 촉진하고 있다. 세계 최대 수입 국가인 미국이 수입선을 다변화하면서 당연하게 글로벌 공급망에도 변화가 생기게 되었다.

| 복합안보 |

■ **복합안보전쟁으로 확전된 이유** ■

미국의 중국 견제는 단순히 대중 무역수지 적자를 감소시키는 데 있지 않다. 무역수지 적자를 해소하기 위해 관세전쟁을 벌이는 것은 효과가 없다는 점을 트럼프 행정부가 모를 리 없었을 것이다. 전국가무역위원회National Trade Council 위원장이었던 피터 나바로Peter Navarro는 미중 관세전쟁의 전면에 나섰던 인물은 아니지만, 중국에서도 알아주는 대표적인 반중 인사다. 2011년에 그가 집필한《중국이 가져온 죽음Death by China》은 중국을 그냥 내버려두면 패권국가로 부상하는 데에서 그치는 게 아니라, 중국이 가져온 인권탄압, 노동탄압, 환경파괴, 위생안전 위협 등으로 지구 전체가 죽음으로 내몰리게 될

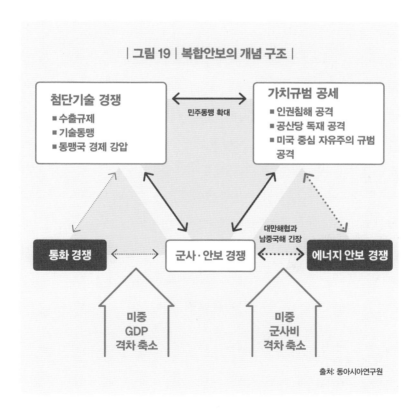

| 그림 19 | 복합안보의 개념 구조 |

출처: 동아시아연구원

것이라고 주장한다. 그는 미국이 관세전쟁을 선포한 즈음인 2018년 4월 《월스트리트저널Wall Street Journal》에 쓴 기고문을 통해 중국과의 무역은 결코 상호호혜적 이익이 될 수 없다는 점을 분명히 하고 있다. 중국 정부가 인위적으로 자국 상품의 경쟁력을 키우면서 지식재산권 탈취, 강제 기술이전 요구를 함으로써 미국의 소중한 기술과 지식이 중국에 의해 침해되고 있다고 주장했다. 이런 주장은 대중국 301조 보복관세 성명서에서도 그대로 반복되고 있다. 미 무역대표부 대표를 역임했던 로버트 라이트하이저Robert Lighthizer는 특히 중국의 〈중국제조 2025〉와 같은 산업정책을 공정한 국제무역질서를 훼손하는 나쁜 정책으로 지목했다.

이와 같이 미국의 요구는 단지 무역수지 적자폭을 해소하는 데 그치는 게 아니다. 미국은 중국의 기술굴기를 견제하기 위해 지식재산권 보호, 강제 기술이전 금지, 〈중국제조 2025〉와 관련된 산업보조금 금지에 관한 중국의 확실한 약속과 제도 개선을 요구하고 있다. 또한 환율조작, 중국 금융 및 서비스 시장의 폐쇄성 등 반시장적 조치에 대한 개선을 확실히 담보하는 무역협정 체결을 요구하고 있다. 트럼프 행정부가 중국 정부에 요구했던 사항이 무려 142개 항목에 이르는 것으로 알려졌다.[39]

▪ 가치규범전쟁 ▪

미국은 지구적 리더십의 회복과 중국의 도전을 저지 혹은 완화하고자 경쟁과 갈등뿐만 아니라 협력의 측면을 열어놓는 복합전략을 추구하고 있다. 중국 역시 2013년 6월 양국 정상이 합의한 '신형대국

관계' 3원칙, 즉 불충돌과 불대항, 상호존중, 협력공영으로 대미 관계를 이끌어가고자 한다. 다만, 중국은 자주권, 안전권, 발전권으로 요약되는 핵심이익을 강조하며, 미국이 이를 침해할 경우 결연히 대항하겠다고 천명하고 있다. 따라서 중국은 미국과의 힘의 비대칭성이 바뀌지 않을 때까지는 자국의 핵심이익이 결정적으로 침해받지 않는 한 미국에 군사적으로 직접 도전하지 않을 것이다. 미국 역시 기후변화, 포스트 코로나 경제질서 구축 등에서 중국과 협력하되, 양국 간 경제적 상호의존에 따른 이득을 크게 희생하지 않는 범위 내에서 중국의 약점을 공략할 것이다. 특히 공산당 독재체제와 인권침해 문제 등 가치와 정체성 차원에서 지속적인 공세를 전개할 것으로 예상된다.[40]

이처럼 미중 무역전쟁이 무역의 한계를 벗어나 양국의 정치·경제 시스템 전반은 물론이고 글로벌 패권경쟁으로 번진 데에는 미국과 중국이 갖고 있는 세계관의 차이에서 기인한다. 미국은 자유, 자본, 민주주의를 바탕으로 정부의 시장개입을 최소화하는 데 중점을 둔 경제정책을 펼치는 데 반해, 중국은 독재, 중화사상, 공산주의를 바탕으로 정부가 시장의 움직임을 계획하고 통제하는 정책을 펼친다. 되돌아보면 미국과 구소련의 냉전시대 대결 구도와 이념적으로는 비슷하다. 다만, 다른 점이 있다면 러시아는 슬라브족 중심주의를 강조하지 않았던 데 비해 중국은 중화민족 중심주의를 대단히 강조하면서 주변 국가를 핍박한다.

특히 중국이 미국에서 번 돈을 사용해 미국을 공격하는 데 쓴다는 사실에 미국은 크게 분노했다. 그래서 중국이 돈 버는 방법을 틀어막기 시작했다. 그러다 보니 완성품이 오가는 무역에서 제품을 생산하는 기술 경쟁이나 완성품을 지불하는 화폐를 발권하는 기축통화 경쟁으로 갈등이 확대되었고, 강제노동으로 거의 공짜나 다름없이 인력을 사용하는 신장 위구르 인권 문제와 같은 전방위적 이슈를 내세우게 되었다.

■ 수출통제 ■

최근 방위산업 분야에서도 지구화의 추세에 저항하는 기술 민족주의 경향이 강해지면서 국가의 역할이 다시 강조되고 있다. 하지만 새롭게 부상하는 국가 모델은 단순히 기존 국민국가로 돌아가는 모습은 아닐 것이다. 오히려 국가 주도 모델과 민간 주도 모델, 그리고 기술 민족주의와 기술 지구주의를 묶어낸 '메타 거버넌스 모델'이 모습을 드러내고 있다. 이러한 와중에 근대 국제질서가 질적 변환을 겪고 있음도 놓치지 말아야 한다.[41]

이런 경향은 첨단 군사기술이 글로벌 가치사슬로 촘촘히 엮인 미중 무역전쟁에서 분명하게 드러난다. 과거 첨단기술 통제가 냉전시대의 대공산권수출통제위원회, 이른바 코콤COCOM을 통했다면, 지금은 바세나르 협정Wassenaar Arrangement을 통해 이루어진다. 코콤은 제2차 세계대전 종전 후 첫 5년의 냉전 기간 동안 동유럽 공산권 국가에 금수조치를 취하기 위해 서방에 의해 설립되었다. 코콤은 1994년 3월 31일에 그 기능이 중단됐지만, 1996년 바세나르 협정이 수립될 때까지 당시 수출금지품목 목록이 회원국 사이에서 유지되었다. 바세나르 협정은 재래식 무기와 민수용 물품 중 군수용으로 전환이 가능한

'이중 용도 물품'의 기술 투명성을 제고하고 책임성을 강화함으로써 국가안보를 위협하는 재래식 무기의 과잉 축적을 방지하며, 이런 물자들에 책임을 부여하고 안정성을 확보한다. 러시아, 인도, 한국 등의 참가국들은 자국의 규정으로 이 리스트에 올라간 물품들이 협정에 가입하지 않은 타국의 군사 역량 개발이나 향상에 기여하지 않고, 또한 이런 역량을 지원하지 않도록 해야 한다.

미중 경쟁의 맥락에서, 최근 미국이 첨단무기체계의 전략물자와 민군 겸용 기술의 수출통제 카드를 활용하려는 기저에는 기술동맹을 통해서 중국을 견제하려는 의도가 깔려 있다. 기존에는 미국이 플랫폼을 구축하고 그 플랫폼 안에서 도전국이라 할 수 있는 독일이나 일본조차도 경쟁적 또는 수직적 분업 구조를 형성하는 양상이었다. 그런데 현재 중국은 미국의 이러한 플랫폼을 이탈하여 신흥 기술 관련 독자적 플랫폼을 만들려는 시도를 벌이고 있고, 미국은 이를 사전에 견제하려고 한다. 신흥 기술을 둘러싼 미중 경쟁이 악화되는 가운데, 미국은 국내의 법, 제도, 정책은 물론 다자 이니셔티브 메커니즘을 통해 동맹국과 파트너 국가들을 동원하여 중국에 대한 공세 조치를 강화하고 있다. 2018년 8월, 당시 트럼프 행정부가 '수출통제개혁법 Export Control Reform Act, ECRA'을 발표한 이유이기도 하다.[42]

미국의 이러한 대중국 수출통제 기조는 조 바이든 대통령에게로 변함없이 이어지고 있다. 바이든 행정부는 2022년 2월 7일 중국 기관들을 무더기로 수출통제 리스트에 올렸다. 미국 상무부 산업안보국BIS은 이날 성명을 내고 중국 기관 33곳을 수출입 미검증 목록Unverified List에 추가했다고 밝혔다. 목록에 오른 중국 기관 가운데 중국의 최대 바이오 의약품 위탁 생산업체인 우시바이오가 포함됐다. 이 밖에 AECC 남부산업, 베이징 SWT과학, 상하이 마이크로일렉트로닉스 등 각각 터빈날개 관련 기업, 대학 연구소, 전자산업 관련 기관이 이름을 올렸다. 미검증 목록은 미 당국이 통상적인 검사를 할 수 없어 최종 소비자가 누구인지 파악할 수 없다는 이유로 엄격한 수출통제를 받게 되는 대상을 말한다. 미국은 검사를 위해 외국 정부와 협의하는데, 검사를 할 수 없거나 해당 기업의 합법성을 확인할 수 없을 때 이 목록에 올린다.[43]

신기술 통제 문제는 민감 기술에 대한 통제는 물론 전체적인 경제 안보 차원에서 접근해야 하는 바, 기술혁신 및 공급망 안전성에서 참가 그룹 국가와의 협력을 강화하고 있다. 실제 EU는 트럼프 행정부 이래 강화된 미국의 신흥 및 기반 기술EFT 통제에 대응하기 위한 법제 정비를 추진하면서도 미국과 EU 간 무역기술위원회TTC 설립을 통해 협력을 강화하고 있다. 2021년 6월 15일 양자 정상회담을 통해 설립된 이 위원회는 기술, 디지털, 공급망 국제 협력, 규제정책 및 법집행 조율, 국제표준 개발, 연구 및 교역 지원, 기업 혁신 등의 분야에서 양자 협력에 합의했다. 또한 무역기술위원회는 글로벌 거버넌스 및 주요 무역정책에 민간 부문과 시민사회가 참여하는 구조이면서 투명성을 제고하는 프로세스다.[44]

전체적으로 수세에 몰려 있기는 하지만 중국도 가만히 앉아서 당하고 있지만은 않다. 중국 정부는 미국의 신기술 수출통제 및 대중 제재에 대응하기 위한 여러 조치를 발표하여 점차 수세적 입장에서 적극적인 대응으로 선회하고 있다. 즉, 2020년 9월 〈신뢰할 수 없는 기업에 대한 규칙〉을 통해 중국의 주권, 안전, 발전 이익을 침해하거나 자국 기업에 피해를 초래하는 외국 기업에 대해 무역과 투자활동, 그리고 입국과 체류를 제한하는 조치를 시행하고 있다.

또한 중국은 2020년 10월 17일 '수출통제법'을 최종 채택했는데 (2020년 12월 1일 발효), 이는 각 분야별 수출통제법을 총괄하는 법령을 제정한 것이다. 중국의 수출통제법은 기본적으로 미국의 수출통제와 유사한 내용으로 구성되어 있지만, 최종 사용자 증명서의 수입국 정부 발급 및 보복 조항 등 타국 제도와 차별화된 요소도 규정하고 있는데, 전반적으로 높은 통제 기준과 엄격한 처벌 규정을 포함하고 있다.[45]

| 반도체 전쟁 |

■ 반도체 패권전쟁으로 귀결되다 ■

요즘 반도체 없이 만들 수 있는 물건이 있을까? 필자가 무역을 시작한 지 30년이 넘었다. 수많은 상품을 취급해 보았고, 공장도 운영해 보았다. 그런데 그 상품들을 지금 만들면 반도체 없이 만들 수 있는 물건은 거의 없다. 신발이나 양말은 가능하지 않을까? 신발은 아직도 수공업적 요소가 많이 필요하고 소량 생산하기 때문에 표준화가 어려운 부분이 많다. 하지만 양말은 거의 기계로 짜서 나오기 때문에 반도체 없이는 불가능하다. 특히 요즘은 단순히 양말 모양만 갖추는 게 아니라 다양한 디자인에 기능성 소재가 복합 편직되기 때문에

| 그림 20 | 모든 것을 결정하는 반도체 패권전쟁 |

양말 기계도 꽤나 복잡하다. 아마도 맞춤 신발이나 다름없는 소량 생산 구두 말고는 이제 반도체 없이 생산할 수 있는 현대적 물건은 없을 것이다. 구두 공장의 재봉틀도 최근 제품이라면 분명히 반도체가 들어가 있다.

인간의 정신세계인 문화마저도 디지털 커뮤니케이션을 통해서 다른 사람에게 전달된다. BTS가 빌보드차트 1위를 하고, 전 세계 수백만 아미들이 하나의 목소리를 내게 된 것도 결국 반도체 덕분이다. 미국과 중국, 그리고 이제 한국이 우주항공 경쟁에 참여하게 된 것도 반도체 덕분이다. 아무리 소프트웨어 설계기술이 뛰어나도 이를 반도

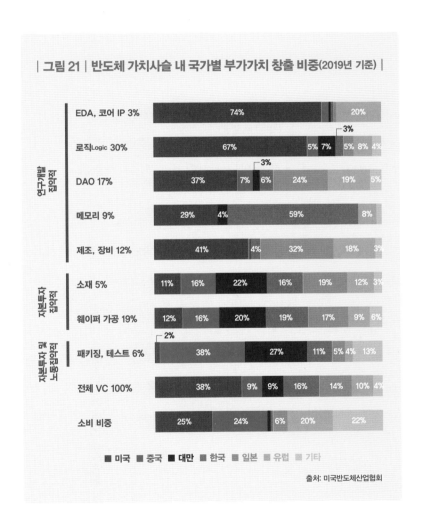

| 그림 21 | 반도체 가치사슬 내 국가별 부가가치 창출 비중(2019년 기준) |

출처: 미국반도체산업협회

체로 구현하지 못하면 없는 기술이나 마찬가지다. 반도체가 산업의 쌀이라는 말이 결코 틀린 말이 아니다. 결국 반도체를 지배하는 자가 지구 패권을 지배하는 것은 당연하다.

글로벌 경제에서 1, 2위를 다투는 미국과 중국이 이제 반도체 전장에서 힘을 모으는 이유도 마찬가지다. 반도체 시장은 2020년 이후 코로나19에도 부정적 영향을 거의 받지 않았다. 반도체 산업은 글로벌 공급체인별 전문화와 분산화가 비교적 명확한 편이다. 미국반도체산업협회 분석에 따르면, 2020년 기준 전 세계 반도체 매출 비중은 미국(47%), 한국(20%), 일본(10%), EU(10%), 대만(7%), 중국(5%) 순이었다. 부가가치 창출 측면에서는 그림 21과 같이 상위 6개국(미국, 한국, 일본, 중국, 대만 및 유럽)이 전 세계 반도체 산업의 총부가가치 96% 이상을 차지했다.

미국은 연구개발과 기술집약적인 반도체 전자설계자동화EDA, 핵심 설계자산IP 및 집적회로IC, 장비 시장을 리드하고 있다. 아시아는 소재, 제조(웨이퍼), 후공정(패키징/테스트) 분야에 집중된 점이 특징적이다. 이 중 중국은 자본·노동집약적 후공정(패키징/테스트) 비중이 38%로 가장 높았다. 후공정 OSAT(외주 반도체 패키지 테스트)은 자본집약도가 낮고 주조 공장 회사의 연간 자본 지출은 일반적으로 매출의 약 35%에 달하지만, 반도체 조립 및 테스트를 아웃소싱하는 선도기업은 일반적으로 매출의 절반 이하인 약 15%에 불과하다. 낮은 자본집약도를 감안할 때 OSAT 기업은 여전히 인건비가 핵심 경쟁 요소다.

보스턴컨설팅그룹BCG 자료에 따르면, 중국 본토와 대만, 싱가포르, 말레이시아 등 동남아 국가의 숙련노동자 평균 제조업 임금은 미국 수준의 최대 80%를 밑돌고 있어 해당 지역으로 관련 공정이 집중되고 있다. 현재 매출 기준 세계 10대 OSAT 기업 중 9개가 중국 본토, 대만, 싱가포르에 본사를 두고 있으며, 용량 면에서는 중국 본토와 대만이 전 세계 후공정 용량의 60% 이상을 차지하고 있다. 최근에는 OSAT 기업들도 말레이시아 등 인건비가 저렴한 다른 지역에 신규 생산지를 구축하는 등 자체 글로벌 생산라인 다변화에 나서고 있다. 다만, 첨단 포장 분야의 기술혁신 수준이 높아지면서 인건비 요인은 향후 그 중요도가 다소 낮아질 전망이다.[46]

전체적으로 보면 일은 중국인이 하고, 돈은 미국인이 버는 모양새다. 그러니 중국이 약이 오를 만하다. 그렇다고 해서 미국이나 다른 나라가 애써 만든 것을 해킹과 강요로 빼앗으려는 것은 상도의에 맞지 않다. 아마도 중국이 무역전쟁과 안보전쟁을 도발해 오지만 않았어도 좀 더 나은 방향으로 가지 않았나 싶다.

■ 미중 반도체 전쟁은 GVC 재편 전쟁이다 ■

2018년 무렵부터 표면화된 미국과 중국의 첨단기술 패권을 둘러싼 격렬한 대립은, 기술시장에서 이 두 대국과 깊이 연관되어 있는 동아시아 국가들의 산업에도 심대한 영향을 미치고 있다. 그중에서도 최전선에 위치한 것이 반도체다. 최근 인공지능, 빅데이터, 5G 등 새로운 기술이 떠오름에 따라, 이러한 신기술의 실현을 주관하는 핵심 부품으로서 반도체 산업의 중요성이 커지고 있기 때문이다.

TSMC를 둘러싼 최근의 동향이 그 상징적인 사례다. TSMC는 대만이 세계에 자랑하는 파운드리foundry(반도체 제조를 전담하는 생산 전문 기업)의 거인이며, 반도체 미세가공 기술의 선두 주자다. TSMC는 애플, 퀄컴, 엔비디아 등 미국의 첨단기술 기업으로부터 반도체 칩의 제조를 수탁받아 왔고, 중국 화웨이로부터 5G 통신기기용 반도체와 스마트폰용 반도체 제조의 대부분을 수탁해 왔다. 그런데 미국 정부는 5G 기술패권을 확립하고 있는 화웨이에 대한 제재를 강화하기 위해 화웨이가 반도체 제조에서 TSMC에 강하게 의존하고 있다는 점에 착안

| 그림 22 | 주요 국가의 반도체 산업 지원 방안 |

미국	■ 반도체 인프라와 연구개발에 최대 500억 달러 지원 ■ 2024년까지 투자비의 40% 세액공제(해당 법안 미국 의회 계류 중)
EU	■ 반도체 기업 투자비 20~40% 보조금 지급 ■ 반도체 산업에 1,500억 유로 지원
중국	■ 28나노 이하, 사업 기간 15년 이상 기업에 10년간 법인세 면제 ■ 2030년까지 장비 – 원자재 – 소모품 관세 면제
대만	■ 반도체 연구개발 투자비 최대 15% 세액공제 ■ 반도체 인력 육성 시 보조금 지급(900만 달러 기금 조성) ■ 패키지 공정 테스트 비용의 40% 지원
한국	■ (대기업 기준) 연구개발비 세액 공제 0~2%, 시설투자 세액공제 1% ■ 신성장·원천기술 연구개발비 세액공제 20~30%, 시설투자 세액공제 3%

출처: 조세일보

하고 여기에 쐐기를 박았다. 2020년 5월 미국은 화웨이 제재안을 발표했는데, 이것은 사실상 TSMC와 화웨이 간 거래를 금지하는 것이었다. 이에 따라 TSMC는 화웨이로부터 신규 수주를 중단하겠다고 발표했다.[47] 왜 미국은 화웨이를 미중 무역전쟁의 주요 타깃으로 삼았을까? 왜냐하면 화웨이는 5G 기술 및 시장의 선두 주자인데, 중국 기업이기 때문이다. 화웨이는 미국이 견제해 온 〈중국제조 2025〉에서 핵심적 역할을 할 것으로 기대되는 업체이기도 하다.

미국과 중국 간에 반도체를 둘러싼 갈등은 무역전쟁 이전부터 있었고, 이러한 상황을 피하기 위해 중국은 정부 차원에서 반도체 산업을 육성하고 있다. 그러나 예상을 뛰어넘는 미국의 거센 제재로 중국의 반도체 굴기가 한계에 봉착하기 시작했다. 2019년 화웨이 제재를 필두로 SMIC 등 중국의 주요 반도체 기업들이 미국의 반도체 장비 관련 제재로 큰 타격을 받았다. 2020년 이후 중국 정부는 기존 정책을 강화하는 반도체 육성정책을 연이어 발표했다. 처음으로 명확히 반도체 소재와 설비 산업의 발전을 격려한다고 언급하면서 재정, 세무, 투자, 융자 등 반도체 기업 육성을 위한 각종 혜택을 강화했다. 특히 세금 감면 혜택은 기존에 비해 대상 기업 범위가 넓어졌으며 감면 기간 역시 늘어났다.[48]

미국 역시 반도체 산업을 대상으로 지원을 크게 늘렸다. 미국 하원은 중국을 견제하고 미국 반도체 산업을 지원하기 위한 '2022년 미국 경쟁법 America COMPETES Act of 2022'을 발의했다. 상원이 2021년 6월에 2,500억 달러(약 300조 8,700억 원) 규모의 '미국 혁신 및 경쟁법'을 통과시킨 데 이어 하원도 관련 법안을 마련한 것이다. 이에 따라 반도체 분야에서 중국의 성장과 도전에 강력한 제재를 가하고, 미국을 중심으로 한 생산기지와 공급망 구축이 본격적인 궤도에 오르게 될 것이다. 하원이 마련한 '미국경쟁법'의 핵심은 미국 내 반도체 연구 지원과 생산 보조에 520억 달러(약 62조 5,800억 원)를 투입하는 것이다. 또 핵심 산업 분야의 원자재와 부품을 확보하는 공급망 안정성 강화에도 450억 달러(약 54조 1,700억 원)를 배정했다.

미 의회에 미국 내 반도체 생산 강화를 위한 법안 마련을 촉구해 온 조 바이든 대통령은 "하원과 상원이 제시한 법안들은 미국이 20세기 세계경제를 주도하도록 도왔던 우리의 산업 기지 및 연구개발에 대한 파격적 투자에 해당한다"며 환영 성명을 발표했다. 또한 그림 22에서 보는 바와 같이 미중의 영향 아래에 있는 EU, 한국, 대만, 일본도 반도체 굴기를 속속들이 밝히고 있다. 이제 반도체 굴기는 중국뿐 아니라 미국을 비롯한 주요 국가의 화두가 되었다.

세계화는 지속될 것인가?

코로나19 팬데믹 직후, 전 세계의 항공편이 끊겼다. 해상운송 운임도 30% 이상 하락했다. 세계를 이어주던 고리가 약해졌다. 코로나19로 인해 세계화는 축소되고 오히려 지역주의가 기승을 부릴 것이라는 전망이 힘을 얻고 있다. 하지만 세계화가 더 진전될 만한 이유도 마찬가지로 늘어나고 있다. 또한 이제까지의 세계화와는 다른 개념의 세계화, 즉 미국의 소비와 중국의 생산이라는 두 축에서 벗어나 세계의 소비가 골고루 퍼지고 생산 또한 동남아와 아프리카로 다극화된다면 세계화는 오히려 촉진될 수도 있다. 글로벌 차원의 통합과 분리가 일어날 만한 요소들을 분석해 보자.

| 약해지는 중국의 경제고리 |

글로벌화 추세가 약화됨은 물론이고 자국 우선의 자급자족을 지향하는 관리무역이 주된 흐름이 될 것이라는 전망이 글로벌 분리론자들의 관점이다. 반면에 글로벌 통합론자들은 이미 세계화는 돌이키기 어려울 만큼 진전되었으며, 4차 산업혁명이 세계를 더욱 촘촘히 엮을 것이라고 주장한다. 그러나 양측의 상반된 결론에도 불구하고 공통된 추론이 있다면 바로 중국의 영향력이 약화될 것이라는 점이다. 값싼 노동력과 생산비만을 찾아 중국을 세계의 공장으로 만들었지만 이러한 비대칭적 글로벌 공급망의 부정적 단면이 확연히 드러나고 있기 때문이다.

중국은 거대한 국토와 인구를 보유한 장점을 적극 활용, 자유무역에 기반하여 1980년대 말 이후 거의 40여 년 동안 세계의 공장 역할을 해왔다. 그러나 코로나19가 종식되면 중국의 역할이 급격하게 줄어들 게 분명하다. 국가적 신뢰를 잃었고, 제조기지로서의 기능을 상실했기 때문이다.

2019년 12월 중국 우한 지역에서 첫 코로나19 환자가 발생한 이후 중국 전체의 생산과 소비활동이 마비되었다. 중국에서 생산되던 완제품의 수출은 물론이고, 글로벌 기업에 공급되던 부품 생산도 중단되면서 중국 이외의 국가에 있던 공장마저 가동을 멈춰서는 일이 다수 발생했다. 중장비, 기계, 전자, 자동차 등 한두 가지 부품이나 소재만 부족해도 완제품 생산에 차질이 생기는 업종의 피해가 컸다. 치열한 원가 경쟁과 신속한 공급 경쟁으로 촉발된 국가별 분업화가 코로

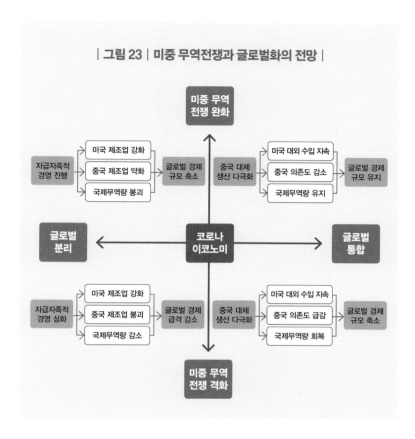

| 그림 23 | 미중 무역전쟁과 글로벌화의 전망 |

나19 같은 범세계적인 위기 상황에서는 매우 취약한 구조임이 증명된 것이다.

2000년 당시 전통적인 무역 네트워크의 지역 공급 허브는 아메리카 대륙에서는 미국이, 유럽에서는 독일이, 그리고 아시아에서는 일본이 주된 역할을 맡았고 중국이 이를 대신하는 과정에 있었다. WTO는 이러한 국제무역 구조를 도표화했다. 그림 24와 25는 WTO가 〈글로벌 가치사슬 발전 보고서 2019〉에서 글로벌 부가가치의 공급망을 거래 국가 간 상호의존성 변화 네트워크로 보여준 것이다. 각 국의 부가가치 수출 금액을 원의 크기로 표시하고, 이들 국가에 수출 하는 허브 국가는 화살표의 중심에 놓았다. 화살표 굵기는 각 파트 너 간의 수출 부가가치를 표시했다. 이 공급망 구조는 제2차 세계대 전 이후 생성되기 시작하여 1980년대 말 공산권 붕괴, 중국의 시장개 방으로 발전했다. 비록 그림 24에서 미국과 유럽의 부가가치 연계고 리가 나타나 있지 않지만, 중간재의 흐름을 보면 미국은 독일과 일본, 중국에 중간재를 수출하는 주요한 수출 허브였다.

2017년의 글로벌 부가가치 공급망은 극적으로 변했다. 그림 25에 서 유럽과 미국의 공급망 체인은 별로 바뀌지 않았지만, 아시아에서

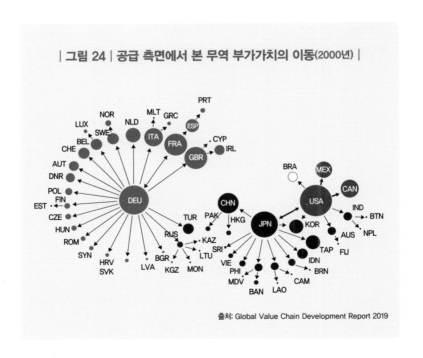

| 그림 24 | 공급 측면에서 본 무역 부가가치의 이동(2000년) |

출처: Global Value Chain Development Report 2019

중국의 위치는 확고해졌다. 중국은 최종 제품 거래를 통해 다른 허브(미국과 독일)와도 중요한 관계를 맺었을 뿐만 아니라, 아시아의 이웃 국가들(일본, 한국, 대만 등 거의 모든 아시아 국가) 및 기타 신흥국(러시아, 브라질, 인도)과의 연계도 훨씬 두텁게 맺고 있다. 이는 세계화가 중국의 시장 개방 이후 중국 중심으로 급격하게 이루어졌음을 보여준다. 반면 전통적인 미국-유럽의 경제 고리는 매우 약해졌다. 코로나19로 가장 많은 타격을 받은 나라가 중국과의 연결고리가 굵은 일본과 한국인 것은 우연이 아니다. 이는 코로나19가 중국의 글로벌 부가가치 공급망을 통해 확산되었음을 보여준다.

그런데 그 허브 역할을 하는 중국에 대한 신뢰도가 떨어졌다. 1980년

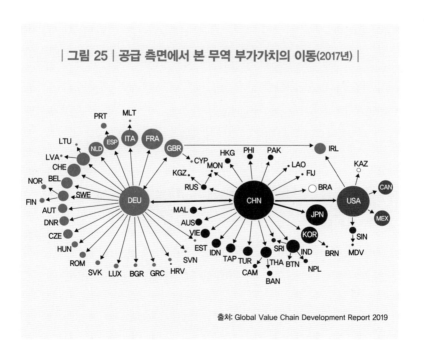

| 그림 25 | 공급 측면에서 본 무역 부가가치의 이동(2017년) |

출처: Global Value Chain Development Report 2019

대 말 이후 40여 년 동안 진행된 중국 중심의 글로벌 공급망에 대한 신뢰가 2019년 12월 코로나19 발생 이후 석 달 만에 무너지기 시작한 것이다. 2022년 3월에도 다시 상하이 등 주요 수출 항구를 한 달이나 봉쇄하면서 세계경제를 예측하기 어렵게 만들었다. 상하이 도시 봉쇄는 두 달 이상 계속된 후 풀렸지만, 상하이 항구는 내륙 운송 및 생산 차질로 인한 후유증이 도시 봉쇄 기간의 서너 배를 넘어 지속되었다.

그러면서 '중국+1'이라는 말이 생겼다. 코로나19 팬데믹 이후에도 중국이 여전히 아시아의 허브 국가로서 지금까지 해왔던 역할을 할 수 있으리라 기대하기 어렵게 되었다. 중국의 빈자리는 누가 메울 것인가? 일본은 이미 중요성을 상실해 가고 있다. 한국이 할 수 있을 것이라 기대할 수도 있지만, 북한 핵을 머리에 이고 있는 한 국내문제 해결도 힘겨울 것이다. 허브 국가는 중국의 축소 이후 부상하는 대체 생산지 또는 기술 중심 국가가 될 것이다. 그렇다면 중국의 줄어드는 역할을 채워주는 나라는 어떤 국가들일까? 지금 당장 중국의 생산을 완전히 줄이는 것은 불가능하다. 하지만 일부분은 대체할 수 있는 나라들이 있다. 이를 이용하여 중국에서 전량 생산하는 것보다 일부 부품을 중국 이외의 지역에서 생산하여 최적의 지역에서 조립·생산하겠다는 의미다.

이에 따라 세계화가 역세계화할 것이라는 전망이 많다. 대체 제조 기지로는 베트남, 태국 등 동남아시아와 중앙아시아, 그리고 동유럽 국가들이 있다. 이때 '중국+1'의 선택 지역이 자국으로 돌아가면 글로벌 분리가 될 것이고, 동남아시아, 중앙아시아 또는 동유럽 국가와 같이 제3국으로의 생산을 선택한다면 여전히 글로벌 통합론이 된다. 아마도 미국이 가장 선호하는 지역은 중남미일 것이다. 현재는 마약 세력과 좌파 정치에 의해 혼돈 상태에 있지만, 중남미 치안이 안정된다면 미국의 고립주의 선호, 비교적 높은 동질감, 지리적 인접성 때문에 대체 생산기지로 육성될 수 있다.

| 세계화를 약화시키는 변수들 |

코로나19 바이러스는 인간이 여행할 수 있는 속도로 전 세계를 감염시켰다. 이를 깨달은 인류는 바이러스의 세계 여행을 막기 위해 인간의 여행을 막았다. 그것은 지난 1980년대 말 이후 지속적으로 빠르게 진행되던 세계의 금융과 무역 진행 속도를 드라마틱하게 늦추었다. 특히 중국에 심하게 종속되었던 글로벌 공급망이 약화되고 있다. 코로나19가 중국에서 발생해 전 세계로 퍼졌고, 그로 인한 글로벌 공급망의 견고함이 일순간에 무너졌기 때문이다. 또한 인류는 서로 독립적일 때 중국과 이탈리아 하늘에서 스모그가 사라지고 다시 파란색이 될 수 있으며 베네치아 운하에서 돌고래를 다시 볼 수 있음을 알았다. 인류가 코로나19로부터 배운 교훈도 적지 않다.

■ 자급자족적 무역 동향 ■

미국의 코로나19가 한창이던 2020년 4월, 빌 더블라지오Bill de Blasio 당시 뉴욕 시장은 뉴욕시가 코로나19와 싸우는 데 중요한 '감염

예방을 위한 의료용 개인보호장비 Personal Protective Equipment, PPE'를 자급자족하고 있다고 발표했다. 그는 뉴욕시가 안면보호장구를 자체 생산해 자급하고 있으며, 도시 전역 8개 회사가 주당 62만 개를 생산한다는 목표도 말했다. 또한 빌 더블라지오 시장은 뉴욕에 본사를 둔 5개 회사가 주당 25만 개의 외과용 가운을 생산하는 목표도 밝혔다. 그는 뉴욕시가 주당 최대 5만 건의 감염을 검사할 수 있는 진단기기를 생산할 수 있는 새로운 공급망을 구축하고 있다고 언급했다.[49]

뉴욕시는 코로나19 감염이 확산되기 전까지는 자신만만했다. 세계 최강인 미국은 가장 물자가 풍부한 나라이고, 그런 나라의 경제 중심 도시인 만큼 무슨 일이 일어나더라도 쉽게 해결할 수 있다는 자신감이었다. 하지만 미국의 전설적인 헤비급 복서 마이크 타이슨이 "누구나 그럴싸한 계획을 갖고 있다. 두들겨 맞기 전까지는"이라고 한 말을 뉴욕시에도 그대로 적용할 수 있다. 뉴욕의 계획은 별 소용이 없었다.

코로나19는 현대사회가 얼마나 취약한지 드러냈다. 각각의 집단이 서로 독립적이어야 하고, 자급자족의 방향으로 나아가는 것이 얼마나 긴급한지 보여주었다. 현대사회는 역사적으로 전례 없는 수준의 상호연결성과 상호의존성을 기반으로 움직인다. 이제 그 연결성과 의존성을 더욱 촘촘하고 강하게 할 4차 산업혁명이 시작되고 있다. 인류 발전의 결과라고 할 수 있는 강한 연결성과 의존성은 경제적, 사회적, 정치적 또는 자연적 격변이 세계의 한 부분에서 일어날 때, 그 효과는 단지 하나의 카드가 제거되면 카드의 집이 무너지는 것처럼 세계의 다른 많은 부분으로 즉시 전달된다. 매우 튼튼하고 효율적일 것 같은 구조이지만, 예측하지 못한 사건이 발생하면 모든 연결

고리가 일시에 흔들린다.

코로나19는 그 연결고리를 송두리째 흔들었다. 중국 우한에서 발병한 사실이 전 세계에 알려질 무렵에 중국 당국은 우한 지역을 봉쇄하기 시작했다. 그러나 2020년 1월 23일에 시행된 우한 봉쇄 조치는 감염병 확산을 3~5일 정도 지연시켰을 뿐 확산 자체를 막지는 못했다. 우한을 봉쇄하기 전 대부분의 중국 도시에는 이미 감염자가 존재했기 때문에 봉쇄 자체가 전체 환자 수를 줄이지 못했다. 결국 중국은 봉쇄 지역을 넓혀야 했고, 해당 지역의 공장들은 무려 76일도 넘게 문을 닫아야 했다. 이로써 중국의 산업 활동은 멈췄고, 저렴한 노동력의 중국 제조업에 의존했던 세계경제는 더불어 큰 충격을 받았다. 현대자동차는 중국의 부품 공급이 중단되면서 한동안 휴업했다. 이러한 상황은 중국과 긴밀한 연계를 맺었던 세계의 주요 공장들도 마찬가지였다. 전 세계를 튼튼하게 하나로 묶었던 공급체계는 코로나19의 등장으로 불과 석 달 만에 한계와 약점을 노출했다.

모순적이지만 인류가 발전하면 발전할수록 글로벌 공급망은 더 복잡해졌고, 현대사회는 그러한 붕괴에 더 취약해졌다. 과거의 발전은 많은 사람들이 지금보다 경제적·사회적 반발의 영향을 어느 정도 견딜 수 있을 정도는 되었다. 그러나 지금은 대부분 현대화된 나라들의 도시화율이 50%를 넘고, 한국은 90%에 달한다. 도시들은 외부에서 유입되는 음식은 물론이고, 거의 모든 필수품의 지속적인 외부 공급에 의존하고 있다. 그 외부 공급에 전적으로 의존하는 것의 위험성을 코로나19가 깨닫게 해주었다. 특히 중국에 식량을 의존하지 않았다는 점을 다행으로 여기게 되었다.

중국은 자유, 시장경제, 민주주의가 기본 가치인 사회에서는 이해하기 어려운 힘에 의해 유지되는 체제다. 바로 공산당 체제다. 중국공산당의 목표는 중국이라는 국가의 존재보다 우선한다. 따라서 당연히 경제는 중국공산당의 하위 목표이며, 언제든 기업가정신을 질식시킬 권한이 있다. 중국의 산업정책은 다른 자본주의 국가와는 매우 다르다. 민주적인 자본주의 국가에서 경제개발의 우선순위는 민주적인 프로세스에 의해 결정되고, 기업은 자율적 기업으로 활동하며, 사회적 시장가치가 유지된다. 그러나 세계경제의 16%를 차지하는 중국에서 경제는 언제든지 공산당의 필요에 따라 중지될 수 있다. 이제 이질적인 체제와 이념을 갖는 중국에 지나치게 의존하는 위험을 깨달았다. 중국 리스크는 물론 외부에 대한 의존도 자체를 줄여야 한다는 압박감이 많은 나라에게 몰려왔다. 그와 반대로 여전히 세계화를 지향하는 나라도 있기는 하다. 한국처럼.

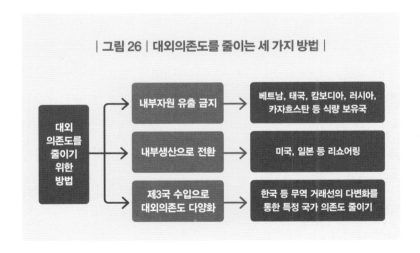

| 그림 26 | 대외의존도를 줄이는 세 가지 방법 |

자신이 가진 자원을 미래의 수요에 대비하여 내부에 축적하는 것은 이 자원을 수출함으로써 얻게 될 외환 자본을 포기하는 것이다. 이러한 자원은 주로 동남아 국가의 식량 자원을 둘러싸고 발생한다. 연간 52만 톤의 쌀을 수출하는 캄보디아는 비상 상황에 대비하여 식량 수출을 금지했다. 이외에도 베트남이 쌀을, 태국은 달걀을, 러시아가 곡물 수출을 일시적으로 제한하는 조치를 취했다. 이들 국가의 조치는 상대국에 불안감을 불러일으켜 사재기를 하도록 만든다. 이에 대비하여 말레이시아, UAE, 사우디아라비아는 정부가 서둘러 나서서 식량 비축에 나서기도 했다.

반면에 미국, 중국, 일본 등 몇몇 국가와의 무역의존도가 높은 한국은 대외무역 의존도를 줄이기보다 이제까지 등한시했던 동남아, 아프리카 국가 등과 새로운 무역 활로를 찾는 방안을 강구하고 있다. 이는 코로나19 이후 대외의존도를 줄이기보다 더 활발히 무역을 하거나 최소한 현상 유지라도 하자는 방안이다. 가장 강력한 대안으로는 자국에서 생산할 수 있는 품목들은 가급적 자국 생산을 추진하는 것이다. 대표적으로 미국은 해외로 나갔던 기업들을 되돌아오게 해서 제조업을 다시 육성하는 정책을 펴고 있다.

■ 미국의 자국 제조업 육성 강화 ■

미국은 전 세계 최고의 수입 국가다. 2021년 미국의 수입 총액은 약 2조 4,199억 달러로, 2위인 중국의 2조 637억 달러에 비해 월등하게 높다. 그런 미국이 제조업 경쟁력 강화를 통해 해외 수입을 줄이고 미국 내 생산을 높이려고 한다. 그런데 미국의 공장이 활발하게 가동되고, 외국에서 수입하던 상품을 미국 내에서 생산한다는 것은 곧 세계로 나가는 달러가 부족해진다는 것을 의미한다. 그런 만큼 미국의 제조업 부활이 반드시 세계경제에 좋은 일만은 아니다. 하지만 미국에게도 무역적자를 줄여야 할 필요성이 충분히 있다. 그런 미국이 코로나19를 계기로 제조업 부활에 더욱 힘쓰기 시작했다.

보호무역 장벽도 높아질 전망이다. 피터 나바로 미 백악관 전 무역제조업정책국장은 국가 간 입국 금지와 의약품 수출이 차단되는 사태를 보면서 "코로나19 위기 앞에서는 동맹도 없다는 걸 잘 보여주고 있다. 해외로 나간 제조업 공급망을 다시 미국으로 가져와야 한다"고 강조했다. 미국의 주요 다국적기업의 고심이 깊어지고 있다. 시가총액 기준으로 세계 최대 기업인 애플은 코로나19 사태가 커지면서 중국 생산량이 50%로 줄어들었다. 중국에 공장이 없는 소프트웨어 기업도 마찬가지다. 컴퓨터와 휴대전화 운영 시스템을 공급하는 퀄컴은 중국에서 사업 계획을 바꿀 생각이 없다고 했지만 사태가 장기화하면서 차질을 빚을 수밖에 없게 됐다.[50]

코로나19 이전에도 미국과 중국은 무역전쟁 중이었다. 중국에 대한 미국의 불만은 기본적으로 무역적자로 나타나지만, 그 적자의 원인은 바로 중국의 불공정 행위라는 인식이 깊게 박혀 있다. 게다가 중국의 고위 관료들은 미국에 불만을 터트리면서 자기들은 자유무역을 옹호하고 이를 적극적으로 실행한다고 뻔뻔하게 말하기 때문에 더욱 불신을 키웠다. 실제로 다보스에서 트럼프가 중국의 불공정무역 행위를 비난했을 때, 시진핑은 자유무역을 옹호하며 미국의 보호무역주의를 비판했다. 이러한 상황에서 코로나19로 인한 글로벌 공급망

표 6 | 글로벌 제조업 경쟁력 순위

순위	2016년		2020년	
	국가	경쟁력 지수	국가	경쟁력 지수
1	중국	100	미국	100
2	미국	99.5	중국	93.5
3	독일	93.9	독일	90.8
4	일본	80.4	일본	78.0

출처: Reshoring Initiative

의 붕괴는 미국에도 상당한 타격을 주었고, 미국은 제조업 강화에 더욱 박차를 가하게 되었다. 미국의 제조업이 이전보다 글로벌 경제에서 차지하는 비중이 낮아졌다고 하지만 경쟁력은 여전히 막강하다. 미국의 컨설팅 회사 딜로이트사와 미국 기업의 유턴을 지원하는 '리쇼어링 이니셔티브Reshoring Initiative'에 의하면, 표 6에서 보는 바와 같이 미국의 글로벌 제조업 경쟁력은 2016년 간발의 차로 2위였지만, 2020년에 다시 중국을 제치고 1위로 올라섰다.

미국은 제조업 전 분야가 고른 경쟁력을 가지고 있다는 특징이 있다. 우선 인적 역량이 매우 뛰어나다. 여전히 미국의 대학과 기업의 연구개발 능력은 전 세계에서 단연 톱이다. 경영학에서 '인적 자본론'을 처음 발표한 곳도 미국이다. 또한 미국의 혁신정책, 에너지정책, 물리적 사회기반시설과 법적·규제적 환경은 기업 활동하기 좋은 제도를 유지하고 있다. 중국은 단지 '비용 경쟁력'만을 가지고 2016년 세계 제조업 경쟁력 1위를 했다. 특히 눈여겨볼 점은 미국의 정책이 제조업 부활에 중점을 두고 있고, 실제로 해외로 나갔던 미국의 공장들이 다시 돌아가고 있는 추세라는 것이다. 이러한 추세는 단지 미국뿐만 아니라 일본, 독일, 영국, 그리고 한국도 추진하고 있다.

■ 글로벌 리쇼어링 붐 ■

코로나19 팬데믹은 자국 내에 존재하는 제조업체의 중요성을 절실하게 깨닫게 했다. 우선 마스크, 진단 키트, 산소호흡기 같은 코로나19에 대응할 만한 의료 제품을 자국에서 생산할 수 있는지 여부가 제대로 된 코로나19 대응책을 만드는 가장 중요한 요소가 되었다. 의외로 미국은 이런 점에서 실패했다. 반면에 한국은 코로나19 대응 시 갖추어야 할 많은 요소들을 생산할 수 있는 기업들이 국내에 있었고, 그래서 비교적 코로나19 확산 억제책을 효과적으로 실행했다. 이를 계기로 당시 문재인 정부는 '안전한 한국'을 부각시켜 해외로 나간 기업들을 국내로 유치하겠다는 의지를 천명했다. 리쇼어링 경쟁에 나서겠다는 의미다. 하지만 경쟁국들이 만만찮다. 미국은 리쇼어링을 '안보 사안'으로 인식해 밀어붙일 태세다. 베트남 등 동남아 신흥국들도 유리한 위치에 서 있다. 반면, 한국은 높은 법인세율과 급격히 인상된 최저임금 탓에 경쟁력이 낮은 편이다.[51]

리쇼어링Reshoring이란 해외에 있던 생산시설을 다시 자국으로 옮기는 현상을 일컫는데, 해외로 진출하는 오프쇼어링Off-shoring의 반대 개념이다. 이미 한국은 오래전에 해외 진출 기업의 리쇼어링을 추진했었다. 하지만 실패했다. 그런데 최근 코로나19로 인한 공급망 차단으로 생산 차질이 발생함에 따라 스마트팩토리를 통한 리쇼어링이 부각되고 있다. 자동화 공정을 통한 현지 맞춤형 생산을 지향하는 스마트팩토리는 과거에 오프쇼어링으로 인한 일자리 감소 및 경제적 타격을 우려해 온 제조 선진국의 해법으로 주목받았다. 우리나라도 코로나19 팬데믹 당시 중국산 자동차 부품 조달 문제로 국내 완성차 조업이 중단되고, 주요 공장이 위치한 해외 국가의 한국인 기술 인력 입국 금지로 생산 차질이 발생하자 이를 재조명하고 있다. 과거 문재인 정부는 '스마트 제조 혁신으로 중소기업 제조 강국 실현'이라는 비전을 제시하고 적극적으로 스마트팩토리 도입과 확산정책을 추진한다고 밝혔다. 하지만 실제 삼성, SK 등 주요 대기업들은 미국 등 해외 투자를 늘리고 있는 형편이다.

이 리쇼어링을 가장 적극적으로 추진하는 나라가 미국이다. 미국의 리쇼어링 전문 비영리단체인 '리쇼어링 이니셔티브'에 따르면, 2010년 오바마 정부가 '리메이킹 아메리카Remaking America'를 외치며 리쇼어링에 불을 지핀 이후 9년간 총 3,327개 기업이 미국으로 돌아왔다. 연평균 369개다. 미국에 다시 공장을 연 기업들이 9년간 새로 만든 일자리 수는 34만 7,236개에 이른다. 특히 미국의 리쇼어링이 성공적인 것은 일자리의 '질'에 있다. 지난 9년간 리쇼어링과 외국인 직접투자로 새로 생긴 일자리 75만 개 중 32%가 첨단기술의 일자리였다. 기술 수준이 낮은 저기술 일자리는 21%에 불과했다.

일본도 상당히 성공한 사례를 가지고 있다. 저렴한 인건비를 찾아 해외로 나갔던 파나소닉, 샤프 등 첨단기술을 가진 대기업들이 다시 일본으로 돌아왔기 때문이다. 일본은 고이즈미 정부 때부터 대기업

| 그림 27 | 미국, 일본의 리쇼어링 사례 |

애플
- 2022년까지 미국 텍사스 오스틴에 신사옥 건설
- 전국적으로 2억 2천 명 추가 고용 예정
- 오스틴 공장에서 100% 생산, 조립 중

포드
- 2018년 멕시코 산루이스포토시 소형차 생산공장 설립 계획 취소, 대신 미시간주에 생산공장 건설
- 픽업트럭, SUV 등 미국 소비자 공략
- 총 4,200개 일자리 창출

GM
- 2017년 멕시코 생산공장을 텍사스주 알링턴으로 이전
- 총 1만 2,988개 일자리 창출

파나소닉
- 2018년 태국에 있던 6개 생산라인 중 1개 라인을 오사카 근교 다카쓰키 공장으로 이전

샤프
- 2017년 일본 미아현에 공장 짓고 액정 패널과 TV 생산
- 40개 협력업체도 인근에 진출하면서 총 7,200명 고용 증대
- 지역 세수 2년간 110억 엔(약 1,265억 원) 증가

출처: 《머니투데이》, 2020.4.23

규제완화정책을 강력하게 추진했다. '잃어버린 20년' 동안 상실한 경제활력을 되찾기 위한 일환으로 리쇼어링에 적극적이다. 특히 아이치현 등 지방자치단체의 입지 지원 협력도 큰 힘이 되었다. 유럽의 여러 나라도 리쇼어링에 적극적이다. 영국의 캐머런 내각은 GDP 대비 제조업 비중을 15%대로 끌어올리겠다는 목표 아래 법인세 인하와 노

동시장 개혁을 시도했다. 프랑스는 농업과 저부가가치 제조업 비중이 크다 보니 르노 등 특정 기업에 지원금을 주는 전략을 수립하기도 했다.

이처럼 각국의 리쇼어링 추진은 코로나19를 계기로 그 강도가 더 세어졌다. 코로나로 인해 흔들린 글로벌 가치사슬에 대응하기 위해서다. 여러 나라가 해외는 물론 자국 내에서도 인력 이동을 제한하는 봉쇄정책을 취하면서 글로벌 생산·분업 체계가 위험에 빠졌기 때문이다. 물론 장기적으로 중국은 부서지기 쉬운 글로벌 가치사슬로부터 완전 독립은 어렵지만 가능한 한 의존도를 낮추는 것이 필요하다는 인식을 갖고 있다.

■ 해외직접투자의 감소 ■

유엔은 코로나19로 인해 2020년 외국인직접투자FDI가 9,631억 달러로 전년 대비 30% 감소했다고 보도했다. 유엔무역개발회의UNCTAD는 2020년 3월 9일 국경을 넘는 민간 부문의 투자를 일컫는 FDI에 대한 코로나19의 영향력을 측정한 보고서를 발표했다. 상위 5천 개의 다국적기업이 이번 사태로 2020년 수익 추정치를 평균 9% 내렸으며, 이는 FDI의 주요 구성 요소인 재투자 수익 감소로 이어질 것이라는 설명이다. 특히 자동차 업계와 항공사가 가장 큰 타격을 입을 것으로 유엔무역개발회의는 예측했다.[52]

코로나19 사태가 팬데믹으로 이어지면서 글로벌 자본시장이 급격하게 위축되었다. 기업활동까지 제한하는 글로벌 봉쇄전략에 따른 투자자들의 심리 위축으로 기왕에 하기로 되어 있던 해외투자마저 취소와 지연 등 차질을 빚었다. 증권사들이 발행하는 시장 보고서는 코로나19로 인한 불안감이 장기화할 경우 2020년 실적이 심대한 타격을 입을 것이라고 전망했다. 국가 간 투자가 멈춰버릴 것 같은 분위기였다. 글로벌 해외직접투자는 감소할 것이다. 코로나19는 중국의 글로벌 패권주의에 두려움을 갖게 했다. 이로 인해 중국으로부터 많은 투자를 받은 나라, 특히 미국과 유럽을 중심으로 첨단기술에 대한 투자 제재를 아주 강하게 하려는 경향을 보이고 있다.

미국 재무부는 2020년 1월부터 미국 내 중요 기술, 그리고 미국의 안전에 영향을 줄 수 있는 회사에 대한 외국 투자에 관해 미국 외국인투자심의위원회CFIUS가 좀 더 심층적인 조사를 할 수 있는 규정을 마련했다. 이는 특히 중국의 투자를 겨냥한 것이다. EU집행위원회와 회원국들 역시 FDI를 통한 전략적 자산 및 기술의 기회 상실을 막기 위해 유럽 경제 보호를 강화하고 있다. EU의 전략적 기술이 믿지 못할 외국인 투자자에게 넘어가면 기술 주권을 포함해 코로나19와 같은 위기를 극복하기 위한 EU의 능력에 영향을 줄 수 있다고 생각하기 때문이다.

경제협력개발기구OECD에 따르면, 세계에서 가장 개방적인 투자 환경을 유지하던 EU가 FDI를 경계하기 시작했다. 전략적 인프라 및 첨단기술 분야에 대한 중국, 러시아, 브라질의 투자가 증가했는데, 이들 투자의 상당 부분이 국가 소유권이 있거나 정부와 관련된 회사와 연결되어 있다. EU의 FDI 규제에 있어 EU집행위원회는 외국인투자와 국가안보에 대한 감독은 하지만, 투자를 금지하지는 못한다. 투자 유치 여부의 결정은 해당 국가의 권한으로 인정하기 때문이다. EU집행위원회는 코로나19로 인한 시장 혼란 시 해외 투자자의 중요 자산과 기술 통제를 막기 위해 FDI에 관한 회원국 간의 견해를 조정하는 지침을 발표했다.

EU 전체에서 FDI 규제 장벽이 높아짐에 따라 개별 국가에서도 장벽이 높아지고 있다. 스페인은 안보 및 공공질서와 관련된 FDI에 정부 승인을 받아야 하는 법률을 제정했다. 이탈리아 정부는 골든파워법Golden Power Law을 제정하여 건강, 에너지, 운송, 국방, 항공우주, 미디어, 데이터, 인공지능, 전기, 금융 인프라 및 토지 같은 산업에 대한 외국인투자를 금지하거나 제한할 수 있도록 했다. 독일은 한발 더 나아가 공공질서나 안보에 잠재적 손상을 가할 수 있는 FDI에 대해서도 정부의 개입이 가능하도록 법률을 개정하고 있다. 이 규칙은 독일 정부가 독일뿐 아니라 다른 EU 회원국에 대한 잠재적 위협에도 개입할 수 있다. 이런 조치들에서 언급하는 잠재적 위협이란 명시적으로 밝히지는 않았지만 그 초점이 중국인 것은 분명하다.

| 세계화를 강화시키는 변수들 |

코로나19 팬데믹이 발발하기 전 2019년 상품 무역은 이미 둔화되었고 무역 긴장과 경제성장 둔화로 그 비중이 줄었다. 전 세계 상품 거래는 전년 대비 2.9% 증가했지만 물량 기준으로는 0.1% 소폭 감소했다. 2019년 세계 상품 수출액의 달러 가치는 18.89조 달러로 3% 감소했다. 반면, 2019년 세계 상업 서비스 무역은 달러 기준 수출이

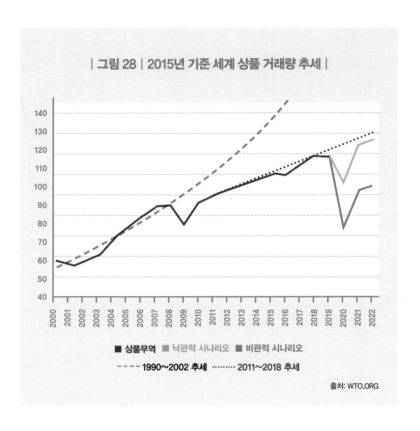

| 그림 28 | 2015년 기준 세계 상품 거래량 추세 |

■ 상품무역 ■ 낙관적 시나리오 ■ 비관적 시나리오
----- 1990~2002 추세 ········ 2011~2018 추세

출처: WTO.ORG

2조 6천억 달러로 2% 증가했다. 서비스 거래도 9% 증가한 2018년보다 성장 속도가 낮아지는 추세를 보였다.

이처럼 하락 추세를 보이는 국제무역에 코로나19가 직격탄을 퍼부었다. 2008년 금융위기처럼 무역량의 감소가 예상될 수밖에 없다. WTO는 세계무역 모델을 시뮬레이션한 시나리오를 토대로 2020년 무역 하락세를 예측했는데, 낙관적인 시나리오에서는 13% 감소, 비관적인 시나리오에서 32% 감소를 예상했다. 이러한 어려움에도 불구하고 각국 정부가 국제무역 및 투자에 대한 시장개방을 유지하면 경제회복 속도가 빨라질 것이라고 전망했다. WTO의 경제학자들은 대유행이 상대적으로 빨리 통제되고 올바른 정책이 시행되면 2021년 초에 초기 낙하가 얼마나 가파를지 관계없이 무역 및 생산량이 팬데믹 이전 궤적으로 거의 반등할 수 있다고 추정했다. 그러나 각국이 자국 이기주의를 바탕으로 한 보호주의로 전환한다면 코로나19는 회복세를 더욱 느리게 하는 요소가 될 것이라고 한다.

필자가 보기에 이미 충분히 세계화한 현 시점에서 어느 나라도 완전한 보호무역 또는 관리무역으로 전환하기는 어렵다. 한 나라에서 모든 원부자재와 기술을 조달받기 어렵고, 기술 또한 국제 특허를 교차 사용하며 이익을 취하고 있기 때문이다. 앞서 말한 것처럼 '중국+1'의 선택 지역이 자국으로 돌아가면 글로벌 분리이고, 동남아시아, 중앙아시아, 동유럽 국가 같은 제3국으로의 생산을 선택한다면 여전히 글로벌 통합론이 된다. 그렇다면 코로나19로 인해 감소한 국제무역이 다시 글로벌 통합으로 방향을 계속 잡아야 하는 이유들을 찾아보자.

■ 미중 무역전쟁 ■

2018년 7월 미중 양국의 상호 추가 관세부과(25%)로 촉발된 미중 관세전쟁의 결과, 2019년 미국의 대중 수입이 전년 대비 16.2% 급감하면서 미국의 대중 무역적자 역시 2018년 4,195억 달러에서 2019년 3,456억 달러로 739억 달러 감소했다. 그러나 미중 무역전쟁은 잠잠해지기는커녕 코로나19로 인해 오히려 더 악화되고 있다. 비록 2020년

1월 15일 미중 간에 1단계 합의를 보았지만, 중국이 코로나19로 인해 이를 이행할 여력이 대폭 감소했기 때문이다.

양측이 서명한 '1단계 합의' 내용을 살펴보면, 우선 미국은 중국이 2020~2021년 대미 공산품·농산물·에너지·서비스 수입을 2017년보다 2천억 달러 늘리도록 했지만, 실현 가능성은 낮은 것으로 전망된다. 둘째, 중국 내 지식재산권 강화를 위한 절차를 정비하고 강제 기술이전을 금하는 원칙을 재확인했다. 셋째, 미국 농산물과 식품의 대중 수출을 원활하게 하기 위해 중국 내 인증 등 교역 절차를 간소화했는데, 이는 상대적으로 타국가 제품의 대중 수출에 불리할 것으로 예상되어 EU와 다른 국가들의 반발이 예상된다. 넷째, 중국 금융 서비스 시장의 개방 정도를 높이고 국가의 환율 개입을 금지함으로써 이번 '1단계 합의'를 미국이 대중국 환율 문제를 제재할 또 다른 수단으로 활용할 것으로 보인다.[53] 미중 무역전쟁은 중국의 코로나19 원인 제공 문제의 규명과 더불어 탈중국화를 가속화시키는 중요한 요소가 되고 있다.

미중 무역전쟁은 세 가지 방향에서 영향을 미친다. 그림 29에서 보는 바와 같이 첫 번째 경로는 직접효과direct effect로서 관세부과 영향을 받는 국가와 품목에 미치는 영향이다. 추가적인 관세가 부과된 상품의 구매자는 더 높은 비용을 지불하여 해당국으로부터 수요를 줄인다. 두 번째 경로는 간접효과indirect effect로서 국내 및 글로벌 공급망을 따라 발생한다. 관세부과로 인해 수출이 줄어든 공급자는 생산을 축소하고 이 때문에 국내외로부터 중간재 구매를 줄인다. 세 번째 경로는 무역전환효과trade redirection effect로서 관세로부터 직접적

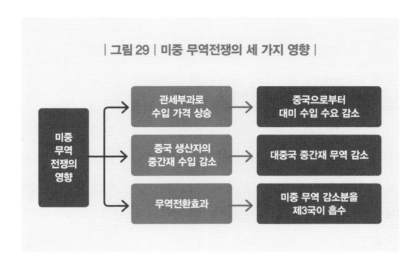

| 그림 29 | 미중 무역전쟁의 세 가지 영향 |

미중 무역전쟁의 영향

→ 관세부과로 수입 가격 상승 → 중국으로부터 대미 수입 수요 감소

→ 중국 생산자의 중간재 수입 감소 → 대중국 중간재 무역 감소

→ 무역전환효과 → 미중 무역 감소분을 제3국이 흡수

인 영향을 받지 않은 공급자에게 발생한다. 무역분쟁으로 인한 관세 부과 조치의 직접적인 영향을 받지 않는 국내 및 타국의 기업들은 이 득을 볼 수 있다. 특히 관세부과 조치 품목과 동일한 품목을 생산하는 공급자는 관세부과를 받은 공급자보다 유리한 상황에서 생산이나 수 출을 증대할 수 있다.[54]

미중 무역전쟁은 이제까지 중국과 해왔던 미국의 무역이 중국 이 외의 국가로 전환되는 무역전환효과가 상당히 있는 것으로 보인 다. 2019년 미국의 상품 수입이 2018년 대비 1.7% 감소한 가운데, 1위 수입 대상국인 중국으로부터의 수입이 전년 대비 16.2% 감소한 4,522억 달러를 기록했다. 같은 기간 미국의 1~20위 수입 대상국 중 수입액이 전년 대비 1% 이상 감소한 국가는 중국이 유일하며, 소폭 감소한 브라질(-0.8%), 싱가포르(-0.9%) 등 일부 국가 외에는 모두 증가 했다. 2019년 미국의 1~20위 수입 대상국으로부터의 수입 통계에 의

하면, 미국의 대중국 수입이 감소하는 동안 멕시코, 캐나다, 일본, 독일, 한국, 베트남, 대만 등이 대미 수출을 늘림과 동시에 미국 수입 시장에서 점유율이 상승했다. 미국의 대중국 추가 관세로 대중국 수입 감소에 따른 무역전환효과가 크게 작용하고 있음을 알 수 있다.

미국 시장에서 중국의 경쟁력이 감소한 460.2억 달러 상당의 품목 중 대만이 80.6억 달러를 대체한 것으로 추정되며, 멕시코는 58.1억 달러, 한국은 42.9억 달러를 대체했다. 반면, 중국 입장에서 미국 제재로 수출이 감소한 품목의 미국 이외 지역으로 전환된 수출은 0.5% 감소에 그쳤는데, 베트남을 포함한 아세안과 한국 등으로 수출이 전환된 결과로 추정되었다. 베트남은 23.5%, 한국은 9.5%의 수출 증가를 기록하여 멕시코(+5.2%)와 EU(4.9%)에 비해 전환효과가 매우 컸다.[55] 미중 무역전쟁이 글로벌화를 촉진시키는 요소임을 알게 하는 대목이다.

■ 글로벌 가치사슬의 다양화 ■

코로나19로 인해 세계경제 구조가 바뀌고 있다. 그 핵심에는 1990년대 이후 지속되어온 '세계화 열매의 중국 독점' 해체다. 중국은 자유자본주의 시장경제에 참여했지만, 스스로의 시장은 여전히 독재적 공산주의식으로 운영해 왔기 때문에 많은 나라의 불만이 쌓여왔다. 그런 가운데 코로나19 팬데믹은 중국 중심의 글로벌 가치사슬GVC에서 벗어나 전 세계에 골고루 퍼진 GVC가 형성되는 계기가 될 것이다. 중국은 14억 인구의 거대 소비시장과 노동인력 공급을 무기 삼아 2012년 1,200억 달러가 넘은 외국인직접투자를 유치한 이후, 2020년에는 1,493억 달러를 유치하는 성과를 거두었다.

그러나 활발한 투자 유치와는 별개로 자국의 시장과 제도는 외국 기업의 자유로운 진출과 퇴출을 막았다. 또한 지식재산권 탈취 등 정부 주도의 불공정 행위가 잦았다. 중국의 이러한 횡포는 GVC의 효율적 발전을 가로막았다. 1990년 이후로 중국 이외의 경제성장 국가를 보기 힘들었던 이유 중 하나가 바로 중국이었다. 이러한 불만이 쌓여 미중 무역분쟁이 시작되었고, 코로나19는 중국 중심의 GVC 재구성에 불을 당겼다.

GVC란 두 개 이상 국가가 참여하는 생산 네트워크다. GVC는 1990년대 공산 경제권의 몰락과 중국의 자본주의 시장경제 참여 이후 세계무역의 성장세를 이끌어 왔다. 더불어 세계경제는 괄목할 만한 성장을 이루었다. GVC의 규모가 성장할 수 있었던 주요 요인 중 하나는 한 번에 1~2만 개의 컨테이너를 저렴한 가격에 운송할 수 있는 해상운송 시스템의 혁신도 단단히 한몫했다. 원격지 국가 간의 운송비 하락은 중간재 무역의 증가를 주도했다. 만일 중간재 이동이 불가능했다면 하나의 상품을 생산하는 데 여러 국가가 관여할 수 없다.

특히 최근에는 GVC를 지속가능한 발전과 개발 협력의 주요 수단으로 활용하려는 움직임이 활발하다. 세계은행, ADB 등을 비롯한 다자개발은행 등이 대표적이다. 이들 기관은 개도국 스스로 지속가능한 개발sustainable development의 토대들을 마련할 수 있어야 한다는 공감대가 확산되면서 산업정책, 거시경제 안정화정책과 같은 경제발전 경험을 공유하거나, 무역을 통해 경제발전을 지원하는 '무역을 위한 원조Aid for Trade' 프로젝트가 늘어나는 추세다. 이러한 원조는 단순히 개도국의 수출 규모 확대에만 관심을 두는 것이 아니라 해당 수출의 질, 즉 부가가치 관점에서 수출의 내용과 지속가능성을 높이기 위한 시도들을 꾸준히 이어가고 있다.

이런 프로젝트가 늘어날수록 중국의 대체 국가, 생산기지가 늘어난다. 예를 들어, 현재는 청바지를 생산하는 것도 인도부터 시작하여 파키스탄, 중국, 한국 등 여러 국가의 원부자재와 염색 등을 합쳐서 중국 또는 베트남에서 최종 제품을 만든다. 해상운송비의 극적인 하락에 힘입어 생산비가 최적화된 여러 나라에서 부품을 들여와 조립하는 것이 한 나라에서 모든 부품을 생산하여 조립하는 것보다 저렴해졌기 때문이다.

세계화가 시작된 초창기 GVC의 분업 구조는 선진국이 개발도상국에 자본재와 중간재를 공급하고, 개발도상국은 최종재를 조립·가공하여 선진국에 수출하는 형태였다. 세계화가 진전된 글로벌 환경에서는 제조업 기반이 넓어졌다. 특히 생산기술의 고도화는 숙련된 기술공의 필요성을 많이 낮추었다. 복잡하거나 단순한 반복 작업의 상당 부분을 기계가 흡수했기 때문이다. 기술과 자본에 강점이 있는 선진국은 개발도상국의 낮은 인건비를 이용하기 위해 자본재, 고부가가치의 중간재, 금융과 운송 서비스를 공급했다.

또한 GVC에 참여하는 국가의 수가 늘어났다. 중국을 비롯한 개발도상국은 세계의 공장 역할을 수행하며 인건비 따먹기 식의 부가가치가 낮은 단순 제조업 기지로서 역할을 해왔다. 그런데 최근에는 개발도상국의 소득 증가, 기술 선진국과 후발국 간의 생산기술 격차가 축소되어 생산 거점의 이동이 가능하게 되었다. 중국의 인건비가 상승하고 미중 무역전쟁이 발발하자 중국을 대체하는 대표적인 국가로 베트남이 부상했다. 베트남은 중국이 독점하던 GVC의 생산기지로서 틈새를 파고들었다. GVC의 변화는 FDI로 나타난다. FDI를 통해 EU와 아세안이 중국의 대체 생산 지역으로 선택되고 있음을 알 수 있다. 최근 EU와 아세안 등에서 그린필드형 FDI(국외 자본이 투자 대상국의 용지를 직접 매입해 공장이나 사업장을 새로 짓는 방식의 투자)가 증가하는 반면, 중국으로의 FDI 규모는 전반적으로 감소하고 있다. 중국 대상 그린필드형 FDI는 2011년 1,495건에서 2021년 481건으로 줄었다.

중국을 대체할 투자 지역으로는 유럽과 동남아시아에 관심이 쏠리고 있다. 한국 기업의 진출 형태를 보면 동유럽은 생산기지(유럽 진출 한국 생산 법인의 90%), 서유럽은 마케팅 거점(유럽 진출 한국 판매 법인의 59%, 연락사무소의 69%)의 중심이다. 우리나라의 최근 5개년 대유럽 직접투자는 서유럽에 편중되었으나, 동유럽 비중이 점차 증가세이며 남유럽은 하향세를 보이고 있다. 신흥 동유럽권(발칸 국가)이 한국 기업의 생산 거점으로 부상하고 있다. 또한 아세안 시장이 세계에서 차지하는 경제적 위상이 높아짐에 따라 외국인투자 유입이 지속적으로 증가하고 있다. 2000년대 초반 대아세안 FDI 유입액은 중국의 절반 규모에 불과했으나, 이후 중국을 추월하기도 하며 2021년 1,753억 달러로 세계 총투자의 11.1%를 차지했다. 한국의 대아세안 직접투자액은 2010년 이후 증가세를 보이며 진출 기업 수도 꾸준히 증가하고 있다. 대아세안 직접투자의 목적도 과거 저임금 활용, 자원개발 등에서 최근 현지시장 진출이 가장 큰 비중을 차지한 것으로 나타났다.

지난 30여 년 동안 중국이 독차지했던 세계화의 공고한 위치가 일시에 무너지지는 않겠지만 대안 국가들이 품목별로 상당 부분 잠식할 것은 분명하다. 특히 최근에는 미국과 중국의 주도권 다툼이 거세지면서 향후 GVC 형성에도 큰 영향을 미칠 것으로 전망된다. 미국의 압력에 대항하기 위한 전략적 선택으로 중국이 GVC 참여를 줄이고 자국 내 분업, 일명 '홍색 공급망' 비율을 높인다면 이미 중국과 상당한 분업 관계를 형성한 다수의 동아시아 국가들이 어려움에 처할 가능성이 높다. 반대로 중국이 미국의 요구를 수용해 자국 시장과 제도 개방 수준을 획기적으로 높인다면 오히려 새로운 기회가 늘어날 수도 있을 것이다.[56] 그러나 현재로서는 중국이 자국 시장을 개방할 의지를 보이지 않고 있다.

■ 자유무역협정 중심의 지역화 ■

중국의 경제 규모와 비중이 줄어든다고 하여 다른 나라의 경제활동도 똑같이 줄어들지는 않는다. 풍선효과로 다른 나라, 다른 지역으로 퍼질 것이고 GVC 참여 국가들의 경제적 비중이 높아질 것이다. 현재 GVC의 재구성에 관해 세계화의 진전과 역행 사이에서 경제학자들 간에 많은 논란이 있지만, 대체로 지역화regionalization의 방향으로 갈 것이라고 예측하고 있다. GVC 분산에서 지역적 분산과 더불어 고려해야 할 것은 자유무역협정FTA이다. FTA는 지역 중심의 자유무역이라기보다 산업적 시너지 효과와 정치적 '비적대성'을 중심으로 작동한다. 관점에 따라서는 지리적 연결고리보다 더 긴밀하고 단단할 수 있는 중국 대체 국가들의 관계가 주를 이룬다.

한국 입장에서 보면 재구성되는 GVC 참여는 전방 참여 협력과 후

방 협력 방안으로 나누어 추진할 수 있다. FTA가 중요성을 갖는 것은 중국 등 신흥국의 부상, 4차 산업혁명의 도래, 보호무역과 지역주의의 심화 등에서 기인한다. 최근 들어 세계경제에서 신흥국의 위상이 높아짐에 따라 선진국에 대한 신흥국의 교역 의존도가 줄어들고(2000년 66%에서 2017년 52%), 선진국과 신흥국 간의 수직적 분업 구조가 느슨해졌다. 또한 스마트팩토리, 3D프린트 등 4차 산업혁명의 첨단기술이 제조업과 융합하면서 첨단기술의 상용화에 따른 생산비용 하락으로 생산기지가 자국 중심 또는 소비지와 가까운 곳으로 이전하게 되어 글로벌 공급망의 축소 등 제조 환경의 변화가 나타나고 있다.

최근 2년간 지속된 미중 무역분쟁으로 다국적기업들이 생산 공장을 중국에서 아세안 등지로 이전하며 글로벌 공급사슬이 크게 변하고 있다. WTO에 의하면 보호무역주의 확산으로 역글로벌화가 진행되면서도, 한편으로는 FTA로 대표되는 지역무역협정RTA이 2021년까지 총 577건 발효되며 지역주의 확산이 지속되고 있다. 아시아권은 중국, 유럽권은 독일, 북미권은 미국을 각각 생산 거점으로 지역 내 무역이 확대되고 있는 것이다.[57]

미국과 중국의 갈등이 쉽게 해결되지 않는 제2의 냉전이 도래하면 자연스럽게 자유·민주·자본주의 국가들의 경제권과 중국 중심의 독자적인 경제권이 형성될 것이다. 나머지 국가들은 사안에 따라 경제 협력을 하는 모양새를 취할 것이다. 미중이 양자택일을 세계에 강요하지만, 어느 한쪽을 포기하고 다른 쪽으로 완전히 돌아서는 국가는 있을 수가 없다. 그만큼 세계가 엮여 있기 때문이다. 코로나19와 미중 무역전쟁으로 인해 줄어든 글로벌 자유무역이 FTA를 통해 이루어지

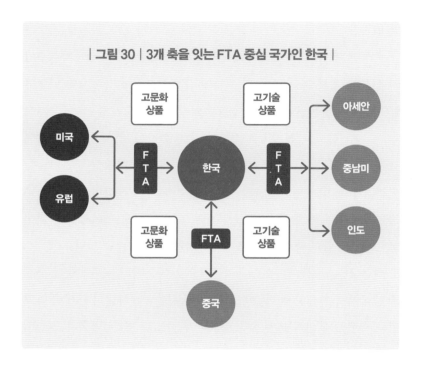

| 그림 30 | 3개 축을 잇는 FTA 중심 국가인 한국 |

는 것을 많은 나라들이 편하게 여길 것이다. 한국은 다행히도 세계의 거의 모든 지역 국가들과 FTA를 맺었다. 따라서 어느 국가와도 자유무역을 할 수 있는 여건이 마련되어 있다. 더욱이 한국이 맺은 FTA는 다른 나라들 간에 맺은 FTA보다 개방도가 매우 높은 편이다. 어려움 속에서 그나마 기회를 엿볼 수 있는 환경이다.

한국은 미국과 유럽 등 선진국에서 그동안 저평가되었지만 새로이 부각되고 있는 한국 문화와 관련된 상품 수출에 힘을 기울여야 한다. 예를 들면, BTS나 봉준호 감독의 〈기생충〉 같은 K-팝과 K-드라마의 인기는 한국의 화장품과 식품은 물론이고 한국제Made in Korea의 성가를 높였다. 필자가 생각하기에 다른 나라에서 가장 받아들이기 어렵고 최후에 수출되는 문화 상품은 '술'이다. 그런데 조선시대에 지역마다 있었던 전통주가 되살아나고 있다. 한국의 술이 수출되면 비로소 한국의 문화가 매우 품격 높은 문화임을 세계에서 인정받게 되고, 과거 우리가 '미제'나 '프랑스제'에 갈망했던 고품격 제품 가격을 한국의 중소기업 제품도 얻게 된다.

또한 개발도상국에는 한국이 아직 한참 비교우위에 있는 고기술 제품의 소재와 부품은 물론이고 완제품 수출도 더욱 늘려야 한다. 이제까지는 주로 중국, 베트남 등 아시아 국가와 소재부품 사업에 협력했지만, 코로나19 이후에는 세계에 골고루 퍼지는 GVC에 초점을 맞추어야 한다. 코로나19 이후 보호무역, 자국 우선주의가 판을 칠 거라고 하지만, 서로 적대적이지 않다고 확인된 국가 간의 거래는 지속될 것이기 때문이다.

■ 미국 달러 위주의 글로벌 경제 재편성 ■

세계는 달러 중심으로 강하게 재편될 것이다. 경제가 어려워지고 혼란이 가중될수록 안정을 원하는 인간의 본성은 가장 안전한 자산으로 미국 달러를 원하게 될 것이고, 그로 인해 미국 중심으로 세계 정치, 경제가 강하게 재편될 것이다.

코로나19 발생 이후 전 세계는 동일한 경제정책을 취했다. 무제한 재정정책이다. 중앙은행이 금리와 지급준비율을 낮춰 은행을 통해 돈을 풀고 기업의 경제활동을 촉진시켰던 '헬리콥터 머니'와는 차원이 다르다. 그냥 돈을 찍어서 소비자들에게 준다. 그렇게 할 수밖에 없는 이유는 이전의 금융위기가 은행의 문제였다면, 코로나19는 감염병으로 인해 인류가 떼죽음을 당할 수 있다는 두려움을 안겼기 때문이다. 감염병의 창궐을 막기 위해 각국은 다른 나라로부터의 여행객 유입을 금지했다. 중국뿐 아니라 이탈리아와 일본 등에서 진행된 국경 폐쇄 비용은 이전에 경험하지 못했던 규모의 세계적인 불황으로 이어졌다.

이전의 금융위기가 몇몇 나라의 은행과 이자의 문제였다면, 코로나19는 세계적인 실물경제의 붕괴 위기다. 사람들은 이동을 멈추고, 외출을 멈추고, 지출을 멈추고, 휴가를 멈추고, 문화행사와 교회에도 가지 못한다. 사람이 움직여야 경제가 움직이는데, 경제 운용의 어려움에도 불구하고 감염병 대책을 우선시했다. 그리고 그 경제적 어려움을 타개하기 위해 재정정책, 즉 무제한의 돈을 찍어서 나눠주었다. 유일한 조건은 '사라, 먹어라, 어떻게든 남에게 돈을 주어라, 저축하지 마라'다. 전 세계의 정부가 돈을 풀 수 있는 한도까지 찍어서 풀었다.

그렇다면 언제까지 무제한적인 재정정책을 취할 수 있을까? 2가지 경우다. 코로나19가 일찍 끝나거나 돈을 풀어도 문제를 해결할 수 없을 때까지다. 다행히 코로나19가 일찍 소멸되면 문제의 상당 부분이 해결되겠지만, 코로나19가 단기간에 종료될 기미가 보이지 않는다. 그렇다면 각국 정부는 계속 돈을 찍어내 경제를 운용해야 한다. 이러한 재정정책의 끝은 하이퍼인플레이션이다. 그때까지 가면 금융정책이나 재정정책의 효력은 소멸된다. 아무리 돈을 풀어도 경제적 효과는 나타나지 않고 오히려 악화된다.

결국 모든 나라는 자국 화폐 대신에 가장 활용성이 높은 외국 화폐를 원하게 될 것이고, 그중 미국 달러는 단연 최고의 가치를 갖는다. 세계의 모든 나라가 돈을 뿌릴 때 달러가 가장 큰 인기를 끌 것이다. 유로화는 항상 경제가 취약한 이탈리아, 스페인, 터키의 결속력 문제로 존속 여부가 의문시된다. 중국 위안화는 미중 무역전쟁, 달러-위안화 환율전쟁, 대외 수출 부진, 정치적 불안정, 중국의 달러 공급 기지인 홍콩 불안 등으로 바람 잘 날이 없다. 위안화 평가절상도 어렵지만, 그렇다고 위안화를 평가절하하기도 미국과의 환율전쟁으로 쉽지 않다. 어쨌든 중국 경제는 암울하다. 그렇기 때문에 중국 위안화의 수요가 늘지 않고 오히려 줄어든다. 중국인들의 해외 이민을 위한 달러 수요도 만만치 않다. 중국인들이 위안화를 팔고 달러를 사들이고 있다. 전 세계에서 가장 많은 달러 수요를 갖는 나라가 중국이 될 것은 분명하다. 일본 엔화는 이미 기울어져 가는 일본 경제의 잠재력을 볼 때 수요가 더 이상 늘지 않음은 물론이고, 오히려 급격하게 줄어들 가능성이 높다.

홍성국 민주당 의원의 강연 자료에 의하면, 미국도 다른 나라와 마찬가지로 무제한 재정정책을 취했다. 미국이 돈을 무진장 썼다고 한다. 제2차 세계대전 당시 미국의 국가부채 비율이 118%였는데, 2019년 106.8%에서 2021년 137.2%로 크게 증가한다. 기축통화 국가인 미국이 이 정도가 됐는데 더욱 아이러니하게 달러 품귀 현상이 전 세계적으로 벌어지고 있다. 코로나19 이후 유로화도 아니고 위안화도 아니고 달러 품귀 현상 때문에 거덜 나는 나라들이 많아졌다는 것이다. 과거 피그스PIGS 국가라고 불리던 포르투갈, 스페인, 그리스가 다시 흔들리고 있다. 이탈리아가 여러 가지 측면에서 가장 어렵다. 브라질,

멕시코, 인도네시아는 자원이 많아서 괜찮을 것 같았지만, 국가 시스템이 약한 데다 외자가 빠져나가면서 국가부도 위기에 몰리고 있다.

달러 수요는 결국 국가 간 무역에서 결제통화 비율로 나타난다. 국제은행간통신협회SWIFT에 따르면, 2022년 1월 국제 지급 거래에서 위안화 비중은 3.20%로 4위에 올랐다. 달러가 39.92%로 가장 높은 비중을 차지한 가운데, 유로(36.56%), 파운드(6.30%), 엔(2.79%), 캐나다 달러(1.62%)가 뒤를 이었다. 이 보도에 의하면 위안화의 비중이 엔화를 추월한 것이다.

세계의 모든 국가들은 달러를 원하고, 미국은 기축통화국의 장점을 살려 달러를 무제한 풀면서 상품을 저렴한 가격에 수입하는 구조로 가게 될 것이다. 결국 미국은 상품 가격이 낮아지는 디플레이션을 겪게 될 것이고, 나머지 나라들은 하이퍼인플레이션을 겪게 된다. 똑같이 무제한 재정정책을 쓰지만 미국과 그 이외의 나라들에서 나타나는 현상은 완전히 다르다. 나라마다 조건이 다르니, 증상도 다르게 나타나는 것이 당연하다.

코로나19 이후의 세계는 어느 때보다 강력한 단극체제, 즉 팍스아메리카나로 결말을 맺을 가능성이 매우 높다. 하지만 정작 미국인들이 이러한 현상을 받아들일지는 분명치 않다. 미국 내 빈부격차의 심화, 높아진 생활수준에 대한 기대 등은 미국조차도 자국 내 자원이 넉넉치 않음을 일깨우기 때문이다. 어쩌면 신자유주의가 완화되고, 인종의 용광로라는 말처럼 막혔던 문제가 원활하게 풀린다면 세계는 이전보다 강력한 미국 중심의 글로벌 자유경제를 맛보게 될 수도 있다.

| 또 하나의 변화 가속기, 우크라이나-러시아 전쟁 |

■ 우크라이나-러시아 전쟁과 글로벌 무역 ■

최근 5년 사이에 세계무역에 큰 변화를 일으킨 3가지 사건이 연거푸 나타났다. 즉 2018년 트럼프가 미중 무역전쟁의 신호탄을 쏘아 올렸고, 2020년 중국 우한발 바이러스성 감염병이 세계적 대유행을 시작했으며, 2022년 우크라이나-러시아 전쟁이 발발했다. 전쟁과 감염병은 국가 간의 관계를 변화시키고, 이전과는 다른 형태의 경제활동을 하도록 구조적 변화를 일으켰다. 그런데 이 변화에는 미중 기술전쟁이라는 일관된 흐름이 있고, 코로나19가 디지털 기술의 중요성을 부각시키면서 속도를 높였다면, 우크라이나-러시아 전쟁은 중국, 러시아 같은 권위주의 국가 대 미국, 유럽 같은 민주주의 진영 간 정치적 동맹 위주의 무역을 촉진시켰다. 이제 '세계화'라는 전 지구적 경제 협력을 통해 규모의 경제를 이루면서 최대의 비용 효율화를 추진했던 무역은, 위기에 재빠르게 대응할 수 있는 회복탄력성 중심의 무역으로 전환되고 있다. 아울러 국가 간 갈등, 팬데믹의 지속, 자원 보유 국가 간 전쟁으로 불확실성의 정도가 매우 높아졌다.

《뉴욕타임스》 기사에 의하면, WTO는 우크라이나-러시아 전쟁이 세계경제에 심각한 타격을 입혔고, 코로나19 대유행은 세계무역과 기업 신뢰에 미치는 피해 회복 기대를 산산조각 냈다고 보고했다. WTO 경제학자들은 향후 2년 동안의 세계무역 전망을 하향 조정했다. 그들은 세계 상품 무역이 2022년 3% 증가하고 2023년에는 3.2%로 성장할 것으로 예상했는데, 이는 전쟁 이전의 무역 성장률 4.7%

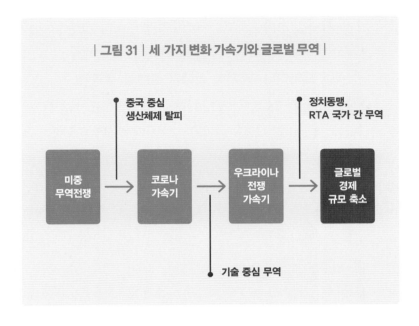

| 그림 31 | 세 가지 변화 가속기와 글로벌 무역 |

중국 중심
생산체제 탈피

정치동맹,
RTA 국가 간 무역

미중
무역전쟁 → 코로나
가속기 → 우크라이나
전쟁
가속기 → 글로벌
경제
규모 축소

기술 중심 무역

예측치보다 낮춘 것이다. WTO는 우크라이나-러시아 전쟁의 여파로
인한 불확실성을 감안할 때 이는 다시 수정될 가능성이 있다고 했다.
응고지 오콘조이웨알라Ngozi Okonjo-Iweala WTO 사무총장은 이번 분
쟁으로 인한 경제적 반향이 예상보다 훨씬 크다고 했다.[58]

2022년 2월 24일, 러시아의 침공으로 시작된 우크라이나-러시아
전쟁은 두 나라의 경제 규모에 어울리지 않는 커다란 영향을 전 세계
에 주고 있다. 러시아와 우크라이나의 경제 규모는 양국을 합쳐도 세
계 GDP의 2%에 불과하고, 대다수 국가들과의 교역 규모도 제한적인
데다 금융 연계도 미미한 수준이다. 하지만 이들 나라는 전 세계 밀
수출의 30%, 옥수수와 광물 자원, 비료 및 천연가스는 20%나 차지하
는 주요 식량과 원자재 생산국이다. 석유도 11%의 비중을 차지한다.

전쟁의 화마 속에 석유와 천연가스 국제 가격이 폭등했고, 밀과 식량 가격도 사상 최고치로 치솟았다.

우크라이나-러시아 전쟁은 세 가지 채널을 통해 경제적 파급효과를 일으켰다. 첫째, 식품 및 에너지와 같은 원자재 상품 가격 상승은 인플레이션 심화를 통해 소득 가치를 잠식하고 수요를 억제한다. 둘째, 주변국 경제가 경제적 제재로 인한 교역과 공급망 불안정, 송금 중단과 급증하는 난민 유입에 따른 어려움에 처할 수 있다. 셋째, 기업의 신뢰 감소와 투자자의 불확실성 증가에 따른 부담으로 자산 가격이 하락하는 등 재무적 어려움을 촉발하고, 신흥시장에서 자본유출이 촉발될 수 있다.[59]

■ 글로벌 공급망의 변화 ■

정치적 갈등으로 시작된 우크라이나-러시아 전쟁은 미국과 유럽의 대러시아 경제제재와 이에 대항하는 러시아의 자원 무기화가 코로나19와 함께 글로벌 공급망의 혼란을 가중시키고 있다. 미국은 반도체, 컴퓨터, 통신, 센서 및 레이저, 해양, 우주항공 등 7개 분야 57개 품목의 대러시아 수출통제를 발표했다. 더불어 미국, EU, 일본, 캐나다 등은 러시아의 WTO 최혜국대우 지위를 취소하고, 특정 러시아 은행을 스위프트SWIFT에서 배제하며, 러시아 중앙은행에 대한 외환보유고 동결 조치를 내렸다. 이에 러시아는 대러 제재에 동참한 국가를 비우호국으로 지정하여 채권상환 의무에 대한 보복 조치와 수출통제 조치 등을 통해 맞대응하고, 향후 대상국을 확대하고 제재 강도를 더 높이겠다고 공언했다. 이러한 양측의 양보 없는 경제제재는 상호의존도를 낮추려는 시도로 나타났다.

현재의 국제분업은 적시 생산과 글로벌 단일 소싱으로 무역 거래 시 최대한의 효율성을 추구한다. 두 가지 조치 모두 투입물과 원자재의 적시 납품에 대한 높은 수준의 의존도를 의미한다. 그런데 이러한 공급망 관계는 코로나19 팬데믹 발생 이후 중국 생산공장과 항구 봉쇄, 그리고 우크라이나-러시아 전쟁으로 심각한 피해를 입었다. 세계 각국에 공급망을 구축한 유럽 최대 자동차 제조업체OEM인 독일 폭스바겐은 중국 비중을 낮추고 유럽과 미국 투자를 늘리는 식의 지역별 자동차 생산 비율 조절을 통해 공급망 전략을 대폭 변경하는 방안을 논의 중인 것으로 알려졌다. 코로나19 팬데믹과 러시아의 우크라이나 침공으로 공급망 경색 여파를 호되게 겪으면서 가격경쟁력보다 안정성을 더 중시하게 됐다.

폭스바겐의 헤르베르트 디스Herbert Diess CEO는 우크라이나-러시아 전쟁이 코로나19 팬데믹보다 지역경제에 훨씬 더 큰 충격을 줄 위험이 있다고 주장했다. 그는 "글로벌 공급망 중단은 엄청난 가격인상, 에너지 부족, 인플레이션으로 이어질 수 있다. 이는 유럽과 독일 경제에 특히 위험할 수 있다"고 말했다. 높은 인플레이션이 소비자들에게 심각한 압박이 될 수 있다는 것이다. 유럽통계청Eurostat에 의하면, 2022년 5월 유럽 소비자물가 상승률은 전년 동기 대비 8.1%로 EU 통합 이후 최고치를 기록했다.[60]

미중 무역전쟁, 우크라이나-러시아 전쟁은 국제관계에서 정치의 비중을 다시 보여주었다. 과거 한때는 정치와 경제의 분리가 가능하다고 했지만, 앞으로는 국제무역 관계에 있어 경제적 이점뿐만 아니라 지정학적 측면도 고려될 것이다. 이는 대외무역 관계를 형성함에 있어 점점 더 많은 국가들이 정치적 목표 달성을 중요시하게 되었다는 점과 관련이 있다. 중국의 '한한령'이 그랬고, 일본의 한국 반도체 소재 수출 금지 조치가 그랬고, 미국의 대중 무역전쟁이 그랬다.

미국의 바이든 대통령이 동맹국을 끌어안기 시작하면서 전선이 점차 정비되어 가고 있다. 새로운 세계무역질서는 중국, 러시아를 중심으로 하는 권위주의적 국가와 미국, 유럽 중심의 자유민주 자본주의 국가로 대별되기 시작했다. 비록 불완전하나마 WTO의 많은 역할을 기대하며 글로벌 자유무역을 추구하던 시대가 어느덧 사라지고 있다. 냉전시대 공산주의 대 자본주의 진영으로 나뉘어 무역을 하던 시대만큼은 아니더라도 분명한 선이 그어지고 있다. 국제분업을 통한 규모의 경제와 전문화의 이익이 부분적으로 희생되는 탈세계화가 우크라이나러시아 전쟁으로 더욱 빨라지고 있다. 그 결과는 지구적 생산성 저하이고, 경제적 후퇴로 나타날 것이다. 무역의존도 90~110%를 오가는 세계 최고의 무역 국가 한국이 단단한 채비를 해야 하는 이유다.

미중 무역전쟁, 한국의 대책은?

　무역전쟁과 그로 인한 변화들을 가속화시킨 코로나19는 글로벌 환경에 많은 변화를 가져왔다. 이후 코로나19가 일으켰던 불확실성 요소들, 즉 코로나19가 조속히 진정될지 또는 향후 더 많은 변이를 만들며 더 강력한 감염병을 일으킬지, 이로 인한 새롭고 커다란 변화들이 발생할지, 각 나라마다 강화되는 방역체계가 어떤 변화를 일으킬지 등등 다양한 혼란이 가중될 수도 있다. 다행히 코로나19가 예상보다 일찍 끝난다면 지구상의 혼돈은 평온을 되찾고 예전으로 돌아갈 수도 있다.

| 위험과 기회분석 |

코로나19 이전부터 진행되던 글로벌 경제의 많은 변수 중 미중 무역전쟁이 새로운 패권전쟁으로 확대되고 있다. 이는 미국과 중국 간 우호적인 정치·경제 관계의 종말을 의미한다. 그런데 이 무역전쟁이 코로나19로 인해 더욱 격해지고 있다. 코로나19의 발생 원인 규명부터 대응 과정에 이르기까지 사사건건 미국과 중국은 서로에 대해 돌이키지 못할 험한 말을 서슴지 않았다. 미중 관계의 디커플링, 즉 경제와 정치가 맞물려 도저히 끊어지지 않을 것 같았던 고리가 빠른 속도로 풀어지고 있다. 또한 글로벌 경제도 기로에 서 있다. 방역 차원에서 시작한 공항과 항만에서의 외국인 입국 금지는 사람은 물론이고 물자 교류도 제한하고 있다. 그래도 생존에 필요한 물건은 생산해야 하겠지만, 이제까지 중국에 의존했던 많은 부분에 변화가 생길 것이다.

일단 중국에 대한 의존도는 낮추되 방향이 문제다. 필요한 물건을 자국에서 생산할 것인가, 아니면 중국 이외의 국가에서 생산할 것인가 하는 결정이 남아 있다. 특히 세계 제1의 수입국인 미국의 결정이 매우 중요하다. 자국에서 생산하면 글로벌 경제가 자국 중심의 자급자족 위주로 갈 것이고, 중국 이외의 국가에서 생산한다면 오히려 글로벌 경제는 더욱 다양성을 더하면서 이전에 소외되었던 아프리카, 서남아시아, 중동 지역이 활성화된다. 게다가 한국에는 상수에 가까운 악재가 있다. 바로 북한이다. 북한의 변화는 남한에 늘 좋지 않은 영향을 주었다. 코로나19로 변동되는 남북한의 경제 상황 또한 무시

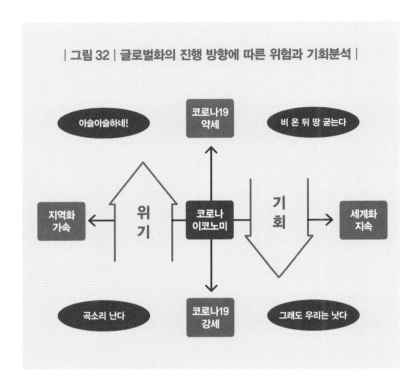

| 그림 32 | 글로벌화의 진행 방향에 따른 위험과 기회분석 |

할 수 없는 큰 변수다.

그 전체적인 방향 중에서 과연 글로벌화가 지속될 것인지 여부가 우리 경제에 주는 영향이 매우 클 것이다. 대외무역 의존도가 100% 언저리를 오가는 한국 경제는 글로벌화가 축소되고 각국이 자급자족에 가까운 경제정책을 펼친다면 수출이 필연적으로 줄어들 것이기 때문이다. 코로나19만큼이나 미국과 중국이 펼치는 자국 위주의 고립주의적 생산과 소비는 우리에게 큰 위험으로 다가올 것이다. 어떤 방향으로 가든 간에 그 영향권에서 벗어나 있는 나라는 없다.

그래서 그림 32와 같이 감염병으로 인한 혼돈의 감소·증가와 글로벌 경제의 분리·통합이라는 두 개의 변수로 매트릭스를 만들어 각각의 시나리오를 만들 수 있다. 우리에게 최상의 시나리오는 혼돈이 감소하고 글로벌 통합이 지속되는 제일사분면이다. 전혀 가능성이 없는 것은 아니다. 하지만 코로나19가 사라질 것이라는 전망이 쉽지 않을 뿐 아니라, 심지어 더 강력한 코로나19 변이나 감염병의 가능성도 있다. 단순 확률상으로 보면 25%의 긍정적 전망과 75%의 부정적 전망이 나온다.

　　이번 미중 무역전쟁은 결국 중국이 자국 경제를 얼마나 개방할 것인지에 따라 달라진다. 시진핑이 독재를 계속하면서 개방경제를 지속할 수 있는가의 문제이기도 하다. 모든 중국인을 등급화하여 관리하겠다는 '빅브라더'식의 독재를 하면서 외국 기업에게 미국이나 한국 정도의 자유를 줄 수 있을지 회의적이다. 하지만 트럼프에 이어 바이든 대통령도 중국 내 미국 기업들에게 미국만큼의 자유를 주지 않으면, 미국 내 중국 기업에게도 중국만큼 자유를 주지 않겠다는 의지를 분명히 하고 있다.

　　미중 무역전쟁의 발발은 단순히 두 나라의 문제가 아닌 세계적인 문제가 되었다. 애초부터 트럼프가 세계를 상대로 했다기보다는 '중국의 불공정무역, 지식재산권 탈취 행위' 등에 대한 불만으로 시작했다. 그리고 두 나라 문제가 세계적으로 커졌는데, 미국과 중국이 세계경제에서 차지하는 비중이 거의 절반에 가깝기 때문에 다른 나라들도 영향을 받지 않을 수 없다. 그런데 미국이나 중국 어느 한쪽으로 온전히 기울 수도 없다. 미국과 중국은 세계 어느 나라이든지 무역 상대국 1, 2위를 차지하고 있기 때문이다. 특히 한국은 무역의존도가 매우 높을뿐더러, 양국이 국내 정치와 경제에서 갖는 의미도 크다. 인구 5천만 명에 세계 10위권의 경제력을 가진 작지 않은 나라임에도 미국, 중국, 일본, 러시아 등 거대 강국들 틈에서 본의 아니게 약소국 행세를 해야 한다. 다른 나라의 사례도 참조할 수 없는 독특한 위치에서 더 발전하려면 한국만의 무역 이론과 행동준칙이 필요하다.

| 선택 기준의 정립 |

그중에서도 미국과 중국, 어느 나라를 선택해야 하는가에 대한 관심이 높아졌다. 하지만 둘 중 어느 한 나라를 완전히 선택해야 하는 일은 없을 것이다. 왜냐하면 중국이나 미국도 상대방을 완전히 배척하지 않기 때문이다. 그러나 전체적인 기울기, 또는 사안에 따른 일시적 선택의 상황은 일상적으로 다가올 것이다. 이럴 때 우리의 선택 기준은 무엇일까?

한국은 세계 10위권의 중견국middle power으로 중요 국가이익에 대한 개념을 규정하고 가이드라인을 대내외적으로 수립할 필요가 있다. 중국이 '핵심이익core interest'을 강조하고, 미국이 '사활이익vital interest'을 주장하듯이 중견국으로서 한국의 '전략적 이익strategic interest'이 무엇인지 규정하는 고민이 필요하다. 한국의 전략적 국가이익에 근거해 미국과 중국을 대상으로 우리의 원칙과 기준을 공고히 하면서 강대국 외교를 펼쳐나감으로써 '전략적 모호성'으로 인해 당할 수 있는 '방기'와 '보복'의 위험을 관리해 나갈 필요가 있다. 국가이익을 중심으로 하는 외교적 원칙과 기준의 부재는 한국으로 하여금 임기응변식 대응의 유혹을 불러일으키며, 이는 강대국 간의 제로섬 게임에 깊숙이 연루되는 위험에 빠질 수 있다.

이를 피하기 위해서는 강대국 사이에 끼인 약소국 또는 '그림자 국가shadow state'의 정체성을 벗어나 중견국으로서 자율성과 독립성을 확장하는 외교를 펼칠 필요가 있다. 한국은 강대국에 끼인 지정학적 현실에 처해 있지만 결코 약소국이 아니며 언제까지나 강대국의 그림자와 영향권에 갇힌 국가로만 존재해서는 안 된다는 점을 인식하고, 주변국 및 중견국 연대의 외교 공간을 확장하려는 노력이 필요하다. 싱가포르처럼 외교적 원칙과 기준을 바탕으로 미국과 중국 사이에서 활동 공간을 유지하고, 갈등 이슈에 대해 '사안별 지지issue based support' 역량을 확보해 나가는 것이 필요하다.[61] 이에 대해 필자 나름의 세 가지 기준을 그림 33과 같이 만들었다.

우선 대체 가능성과 그 정도다. 미국이나 중국이 없다면 한국이 받는 긍정적·부정적 영향은 얼마나 될 것인지에 관한 문제다. 그리고 미국이 없을 때 중국이라는 나라가 한국의 이익을 얼마나 보전해 줄 것인지 판단해야 한다. 예를 들면, 중국으로 수출되는 제품의 50% 이상이 미국이나 제3국으로 재수출되지만, 미국으로 가는 제품이 다른 나라로 재수출되는 비중은 그리 크지 않다. 이럴 때는 중국의 대체 가능성이 30% 이상이고, 미국의 대체 가능성은 낮다고 보자는 것이다.

둘째, 생각이 우리와 얼마나 비슷한가다. 생각이 비슷해야 서로를 이해하고 상호이익을 염려하게 된다. 예를 들면, 유교적 사상이나 자

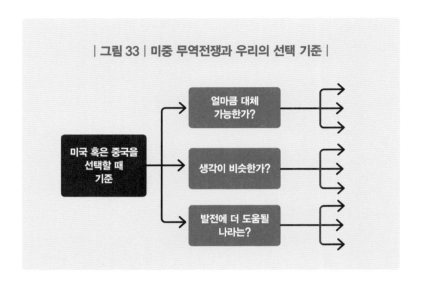

| 그림 33 | 미중 무역전쟁과 우리의 선택 기준 |

유민주적 사상이 두 나라 사이에서 공감대를 갖고 있는 정도다. 유교적으로는 한국과 중국이 비슷하다고 볼 수 있고, 자유·민주주의·인권에 대한 사상은 미국과 공감 정도가 높다.

마지막으로 '한국의 발전에 더 도움이 될 나라는 어디일까?'라는 기준이다. 이는 미중 무역전쟁의 승패에 관한 대답이며, 이러한 대답을 해야 할 상황에 처한 기관이나 개인의 가치관에 따라 많이 좌우될 것이다. 그러나 가장 중요한 기준이기도 하다. 이 세 가지 기준을 늘 염두에 두면서 미중 간의 외교는 물론, 동북아 전체의 경제 상황을 지켜봐야 한다. 하지만 그 선택은 어느 쪽이든 100%가 아니라, 48~52%를 오가는 정도의 중립을 유지해야 한다. 완전히 옳은 것도 없고, 완전히 틀린 것도 없는 게 세상이다. 자연은 우리의 태극마크처럼 음양이 늘 적당한 조화를 이루고 있기 때문이다.

국내 기업의 해외투자 진출은 인건비, 생산비 및 운송비 절감 등 다양한 이점이 있지만, 그만큼 해외의 정치, 경제, 문화 리스크에 노출되는 정도도 커진다. 이번 미중 무역전쟁처럼 여러 나라가 결합된 갈등이라면 해외 진출 기업이 겪게 되는 위험의 크기도 승수효과를 일으켜 몇 배가 될 수 있다. 중국을 거쳐 미국에 수출하는 것보다 한국에서 직접 만들어 미국으로 바로 수출한다면, 공산권 국가가 갖는 높은 국가 리스크는 물론 외교 리스크를 줄일 수 있다. 해외 공장 이전은 이미 저가 생산 로봇의 개발로 설득력을 잃고 있다. 대당 3만~4만 달러대의 제조 로봇이 저가 노동력을 대체하면서 군이 해외 생산에 집착할 이유가 사라진 것이다. 실제 미국이나 독일에서는 해외로 이전했던 공장이 다시 자국으로 돌아오는 흐름이 나타나고 있다. 앞에서 얘기한 '리쇼어링'이다. 최근 중국 내 신발 공장을 철수하고 독일로 되돌아온 아디다스의 '스피드팩토리'가 대표적인 예다.

　해외 진출 기업을 국내로 돌아오게 하면 일자리가 늘어나고, 한국 기업의 수출 부가가치가 높아지며, 기술의 해외 유출 속도도 늦춰서 좀 더 장기적으로 연구개발 성과를 누릴 수 있는 장점이 있다. 하지만 이제까지는 주로 기업들의 해외 진출offshoring만 이루어지고 있다. 《조선비즈》 2017년 10월호에 따르면, 우리나라에서도 각계에서 리쇼어링 대책을 논의하는 목소리가 나오지만 아직 준비가 미흡하다는 지적이 많다. 인공지능, 클라우드, 로봇, 3D프린터 기술의 발전으로 해외에 공장을 짓는 만큼의 효용을 국내에서도 얻을 수 있다. 오히려 세계적인 기업들은 해외 공장의 가파른 임금 상승, 기술 유출, 품질 저하 등 보이지 않는 비용을 우려하기 시작했으며 장기 경쟁력 제고를 위해 리쇼어링을 고려하고 있다. 대한상공회의소는 국내 리쇼어링을 촉진하려면 근본적인 규제틀 전환, 정책 신뢰성 제고, 투자 인센티브 효율화가 필요하다고 주장한다. 즉, 기업 환경의 유불리를 따져본 후 해외로 나가는 국내 기업들은 늘어나는 반면, 국내로 들어오겠다는 기업은 줄고 있다는 것이다.[62]

기업들이 리쇼어링을 선택하는 이유는 정부의 달콤한 인센티브 제안 때문만은 아니다. 인건비 등 생산요소 비용 부담이 줄어드는데 국내 기업이 해외로 진출하려는 이유는 무엇보다도 기업활동이 자유롭게 보장되지 않고, 기업을 적대시하는 분위기 때문이다. 한국 기업들은 이미 충분히 해외에서 다양한 리스크를 겪고 있다. 이제는 기업활동을 제한하고 적대시하는 '내부의 적'을 줄여 국내로 다시 돌아오게 해야 한다. 이들 기업이 다시 한국으로 들어온다면 국내 생산을 통한 부의 축적과 부가가치를 높일 수 있고, 아울러 미중 무역전쟁과 같이 제3국 간 갈등으로 인한 한국 기업의 엉뚱한 피해를 줄일 수 있다.

| 해외 교민의 역할 증대 |

사방이 적으로 둘러싸인 이스라엘이 아직까지 살아남아 오히려 주변국을 위협하는 위치에 올라선 것은 이스라엘 바깥에 있는 유대인들의 역할이 크기 때문이다. 위기 때마다 미국 정부를 움직여 이스라엘을 지지하고, 무기를 수출하며, 연간 수십억 달러에 달하는 자금 지원을 하게 한다. 마찬가지로 해외에 있는 한국 교민들도 이런 역할을 할 수 있는 기반을 만들어야 한다. 2021년 외교부 통계에 의하면, 재외동포는 732만 명으로 한국 국적자가 257만 명, 외국 시민권자가 475만 명이다. 여기에 러시아, 중국, 일본 등에 거주하는 한민족까지 합치면 세계에서 본토 거주민 대비 외국 동포가 많은 민족 중 하나가 된다. 이들의 생활수준은 거의 모든 나라에서 현지인들의 평균 수준보다 훨씬 높다.

지금까지는 이들의 힘을 모으려는 노력이 부족했지만, 앞으로 한민족의 결속력을 증대한다면 외부로부터 오는 정치, 경제적 리스크의 상당 부분을 줄일 수 있다. 이러한 가능성이 높은 것은 한국인이 많은 국가에서 '코리아타운'을 형성하고 있기 때문이다. 이는 차이나타운 다음으로 많은 사례가 될 것이다. 우리끼리는 안 모인다고 자책하지만, 사실상 가장 잘 모이는 민족이 분명하다. 다만, 그 유대를 응집시켜 실제 힘으로 만들어내는 경험이 부족할 뿐이다. 이러한 구심력의 역할을 현지 '교민회'를 중심으로 구체화한다면 우리 힘으로 외부 위기를 줄이는 계기가 된다. 실제 개인적 능력에서 유대인에게 뒤지지 않지만, 전체 힘에서 부족하다는 평가를 받고 있다. 특히 중국과 한국 내에 거주하는 중국 동포의 역할을 다시 살펴볼 필요가 있다. 그들에게 현재보다 더 큰 비중을 두어야 할 때라고 생각한다.

| 한미 FTA의 적극 활용과 한중 FTA의 실질화 |

지금 무역업계에서 FTA는 양날의 칼이 되고 있다. 그 칼을 쓰자니

'원산지 인증 절차'가 까다롭고 복잡하여 웬만한 규모로도 그 좁은 문을 통과하기가 쉽지 않다. 설령 원산지 인증을 받았다 하더라도, 이를 잘 이행하는지 여부를 검토하는 '원산지 검증 절차'는 그야말로 복마전이다. 한 나라의 세법도 해석이 다양한데, 두 나라에 걸친 FTA는 그야말로 해석하는 사람 마음이고, 이러한 검증을 무사히 통과했다는 사례를 찾아보기 힘들다.

그럼에도 FTA는 많은 기회를 가져다준다. 필자가 제조하던 양말도 한-EU FTA를 이용하여 유럽에 수출했으며, 지인도 캐나다로 수출하고 있다. 양말은 소비재라 관세율이 높은 편이어서 기본 세율이 13%다. 미국은 섬유제품에 대해 전 산업 평균 1.5%보다 10배 이상 높은 세율을 부과하고 있다. 게다가 미국이 대중국 관세를 높인다면 우리의 가격경쟁력이 추가로 생길 품목들이 많다. 마찬가지로 양국 간 관세 폭탄 전쟁으로 중국에서 가격이 높아질 미국산 제품도 생길 것이다. 우리는 중국과 FTA가 체결되어 있기 때문에 유리해질 가능성이 있다. 다만, 한중 FTA는 지난번 사드 경제보복처럼 실질적으로 중국 정부의 기분에 따라 가볍게 좌우되는 경향이 있다. FTA 조항의 해석 여부를 달리하는 것은 물론이고, 심지어 이를 무시하는 경향까지 있다. 이를 보강한다면 한중 FTA는 미중 무역전쟁에서 우리에게 상당히 유리한 고지를 제공한다.

FTA를 활용함으로써 더 많은 기회를 가질 수 있는 분야는 관세율이 높은 소비재 분야다. 게다가 K-팝과 K-드라마 등 한류 문화는 화장품 같은 문화상품 성격이 높은 소비재 판매에 불을 붙인 상태다. 기왕에 새로 체결된 한미 FTA를 더욱 적극 활용하고, 개정 보완 협상을 진행 중인 한중 FTA를 좀 더 실질화한다면 미중 무역전쟁은 오히려 소비재 분야에서 기회가 될 수 있다.[63]

| 새로운 글로벌 공급망의 창출 |

이제 미중 무역전쟁으로 촉발되고 코로나19와 우크라이나-러시아 전쟁으로 가속화된 글로벌 공급망 재편이 시작되었다. 흔히 말하는 미국과 중국 간의 경제 디커플링이다. 그런데 디커플링이라고 해서 완전히 관계가 끊어지는 것은 아니다. 단지 지나치게 중국 중심적인 공급망을 다변화시키는 것이고, 그 방향은 OECD 선진국 그룹 중에서도 세계 제일의 수입 국가인 미국의 의도에 따라 달라질 수 있다. 그간 중국의 의도적 불공정 행위로 서남아시아, 동유럽, 아프리카, 중남미 국가의 글로벌 생산 참여가 막혔다. 그 이면에는 자유주의 국가로서는 따라올 수 없는 인권침해 사례, 중국의 정치적 의도에 따른 강력한 수출지원정책, WTO 규정 불이행, 중국의 경제 규모에 맞지 않는 개발도상국 대우 등이 있었다.

그러나 이제 이러한 중국에 대해 최종 소비 국가들이 불안을 느끼기 시작했고, 가급적 대중국 의존도를 낮추려고 한다. 미국이나 유럽에서 대중국 수입 물량에 대한 관세율을 높이고 하나둘 무역장벽을 만들어내고 있다. 예를 들면, 중국에서 수입하는 소비재에 대해 과거 평균 8%였던 미국의 관세율이 현재는 25%를 넘나든다. 이 정도면 웬만큼 생산시설을 갖춘 나라들은 악명 높은 중국의 저가 공세에도 해

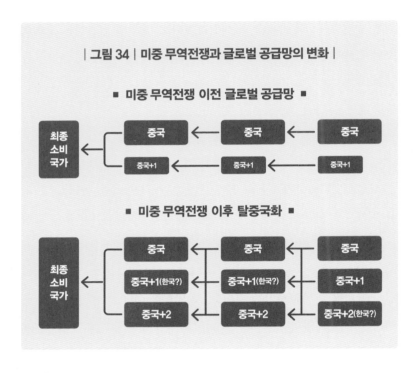

| 그림 34 | 미중 무역전쟁과 글로벌 공급망의 변화 |

■ 미중 무역전쟁 이전 글로벌 공급망 ■

■ 미중 무역전쟁 이후 탈중국화 ■

볼 만하게 되었다. 이전처럼 최적의 효율화를 통한 최저가 거래가 아니라, 위기에도 변함없이 신뢰할 수 있는 공급망을 우선으로 회복탄력성 중심의 거래 파트너 관계가 핵심이 되고 있다. 그런 점에서 한국은 미국과 유럽 등 자유민주주의 국가와의 거래에서 상당히 유리한 위치에 있다. 기왕에 중국 공장과 거래하던 기업들이 만일의 사태에 대비하여 다른 나라에서도 수입이 가능한지 알아보고 중국 수입 100%를 가급적 중국 50%, 한국 30%, 폴란드 20%라는 식으로 리스크 관리를 한다면, 한국으로서는 새로운 수출 기회를 얻을 수도 있다.

그림 34의 윗부분을 살펴보자. 이전에는 중국에서 완제품을 수입

하는 모든 과정을 중국 수출업자에게 맡겨서 원부자재를 주로 중국에서 조달하고 일괄 생산하는 방식으로 이루어졌다. 다만, 규모가 제법 큰 회사들은 그 일부를 중국 이외의 국가에 맡겼다. 하지만 무역전쟁 이후에는 가급적 중국에 대한 전면적 의존도를 줄이는 게 국제무역의 큰 흐름이 될 것이다. 수입업자들은 중국을 대체할 만한 국가로 베트남, 인도, 태국은 물론 동유럽에서도 대안을 찾는다. 물류도 교차 생산이 가능하도록 하여 어느 한곳에 문제가 생겨 생산 중지가 일어나더라도 소재와 부품을 대체 생산자에게 넘김으로써 지속적인 공급을 유지할 수 있다. 중국에 대한 이러한 대체 생산이 본격화된다면 한국에게는 더 좋은 무역 환경이 조성된다.

그야말로 한국의 높은 품질과 적당한 가격이 유리한 거래조건을 만들어낼 수 있다. 이전의 가격 양극화, 즉 아주 비싸거나 아주 싸야 팔리던 시대가 아니기 때문이다. 한국 기업은 적당한 가격에 믿을 수 있는 거래처가 될 수 있다. 그렇다고 모든 산업이 새로운 글로벌 공급망에 참여할 수 있는 것은 아니다. 한국의 약점과 어려움은 바로 인구 감소에 있다. 무겁고 열악한 환경에서 일할 만한 노동자층이 급격히 줄어들고 있다. 이런 산업의 특징은 은퇴가 빠르다. 결국 고령층도 참여할 수 있는 산업, 지식산업, 첨단산업, 고가 명품산업이 중요하다. 그중에서도 K-팝, K-드라마, K-영화, K-화장품, 관광산업에 주력해야 한다. 다행히 현재 세계는 한류 문화에 대단히 호의적인 반응을 보이고 있다. 이는 '메이드 인 코리아' 제품 판매에 큰 도움이 된다. 새로운 글로벌 공급망의 재편은 잘만 활용하면 한국에게 오히려 더 큰 기회가 될 수 있다.

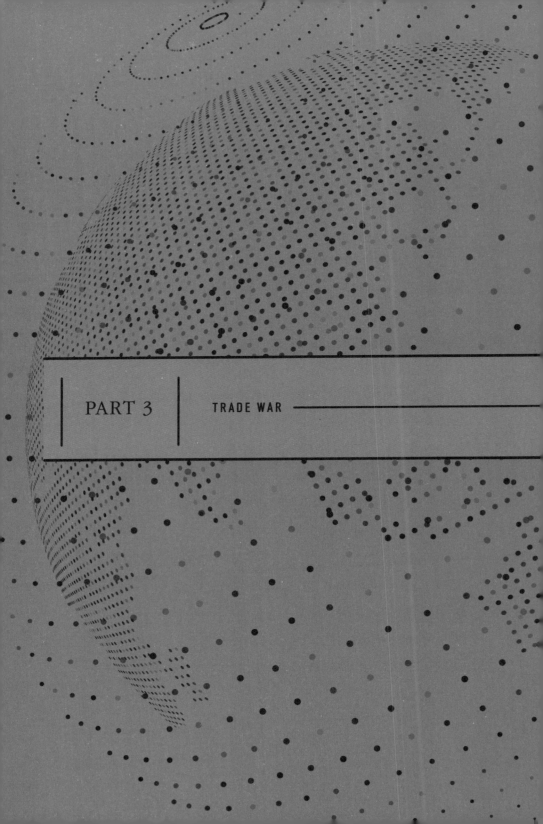

PART 3 | TRADE WAR

새로운 전쟁, 디지털 기술

과거 서구 선진국들은 중국에 글로벌 표준 준수를 강요했으나, 지금은 중국이 글로벌 표준을 만들려고 한다. 삼류 국가는 제품을 만들고 이류 국가는 기술을 만들지만, 일류 국가는 표준을 만든다. 표준 설정을 서둘러야 한다.

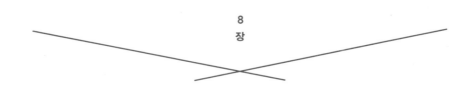

8장

디지털 기술이 세상을 바꾼다

| 디지털 전환을 앞당긴 팬데믹 |

■ 일하는 방식을 바꾸는 디지털 전환 ■

코로나19 팬데믹은 비대면, 초연결, 지능화로 대변되는 디지털 사회를 앞당겼다. 비대면 사회에서는 시간과 공간을 초월하여 언제 어디서든 원하는 활동이 가능하다. 학교에서는 원격수업, 직장에서는 재택근무가 일상화되었다. 초연결 사회에서는 사물인터넷IoT 기술이 인간뿐 아니라 사물도 연결하여 스마트홈, 스마트팩토리처럼 세상 만물의 움직임을 파악하고 분석할 수 있게 되었다. 2025년에는 사물인터넷으로 연결된 장치가 1천억 개에 도달하여 데이터를 통한 새로운 통찰력을 도출하게 된다. 지능화 사회에서는 인공지능 기술을 활용하여 업무나 의사결정을 더 빠르고 더 정확하게 수행할 수 있다. 일하는 방식의 변화가 일어난 것이다.

디지털 기술과 데이터를 활용하여 일하는 방식을 바꾸고 새로운 경험을 창출하는 것을 디지털 전환이라고 한다. 코로나19 팬데믹은 이러한 디지털 전환에 대한 저항을 축소시키는 역할을 했다. 디지털 전환은 꾸준히 진행되어 왔지만 제도와 규제, 기득권, 지식 부족 등으로 지지부진했다. 팬데믹은 이 모든 것을 원점에서 다시 생각하고 변화를 가속화하는 기폭제가 되었다.

마이크로소프트의 CEO 사티아 나델라Satya Nadella는 "코로나19는 일상생활과 업무의 모든 측면에 영향을 미치며 2년간 이뤄질 규모의 디지털 혁신을 단 2개월 만에 진행하고 있다"고 말했다. 이는 단순히 제품과 서비스의 변화뿐만 아니라 업무 방식의 디지털 전환을 의미한다. KPMG 2021년 보고서에 의하면 67%의 기업이 코로나19 이후 디지털 전환을 진행하고 있으며, 63%는 예산 규모를 확대했다. 특히 협업 툴, 클라우드 컴퓨팅, 시스템 통합, 사물인터넷, ICT 서비스에 투자가 집중되었다. 이들 분야는 원격근무뿐만 아니라 원격교육, 원격진료 등과 같은 비대면 서비스의 확대와 직접적으로 관련이 있다. 지능화된 비대면 초연결 사회를 앞당기는 것이다.

■ 새로운 고객경험을 제공하는 디지털 기술 ■

《마켓 앤드 마켓 어낼러시스Market & Market Analysis 2020》에 의하면 디지털 기술은 매년 16% 이상 성장할 것이며, 특히 클라우드 컴퓨팅,

모빌리티, 애널리틱스, 사이버보안, 인공지능 분야의 성장을 예고했다. 산업별 시장 규모는 금융, 소매, ICT, 헬스케어 순이지만, 성장성 면에서는 교육, 소매, 제조, 헬스케어 순으로 전망됐다. 2년 전에 작성한 전망치가 팬데믹이란 특이값을 반영해도 크게 다르지 않았다. B2C 시장의 디지털 전환이 빠르게 진행되고 있음을 의미한다.

또한 글로벌 디자인 회사 스튜디오 그래핀Studio Graphene의 2021년 설문조사에 의하면 영국 기업의 69%가 팬데믹 기간 중 새로운 디지털 기술을 도입했다. 65%는 향후 IT 예산을 더 늘릴 계획이며, 인공지능, 가상현실VR·증강현실AR, 사물인터넷, 클라우드 순으로 투자를 확대할 계획이다. 2020년 설문과 비교하면 인공지능에 대한 관심이 1년 사이에 많이 증가했음을 알 수 있다. 더욱더 디지털 의존적이며 디지털 산업의 지속성장을 예측케 하는 대목이다.

2020년 3월 팬데믹 선언 이후 디지털 기술이 크게 발전했다. 팬데믹이 지속되든, 아니면 종식되든 디지털 기술은 발전을 거듭할 것이고 전체 산업의 핵심 영역을 차지할 것이다. 이제 기업은 급변하는 비즈니스 환경에서 지속적으로 성장하는 경쟁력을 확보하기 위해 디지털 기술을 활용하여 투명성과 민첩성을 확보하고 협력과 혁신을 확대해야 한다. 먼저 투명성을 확보하기 위해 데이터 기반의 의사결정과 정보 공유를 확대해야 한다. 구성원의 재택근무를 고려한 하이브리드 조직으로 전환하여 민첩성을 제고해야 한다. 코로나19 팬데믹으로 인한 공급망 단절의 경험을 되풀이하지 않기 위해 새로운 협력체계를 구축하고 변화에 유연한 공급망을 구성해야 한다. 마지막으로 혁신해야 한다. 미중 무역분쟁, 우크라이나-러시아 전쟁, ESG 경영과 같은 새로운 경영환경의 충격을 최소화하고 성장을 지속하기 위해 디지털 전환을 통한 혁신을 서둘러야 한다. 디지털 기술은 아주 가까이 와 있다. 새로운 고객경험 제공과 지속가능한 성장을 위해 그 것을 어떻게 활용할 것인지는 우리가 풀어야 할 과제다.

| 디지털 전환과 플랫폼 경제의 등장 |

■ 경제활동 공간으로서의 플랫폼 ■

인류는 지금까지 4번의 산업혁명을 경험했다. 1차와 2차는 증기 기관과 전기의 발명으로 인간의 노동력을 기계가 대체하여 제조업의 생산성을 향상시켰다. 3차 산업혁명은 컴퓨터와 인터넷을 기반으로 한 ICT 혁명이다. 데이터 처리와 정보 교환을 보다 빠르게 했다. 마케팅 측면에서도 디지털기기를 이용한 디지털 마케팅이 크게 성장했다. 표 7에서 보는 바와 같이 4차 산업혁명은 디지털 기술을 기반으로 한다. 인공지능, 빅데이터, 클라우드, 사물인터넷과 같은 디지털 기술은 인간의 생각과 판단의 영역을 대체하고 일하는 방식을 바꾸어 디지털 전환을 가져온다.

디지털 전환은 2016년 다보스 세계경제포럼에서 4차 산업혁명이란 용어가 처음 등장한 이후 유행처럼 확산되고 있다. 글로벌 경쟁에서 우위를 점하기 위한 선택이 아닌 필수 요건이 되었다. 디지털 전환은 4차 산업혁명 기술인 디지털 기술을 기반으로 일하는 방식의 변화를 통해 고객에게 새로운 경험과 가치를 제공하는 것이다. 고객의 새로운 경험은 개인화 서비스에 기반한다. 개인화 서비스는 개별 고객의 과거 행동이나 구매 이력에 근거한다. 이는 다양한 시장 정보 분석에 근거하여 고객에게 마케팅믹스를 추천하는 맞춤화 서비스와는 다르다.[64]

개인화 서비스는 디지털 플랫폼에서 가능하다. 디지털 플랫폼은 인터넷과 디지털 기술이 접목되어 수요자와 공급자가 거래하는 경제 활동 공간이다. 이 공간의 효율성은 디지털 기술과 일하는 방식의 변화에 달려 있다. 디지털 플랫폼을 잘 운영하는 기업이 시장의 승자가 된다. 미국의 빅테크Big Tech로 불리는 구글, 애플, 메타플랫폼스(페이스북),[65] 아마존, 마이크로소프트는 모두 플랫폼 기업이다. 우버, 에어비앤비, 넷플릭스, 네이버, 카카오, 쿠팡 등 유니콘 기업도 역시 플랫폼 기업이다.

표 7 | 산업혁명 요인과 영향

구분(시기)	촉발 요인	결과 및 영향
1차 산업혁명(1760년대)	증기기관	기계화, 노동능력 대체
2차 산업혁명(1870년대)	전기에너지	효율화, 생산능력 대체
3차 산업혁명(1980년대)	컴퓨터, 인터넷	최적화, 연산능력 대체
4차 산업혁명(2010년대)	인공지능, 빅데이터, 사물인터넷	지능화, 판단능력 대체

■ 플랫폼의 성공 조건, 규칙과 경쟁 ■

디지털 전환은 플랫폼 기업으로의 전환이다. 플랫폼을 통해 고객의 여정을 분석하고 수요를 창출하며 새로운 경험을 제공해야 한다. 세상에는 플랫폼을 운영하는 기업과 플랫폼을 사용하는 기업으로 구분될 것이다. 이미 그렇게 구분되어 있다. 구글의 플랫폼을 사용하기 위해, 카카오 서비스를 이용하기 위해 수많은 기업과 사람들이 줄을 서고 있다. 플랫폼 세상에는 네트워크 효과가 존재하여 운영자와 사용자 간의 격차가 시간이 갈수록 커진다. 서강대학교 김용진 교수에 의하면, 플랫폼 경제의 장점은 온디맨드 서비스On Demand Service다. 고객이 원하는 시점에 고객이 원하는 형태로 고객이 가진 문제를 해결해 주는 것이다. 온디맨드 서비스를 제공하려면 플랫폼을 구축하고 운영해야 한다. 그 보상으로 운영자는 수익을 얻는다.

플랫폼의 성공 조건은 규칙과 경쟁이다. 규칙은 단순할수록 좋다. 예를 들어, 우버의 규칙은 교통법규를 잘 지키는 것이다. 배달의민족은 음식 맛을 지키는 것이다. 시장이 커지면 경쟁이 발생한다. 경쟁은 플랫폼 내에서 이용자 간 경쟁도 있지만 플랫폼 간 경쟁도 심화되고 있다. 플랫폼 내 경쟁은 종종 출혈경쟁으로 이어지지만, 플랫폼 간 경쟁은 이용자에게 더 많은 편익을 제공하기도 한다. 적정한 경쟁은 기업의 지속성장력을 키운다. 규칙을 준수하면서 경쟁해야 한다. 인류학자 재레드 다이아몬드가 《총, 균, 쇠》에서 이야기하는 것은 총이나 쇠가 아닌 '균'이다. 물리적인 힘을 사용하지 않고 자연스럽게 이기는 방법을 찾아야 한다. 마치 코로나19가 지금 잠시 인류를 지배하는 것처럼 말이다.

지금 플랫폼 조직으로 디지털 전환을 시작해야 한다. 오프라인 사업을 온라인으로 옮기는 것이 아니라, 처음부터 플랫폼 사업으로 기획해야 한다. 플랫폼으로의 전환은 배타적이고 확장성이 담보된 전략자산을 바탕으로 해야 한다.

| 플랫폼 경제의 연료, 데이터 |

■ 네트워크형 플랫폼과 비즈니스형 플랫폼 ■

디지털 경제에서 플랫폼은 수요자와 공급자가 제품과 서비스를 거래하거나 정보를 교환하는 가상공간이다. 플랫폼은 수요자와 공급자가 공존하는 양면 시장이다. 전통적인 시장은 매출 증대를 목적으로 하고, 플랫폼 시장은 고객 확대를 목적으로 한다. 플랫폼은 네트워크 효과로 인해 일정 단계를 넘으면 더 많은 수요자와 공급자가 유입된다. 카카오톡의 가입자 수가 지속적으로 증가하는 원리다. 미국의

표 8 | 데이터 분류와 유형

구분	유형(예시)
크기	빅데이터(TB, PB) 스몰데이터(MB, GB)
유형	메타데이터(항목명, 표준사전), 거래 데이터(구매내역)
구조	정형 데이터(스프레드시트, SQL), 비정형 데이터(문서, 이미지)
원천	사람(소셜네트워크), 기계(사물인터넷), 인터넷(디지털 여정)

GAFAMGoogle, Apple, Facebook, Amazon, Microsoft, 중국의 BATHBaidu, Alibaba, Tencent, Huawei, 한국의 NKCDNaver, Kakao, Coupang, 당근마켓 등이 대표적인 플랫폼이다.

플랫폼은 네트워크형과 비즈니스형으로 구분된다. 네트워크형은 정보와 지식을 주고받는 개방형 플랫폼으로 구글, 메타플랫폼스, 바이두, 텐센트, 카카오, 네이버 등이 여기에 해당된다. 대부분 대기업이며 네트워크 효과로 인해 진입장벽이 매우 높다. 비즈니스형은 플랫폼을 제품과 서비스 마케팅에 활용하는 기업이다. 테슬라, 넷플릭스, 아마존, 이마트 등이 여기에 해당한다. 플랫폼은 인공지능, 빅데이터, 클라우드 등 디지털 기술을 이용하여 시공을 초월한 비즈니스를 가능케 한다. 이 모든 것을 실현시키는 매개체가 데이터다. 표 8에서 보는 바와 같이 데이터는 크기, 유형, 구조, 원천에 따라 다양하다. 점차 개인의 특성이 반영된 스몰데이터, 거래 데이터, 비정형 데이터, 디지털 여정 데이터에 대한 관심이 증가하고 있다. 빅데이터와 인공지능의 발달로 개인화된 서비스가 가능하게 되었다.

■ 데이터 중심 기업과 데이터 취약 기업 ■

최근 데이터가 기업의 경쟁력이라는 말을 쉽게 접한다. 빅테크의 대명사인 미국의 GAFAM, 중국의 BATH를 비롯해 네이버, 카카오가 데이터 중심 기업이다. 전통적인 제조기업인 GM, 존 디어, 삼성전자, 현대자동차가 데이터 기반의 디지털 전환을 서두르고 있는 이유다.

글로벌 시장에는 데이터 기반 기업과 데이터 취약 기업이 있다. 데이터 기반 기업의 첫 번째 특징은 데이터를 활용하여 시장기회를 포착한다. 데이터는 고객행동의 이유why를 이해하게 하여 새로운 비즈니스 기회를 제공하고, 의사결정의 신뢰성과 투명성을 제고한다. 두 번째 특징은 VUCAVolatility, Uncertainty, Complexity, Ambiguity로 일컫는 변동성, 불확실성, 복잡성, 모호성에 효과적으로 대응케 한다. 데이터 분석을 통해 조직의 비전을 제시하고 사업의 선택과 집중을 통해 환경 변화에 민첩하게 대응할 수 있기 때문이다.

세 번째 특징은 데이터 자체를 비즈니스에 활용하는 데이터 중심으로의 전환이 가능하다. 데이터 자체가 자산인 시대가 도래했다. GAFAM과 같은 데이터 중심 기업은 고객의 데이터와 디지털 여정을 분석하여 비즈니스에 활용한다. 그리고 글로벌 시장의 리더가 되었다. 데이터를 관리하지 않는 데이터 취약 기업은 시장기회를 탐색하기 위해 데이터 중심 기업에 의존한다. 글로벌 시장에 진출하기 위한 마케팅 활동과 채널을 외부 데이터에 의존하는 것이다. 데이터 취약 기업은 지속성장이 어렵다. 데이터 기반 기업으로 전환해야 한다.

중소기업의 데이터 활용은 내부 과제 해결에서 출발해야 성공할

표 9 | 데이터 기업의 특징

구분	내용
데이터 중심 기업	데이터 자체를 비즈니스의 대상으로 하는 기업. 예: 구글, 메타플랫폼스, 네이버, 카카오
데이터 기반 기업	데이터를 활용하여 비즈니스를 추구하는 기업. 예: 아마존, 넷플릭스, 삼성전자, 쿠팡
데이터 취약 기업	필요한 데이터 수집과 분석을 외부에 의존하는 기업. 예: 전통적 제조기업

수 있다. 사업 팀별로 가지고 있는 과제 해결을 위해 어떤 데이터를 가지고 있는지, 추가로 어떤 데이터가 필요한지 열거하는 것만으로도 효율이 발생한다. A사업 팀이 필요한 데이터를 B사업 팀이 가지고 있을 수 있기 때문이다. 또한 A사업 팀과 B사업 팀이 중복으로 생산하는 데이터는 한 사업 팀만 생산하는 것으로 조정이 가능하다. 이렇게 수집된 데이터를 분석하여 사업 간 상관관계를 분석해 볼 수 있다. 예를 들어, A사업 참가 고객은 B사업에 참가하는 것이 반대의 경우보다 효과적이라는 결과를 도출할 수도 있다. 이처럼 정형 데이터를 기반으로 데이터 활용의 효율성을 확인했다면 좀 더 큰 목표를 설정할 수 있다.

고객가치 창출을 위한 데이터 활용은 비정형 데이터 활용이 효과적이다. 정형 데이터는 문제를 이해하는 데 적합하고 비정형 데이터는 문제를 예측하는 데 적합하다. 비정형 데이터인 고객 여정 데이터를 기반으로 고객 니즈를 고객보다 먼저 파악하고, 고객이 원하는 것보다 더 나은 서비스를 제공할 수 있다.

| 데이터 기반 플랫폼 시장 |

■ 양면 시장 플랫폼 ■

디지털 시대의 가장 큰 특징은 연결이다. 우리는 사람과 사람, 사람과 사물, 사물과 사물이 디지털 기술과 디지털기기로 연결된 세상에 살고 있다. 연결의 규칙과 방법을 정하고 만남의 공간을 제공하는 것이 플랫폼이다. 글로벌 시장은 플랫폼을 중심으로 성장하고 있고, 미래에는 시장 규모가 더욱 커질 것이다. 2022년 1월 시가총액 기준 세계 10대 기업 중 8개사가 플랫폼 기업이다. 이와 같은 현상은 지속적으로 확대되고 있다. 디지털 기술을 바탕으로 한 플랫폼 참여를 서두르고 확대해야 하는 이유다.

전통적인 의미의 플랫폼과 동일하게 디지털 플랫폼도 사업자와 이용자가 존재하는 양면 시장이다. 먼저 사업자로서 시장 참여를 생각해 보자. 플랫폼 사업자는 플랫폼을 구축하고 운영 규칙을 마련하고 이용자를 모집한다. 플랫폼이 네트워크형이냐 비즈니스형이냐에 따라 운영 규칙과 이용자 모집 방향이 달라진다. 네트워크형은 구글, 메타플랫폼스와 같이 정보 교환을 목적으로 한다. 비즈니스형은 아마존, 쿠팡처럼 상품 거래를 목적으로 한다. 네트워크형은 기술집약적이며 많은 자본과 인력을 필요로 하지만, 비즈니스형은 혁신적 아이디어를 바탕으로 중소기업이 사업자로 참여하기에도 진입장벽이 그

표 10 | 데이터 기반 플랫폼의 종류

	제조기업	서비스 기업
네트워크형 (데이터 중심)	(데이터 유통 시스템 판매) 애플 iOS, MS 메시, 한컴 말랑말랑, 더존	(데이터 유통 서비스) 구글, 메타플랫폼스, 줌, 네이버, 카카오
비즈니스형 (상품 중심)	(데이터 활용 자사 제품 판매) 존 디어, 테슬라, 넷플릭스, 코웨이, 스타벅스, 포켓몬GO	(데이터 활용 타사 상품 유통) 아마존, 우버, 유튜브, 월마트, 쿠팡, 이마트

출처: 이승훈, 《플랫폼의 생각법 2.0》, 한스미디어, 2020을 기초로 재구성함

리 높지 않다.

플랫폼 사업이 서비스 기업의 전유물처럼 생각되지만 제조기업도 플랫폼 기업으로 변신하고 있다. 제조기업의 네트워크형 플랫폼은 애플 iOS와 같이 아이폰, 아이패드, 애플페이Apple Pay, 애플워치, 맥북 등의 록인lock in 효과가 있다. 플랫폼 사업자는 이용자를 묶어두기 위해 신상품을 지속적으로 출시하고 제품 간 연결 편의를 높여서 새로운 경험을 제공해야 하는 부담이 있다. 애플이 애플 ID를 발급하고 브랜드 관리에 많은 투자를 하는 이유다. 제조기업의 비즈니스형 플랫폼은 제품에 서비스를 더하는 방식으로, 테슬라처럼 전기차를 판매한 후 차량용 인포테인먼트 콘텐츠를 지속적으로 개발하고 업그레이드하면서 수익을 창출하는 개념이다. 정수기, 안마기 렌털 사업이 여기에 해당한다.

■ 록인 효과와 네트워크 효과 ■

네트워크형 플랫폼 중 애플 iOS는 폐쇄형으로 록인 효과가 있고, 안드로이드 OS는 개방형으로 보다 많은 사용자를 확보하는 효과가 있다. 성과 면에서 애플은 독자적인 가격정책과 품질관리가 가능한 반면, 안드로이드는 경쟁이 심하고 품질관리가 어렵다. 그래서 매출은 많지만 수익은 적다. 비즈니스형 플랫폼 중에는 넷플릭스와 유튜브에 주목할 필요가 있다. 넷플릭스는 지속적으로 콘텐츠를 제공하기 위해 투자를 하지만, 유튜브는 콘텐츠를 자체 제작하지 않는다. 넷플릭스의 수입원은 구독료이고 유튜브는 광고다. 그런데 최근 유튜브가 구독 서비스를 제공하기 시작했다. 넷플릭스의 경쟁 기업인 아마존 프라임Prime, 디즈니 플러스가 시장을 확대하고 있다. 넷플릭스의 손익 구조가 그리 좋지 않은 이유다.

플랫폼이 성공하기 위해서는 플랫폼 사업자의 역할이 중요하다. 플랫폼 사업자는 플랫폼을 위한 수요와 공급을 창출하고 매개하는 역할을 한다. 플랫폼 경제에서는 네트워크 효과로 인해 수요자와 공급자가 많을수록 시장이 활성화된다. 사업자는 가격 조율은 물론 품질관리와 이용자 간의 분쟁조정 역할을 한다. 특정 이용자가 가격을 이상적으로 낮게 또는 높게 책정하여 플랫폼 이미지를 훼손하는 것을 방지해야 한다. 가격이 높은 플랫폼으로 인식되면 신규 유입이 감소하고 기존 고객들이 이탈할 수 있기 때문이다. 품질관리가 잘 안되는 플랫폼은 지속성장이 어렵다. 품질관리는 제품 자체뿐만 아니라 배송, 분쟁조정까지 고려해야 한다. 품질관리 소홀로 인한 문제는 전파력이 강하다. 능력 있는 고충 처리 담당자를 지정하여 대응하는 전략이 필요하다. 신뢰성이 플랫폼 브랜드 구축의 기본이기 때문이다.

플랫폼을 직접 운영하는 것이 어려운 경우 기술 또는 콘텐츠 제공자로서 플랫폼 참여를 고려해 볼 수 있다. 넓은 의미에서 콘텐츠는 플랫폼에서 거래를 목적으로 하는 모든 제품과 서비스를 가리킨다. 영화, 음악뿐만 아니라 화장품, 의류, 전자제품도 해당된다. 플랫폼 구축과 운영에 필요한 기술을 제공하는 방법으로 참여가 가능하다. 검색과 매칭 기술, 보안기술, VR·AR 기술, 클라우드, 인공지능, 메타버스Metaverse 등 플랫폼 운영을 위한 디지털 기술 수요가 꾸준히 증가하고 있다. 기회는 항상 열려 있다.

플랫폼에 참가하는 방법은 다양하다. 문제는 경쟁력 있는 나만의 자산, 즉 전략자산이 무엇인가를 파악하는 것과 혁신성에 있다. 기술보다 재미와 편의에서 경쟁력을 찾아야 한다. 플랫폼 시장 참여는 글로벌 시장을 향한 첫걸음이다. 플랫폼의 특징은 시간과 공간을 초월하여 서비스를 제공한다는 것이다. 확장성이 큰 만큼 경쟁자도 많다. 또한 플랫폼은 국경을 넘어 경쟁한다. 글로벌에서 성공한 플랫폼은 국내시장의 성공 경험을 바탕으로 한다. 이병선 카카오 부사장은 플랫폼의 성공 요인을 혁신성과 속도라고 언급했다. 작은 시장에서 혁신성과 속도를 경험하기 쉽다.

| 플랫폼을 넘어 프로토콜 경제로 |

■ 상생형 경제모델 ■

플랫폼 경제는 디지털 기술을 기반으로 기업과 사업의 디지털 전환에 있어 중요한 역할을 담당한다. 빅테크 기업뿐만 아니라 상당수의 유니콘 기업이 플랫폼 경제의 핵심 영역을 담당하고 있다. 그런데 플랫폼 운영 기업은 플랫폼 독점으로 부를 창출한다. 거래 정보를 독점하여 정보의 비대칭을 유발하고 플랫폼 이용 기업의 비즈니스 기회를 가져가는 구조다.

플랫폼은 운영 기업에게 수익이 집중되어 운영자와 이용자 간 부의 쏠림 현상이 심화된다. 또한 데이터 클린징cleansing과 같은 단순 반복적인, 그리고 비정규직 일자리를 양성한다. 플랫폼 이용 규칙뿐만 아니라 수수료를 임의로 책정하는 불공정 거래를 하기도 한다. 예

표 11 | 프로토콜 경제모델

플랫폼 노동자와의 상생모델	전통산업과의 상생모델
노동에 대한 정당한 보상 지급을 전제로 운송 노동자 등 각 노동자와 상생하는 모델	음식점, 숙박업 등 전통산업과 소비자를 최소의 수수료로 연결하는 모델
공유경제 활성화 모델	블록체인 기반 기술 관련 모델
사람과 사람 간의 시설, 물품 공유에 대해 중개수수료를 없애거나 최소화하는 모델	블록체인 합의, 데이터 관리 등과 관련된 신기술을 개발하는 모델

출처: 중소벤처기업부

를 들면, 페이스북에 좋은 글을 올리면 정보 제공자는 많은 양의 '좋아요'만 받는다. 반면, 페이스북은 광고를 팔아 투자자나 직원에게 성과급을 지급한다. 이와 같은 한계를 극복하는 비즈니스 모델이 프로토콜 경제다.

■ 플랫폼 경제의 문제점을 해소하는 새로운 모델 ■

표 11에서 설명하는 프로토콜 경제는 블록체인 기술을 활용하여 운영자 독점적인 플랫폼 경제의 문제점을 해소하는 새로운 경제모델이다. 블록체인의 데이터 분산저장 기술은 정보의 탈중앙화를 통해 이용자에게 권한을 분산한다. 프로토콜을 통해 데이터 교환 방법에 대한 규약을 이용자가 주도적으로 토의하고 설정하여 탈중앙화와 탈독점화를 추구한다. 블록체인을 이용하여 중재자의 역할을 제거하기 때문에 가능하다. 이더리움Ethereum과 같은 분산 애플리케이션을 기반

으로 한다. 이더리움은 비트코인과 같은 화폐 기능뿐만 아니라 계약서, SNS, 이메일 등 다양한 앱을 운영할 수 있는 확장성을 제공한다.

프로토콜 경제의 좋은 사례는 웹툰 제작 과정이다. 작품을 기획하고, 스토리를 만들고, 콘티를 작성하고, 스케치와 펜터치를 하고, 채색을 입히고, 편집을 통해 원고의 리듬감을 살려주는 일련의 과정을 거친다. 이와 같은 과정을 과거에는 한 명의 작가가 모두 담당했으나 이제는 많은 사람들이 각자의 특성에 따라 분담하여 수행하고, 그 결과에 따라 수익을 배분한다. 프로토콜 경제가 지향하는 방향이다.

프로토콜 경제를 구현하기 위해서는 정보 분산, 중개 비용 최소화, 합의된 규칙 등이 있어야 한다. 프로토콜 경제에서는 다양한 가상 시장이 만들어지고 그 안에서 국경을 초월하는 거래가 이루어진다. 정보 독점이 없으며 수익의 독점도 없다. 현실 시장은 이자율과 환율 등을 통해 금융 경제를 지배하지만 가상 시장에서는 프로토콜이 경제를 지배한다. 프로토콜을 이해관계자가 직접 만들기 때문에 중개자가 필요 없다. 정부나 은행이 필요 없다는 의미다.

프로토콜 경제가 실현되면 모든 참여자에게 보상이 가능해 SNS, 온라인 쇼핑 등 웹 기반 사업을 운영하는 기업은 많은 참여자를 유치할 수 있다. 다만, 토큰으로 주어진 보상에 대한 사회적 합의를 어떻게 하느냐 하는 것은 과제로 남는다.

9장

디지털 표준을 선점하라

| 기술전쟁은 표준전쟁이다 |

■ 시장 주도권을 확보하는 표준 ■

인류는 예로부터 표준과 제도를 선점하려고 노력해 왔다. 표준의 선점은 상업성뿐만 아니라 주도권 경쟁을 의미한다. 표준을 확보하게 되면 주변 기술까지 영향을 미치게 되어 더 많은 기술표준을 확보하는 여력이 발생하고, 그에 따라 여러 국가들에 대해서도 자연스럽게 주도권을 확보하는 효과가 있다. 애플과 안드로이드의 경쟁이 그예다. 요즘과 같은 플랫폼 경제에서 ICT 표준은 의미가 크다. 표준이 단순히 무역뿐만 아니라 정보, 금융에까지 영향을 미칠 수 있기 때문이다. 애플은 아이폰을 통해 데이터를 수집하고, 애플 콘텐츠에 대한 결제를 애플페이로 진행한다. 자체적인 표준이 생태계를 창출하는 모습이다. 표준은 기술개발과 일상생활을 편리하게 하는 한편, 특허를 동반하는 경우 기업에게 적지 않은 수입원이 된다.

중국은 2003년 와이파이 보안 체계인 WAPI를 개발하고 미국에 도전장을 내밀었다. 중국은 중국에서 생산되는 모든 와이파이 제품에 WAPI 설치를 의무화하여 와이파이 표준 장악을 시도했으나 미국이 무역전쟁으로 위협하자 한발 물러선 아픈 경험이 있다. 중국의 이런 야심은 5G 표준전쟁에서도 여실히 드러났다. 중국은 그간 국제표준을 확보하기 위해 국제표준화기구ISO, 국제전기통신연합ITU, 국제전기표준회의IEC 등 표준화 국제기구에 인력과 예산을 꾸준히 투자해 왔다. 그러한 결과 5G 국제표준의 30% 이상을 화웨이 등 중국 기업이 보유하고 있다.

이러한 흐름은 일대일로 전략에도 그대로 담겨 있다. 표면적으로는 연선 국가(주변 국가)들의 인프라를 지원하고 교역을 확대하여 상호 발전하는 그림이다. 일대일로는 정책소통, 시설연통(인프라 연결), 무역창통(무역 확대), 자금융통(자금 조달), 민심상통의 5통을 통한 인류 번영을 목표로 한다. 그러나 그 이면에는 다소 차이가 있다. 위안화 유통을 확대하고 국제화를 도모하며 인프라 구축 시 중국 표준을 채택토록 하여 중국 표준의 국제화를 도모하려는 것이다.

■ 표준을 만드는 일류 국가 ■

역사적으로 제국 건설의 성패는 표준의 실천이 좌우했다. 시황제는 중국을 통일한 후 제일 먼저 도량형을 표준화했고, 미국이 달러를 기축통화로 하고 영어를 공용어로 전파하는 것도 같은 맥락이다. 최근에는 중국은 물론 러시아마저 영어를 사용하고 있으니 미국이 확실히 언어 표준을 장악한 듯하다. 이처럼 과거 미국과 우방국이 국제 표준을 선점했으나, 그 자리를 이제 중국이 차지하려고 한다. 특히 이동통신, 배터리, 인공지능 같은 첨단 분야의 표준을 차지하기 위해 자금을 조성하고 정치적 영향력을 행사한다. 중국은 표준 관련 주요 국제기구에 많은 인력을 파견하고 있으며 미국이나 독일보다 많은 인력이 근무하고 있다. 자국의 이익을 보호하고 확대하기 위해서다. 과거 서구 선진국들은 중국에 글로벌 표준 준수를 강요했으나, 지금은 중국이 글로벌 표준을 만들려고 한다.

삼류 국가는 제품을 만들고 이류 국가는 기술을 만들지만, 일류 국가는 표준을 만든다. 표준 설정을 서둘러야 한다. IT 기술의 진화는 빠르고 혁신적이다. 우리는 지금까지 두 번의 IT 혁명을 경험했다, 첫 번째 혁명은 PC 혁명이다. IBM이 PC를 보급하고, 마이크로소프트MS가 윈도를 개발하고, 구글이 검색엔진을 통해 지식을 전 세계로 보급했다. 두 번째 혁명은 2007년 시작된 모바일 혁명이다. 애플과 구글이 인텔과 마이크로소프트 진영의 데스크톱 PC를 꺾고 IT 시장의 새로운 강자로 부상했다. 이 시기에 모바일 반도체칩 시장과 소셜미디어 시장이 급성장했다. 개인화된 시장의 부상이다.

이제 세 번째 IT 혁명이 온다. 현실세계와 가상세계의 경계를 허무는 것이다. 메타버스로 전환하는 것이다. 물리적 세상과 디지털 세상을 연결해 주는 기술이 메타버스이며, VR·AR, 블록체인, 클라우드,

사물인터넷, 인공지능, 로봇공학 등 다양한 디지털 기술을 바탕으로 또 다른 자아인 아바타를 통해 새로운 세상을 경험할 수 있다. 메타버스는 디지털 기술과 코로나19가 만들어낸 새로운 사회적 문명이다. 새로운 표준전쟁의 서막이다. 개인화와 다양성이 강조되는 요즘 '사실상의 표준de facto standard'을 이해하고 국제표준 확보에 관심을 가져야 한다.

| 5G를 넘어 6G 세상이 온다 |

■ 고속 성장이 예정된 특화망 시장 ■

우리나라는 2019년 4월 세계 최초로 5G 시대를 열었다. 2021년 11월 기준으로 가입자 2천만 명을 돌파하여 세계 최초로 전 국민 5G 서비스를 앞두고 있다. 이는 우리가 5G 기술을 보유하고 있고 인구밀도가 높으며 국민들의 신기술 수용도가 높아 가능했다.

미국 소비자기술협회CTA 시장조사 책임자는 "5G가 연결성의 표준이다"라고 말했다. 5G는 디지털 시대의 스마트팩토리, 스마트스쿨, 스마트홈, 스마트시티를 실현하는 원천이다. 실제로 2022년 국제가전박람회CES는 5G 필요성에 대한 답변을 제시했다. 자율주행차, VR 서비스, 재난 대응, 에지컴퓨팅edge computing 등 초고속, 초저지연 서비스가 필요한 사용자에게 근접 데이터 처리 서비스를 집중적으로 제공하게 될 것이다. 5G는 다중 안테나 기술Multiple Input Multiple Output, MIMO을 활용하여 사물인터넷 및 인공지능과 연동함으로써 사물과 사물 간 통신을 통해 자율주행차의 발전을 촉진한다. BMW 등 주요 완성차 업체들은 차량에 5G 도입을 공식화했다.

5G의 초저지연 데이터 처리 속도는 V2XVehicle-to-Everything 기술을 활용하여 주행 중 차량이 주변의 차량 및 인프라와 통신을 가능케 한다. V2X가 자율주행과 광범위한 인포테인먼트를 가능케 하는 것이다. 퀄컴은 ADASAdvanced Driver Assistance System를 위한 스냅드래곤 Snapdragon 칩세트를 볼보, 르노, 혼다 등과의 협업으로 커넥티드 지능형 에지Connected Intelligent Edge와 결합한다. 이처럼 5G는 '초거대 인공지능 모델' 개발을 가능케 한다. 이 때문에 구글, 마이크로소프트, LG, SK 등 대기업이 주도권 싸움을 시작했다.

현재 5G는 4G 코어네트와 연동되어 활용 중이지만, 미래에는 독립형 5GStandAlone 5G, 밀리미터파, 저궤도 위성통신 등을 활용하여 초고속, 초저지연, 초연결 서비스를 구현할 것으로 예상된다. 독일의 보쉬, 폭스바겐은 5G 특화망을 통해 스마트팩토리를 운영한다. 일본은 NTT, NEC, 도쿄대학 등 45개 기업과 기관들이 독립형 특화망[66] 면허를 취득했다.[67] 특화망 수요는 데이터 주권과 통신 요금 등의 문제로 확산되고 있다. 2027년에는 특화망 시장이 일반 서비스 시장을 초과할 것이다. 이처럼 5G의 성장은 통신 시장을 B2C 중심에서 B2B로 전환시킬 것이다. 기업용 디지털기기와 애플리케이션 시장에 주목해야 한다.

■ 스마트폰 보급 확대와 모바일 경제 확산 ■

5G 통신망과 스마트폰의 보급 확대는 관련 산업의 성장을 촉진한

다. 미국의 1조 달러 규모 인프라 투자, 유럽의 디지털 전환 가속화, 중국의 2025년 5G 보급률 50% 달성, 저가폰 출시 확대는 5G 보급에 긍정적 영향을 미친다. 시장조사기업 카운터포인트리서치에 의하면, 2022년 5G 스마트폰 판매량이 전체 판매량의 50%를 넘을 전망이다. 중국과 유럽의 5G 스마트폰 판매 급증으로 세계 5G 스마트폰 보급률은 2022년 3월에 50%를 달성했다.

MWCMobile World Congress 바르셀로나 2022 보고서에 의하면, 스마트폰 보급 확대는 모바일 경제 확산을 촉진한다. 5G 기반의 새로운 비즈니스 모델의 탄생은 물론, 소비자의 디지털 경험을 강화한다. 모바일 경제는 공공, 금융, 교육, 헬스케어뿐만 아니라 '지속가능개발목표Sustainable Development Goals, SDGs' 달성에도 긍정적인 영향을 미친다. 모바일 경제는 교육과 보건에 대한 접근성을 높여 궁극적으로 빈곤과 불평등을 완화한다.

향후 메타버스를 비롯한 VR과 AR의 발전은 5G의 필요성을 증가시킬 것이다. 4G로는 4k, 8k 등 고화질과 홀로그램, VR·AR 스트리밍을 보장할 수 없기 때문이다. 미국의 통신사업자 버라이즌Verizon은 5G를 활용하여 재난 현장을 드론과 통신을 통해 즉각적으로 원격 지원하는 서비스를 제공한다. 5G를 활용한 시장은 급속히 성장하고 있다. 이미 아마존 웹서비스AWS 등 글로벌 기업이 서비스형 네트워크Network-as-a-Service, NaaS와 민간광대역무선서비스Citizens Broadband Radio Service, CBRS를 시작했다. 장비업체와 통신업체의 경계가 허물어지고 있다.

글로벌 5G 시장은 중국의 급속한 성장을 견제하기 위해 미국 중심의 5G 개방형 무선망인 O-RANOpen Radio Access Network 개발이 본격화될 전망이다. 제조기업은 소프트웨어로 비즈니스 확장이 가능하고, 통신사는 유연한 네트워크 관리가 가능하여 향후 O-RAN 시장은 빠르게 성장할 수 있다. 이미 O-RAN 동맹은 31개의 사양을 개발했고, 우리나라는 기지국에서 데이터센터까지 연결하는 5G 프론트홀 인터페이스Fronthaul Interface 표준 제정을 추진 중이다.

박동주 5G포럼 생태계전략위원회 위원장에 의하면, 우리 정부는 민간기업의 특화망 구축을 확대하여 스마트팩토리, 모바일에지컴 퓨팅MEC 사업을 지원한다. 과학기술정보통신부는 10대 5G+ 핵심 산업으로 네트워크 장비, 차세대 스마트폰, VR·AR 디바이스, 웨어러블 디바이스, 지능형 CCTV, 미래형 드론, 커넥티드 로봇, 5G V2X, 정보보안, 에지컴퓨팅 등을 지정했다. 핵심 서비스로는 실감 콘텐츠, 스마트 팩토리, 자율주행차, 스마트시티, 디지털 헬스케어를 육성한다. 5G 기반 시장기회는 지속적으로 증가하고 있다. 글로벌 시장을 겨냥하여 '사실상의 표준'에 근거한 미래 지향적 사업 기획이 필요하다.

■ 초성능을 지향하는 6G ■

5G를 넘어 6G 시대가 오고 있다. 표 12에서 보는 바와 같이 6G는 초성능, 초대역, 초공간, 초정밀, 초지능, 초신뢰를 지향한다. 지상과 위성을 연결하는 초대역, 데이터 빅뱅에 대응하는 초성능, 양자정보 통신에 기반한 초지능이 그것이다. 이에 각국의 주도권 경쟁이 치열하다. 미국은 국방고등연구계획국DARPA 주도로, EU는 노키아 중심으로, 일본은 민관 합동 컨소시엄인 비욘드 5GBeyond 5G를 중심으로,

그리고 중국은 6G 전담 기구를 중심으로 6G 기술개발에 주력하고
있다. 특히 양자정보통신 기술이 수년 내 도입되면 불법 도감청과 해
킹이 사라지는 초신뢰 통신이 가능하게 된다.

6G는 지상을 벗어나 위성과의 통신을 기반으로 서비스가 이루어
져 타국의 국경을 침해할 우려가 있다. 대책이 늦어지면 외국 통신 기
업의 6G 서비스가 위성을 통해 국내에서 이루어질 수도 있다. 6G 서
비스는 위성통신 기술뿐 아니라 위성 제조 및 발사 기술도 필요하다.
따라서 위성의 수를 확대할 것인가, 위성통신 기술을 강화할 것인가
하는 선택이 필요하다. 또 다른 과제는 표준이다. 과학기술정보통신
부에 의하면, 국제표준화 단체인 3GPP3rd Generation Partnership Project
는 2024년에 6G 기술표준화에 착수하고, ITU는 2029년 기술을 확정
할 것으로 예상된다. 표준 선점을 위해 해외 유력 기업 및 기관과의

표 12 | 5G와 6G 비교

	5G	6G
특성	초연결, 초저지연, 초고속	초성능, 초대역, 초지능, 초공간
속도	20Gbps	1Tbps
지연 시간	1ms	100μs(0.1ms)
공간	지상 120m	지상 10km
대역	100Ghz 이하	100Ghz 이상
활용	원격진료, 실시간 TV, 자율주행차	홀로그램, 초실감 현실, 디지털 복제
상용화	2019년	2029년

공동 연구개발도 확대해야 한다.

| 인간의 한계를 초월한 인공지능 |

■ 누구나 인공지능 활용이 가능한 시대 ■

우리는 2016년 구글 딥마인드 인공지능 알파고가 준 충격을 기억한다. 인간이 동물보다 우수한 것은 뇌에서 정보를 학습하고 기억하는 시냅스synapse가 동물보다 많기 때문이다. 인간은 신경세포를 1천억 개 가지고 있는 반면, 침팬지는 220억 개를 가지고 있다. 이것이 인간의 차별성이다. 이렇게 많은 신경세포를 연결해 주는 것이 시냅스다. 뇌를 사용하면 시냅스가 발달하고 뇌도 발달한다. 인간은 100조개의 시냅스를 가지고 있어 알파고가 사용한 1,202개의 중앙처리장치CPU와는 대조적이다. 인공지능에서 시냅스 역할을 담당하는 것은 파라미터parameter(매개변수)다. 세계적인 인공지능 연구소 오픈AIOpen AI가 만드는 언어 모델 GPT-3는 1,750억 개의 파라미터를 가지고 있어 인간과 인공지능이 자연어 기반으로 소통할 수 있는 수준까지 딥러닝deep learning 기술을 향상시켰다.

LG AI연구원에서 만든 초거대 인공지능 엑사원EXAONE은 3천억 개의 파라미터를 가지고 있다. 이는 인간과의 소통 능력뿐만 아니라 시각과 청각 등 감각영역을 지배하는 창작물 생산이 가능하다. 2032년에는 인간의 시냅스와 같은 수준인 100조 개의 파라미터를 가진 인공지능 모델 GPT-4가 탄생할 것으로 예상된다.[68] 국내에서는 LG가 KT,

현대중공업, KAIST 등과 협력하고 있으며, 삼성은 SKT, 카카오 등과 인공지능 동맹을 구축하는 등 다수의 기업이 인공지능 개발 경쟁에 참여하고 있다. 맥킨지 보고서에 의하면 2030년에는 기업의 70%가 인공지능을 사용할 것이다. 인공지능 시장의 성장 잠재력은 무한하다. 또 하나의 트렌드는 최소한의 코딩으로 소프트웨어를 개발하는 로코드low-code와 코딩 과정 0%로 소프트웨어를 개발하는 노코드no-code다. 조만간 누구나 코딩과 인공지능의 활용이 가능한 시대가 온다. 아마존, 마이크로소프트, 세일즈포스, 서비스나우 등이 경쟁에 참여했다. 기술의 일반화를 통한 기술 민주주의가 확산될 전망이다.[69]

현재는 정적인 환경에서 사용할 수 있는 인공지능 기술인 심층학습(딥러닝)이 주류를 이루고 있다. 반면에 강화학습reinforcement learning은 미지의 동적인 환경에서 사용하는 인공지능인데, 알파고는 심층 강화학습 기반의 인공지능이다. 심층강화학습은 강화학습에 딥러닝 기술을 적용하여 시행착오를 통해 얻은 반응을 학습하는 알고리즘이다. 코골이 방지 베개, 눈높이에 맞게 움직이는 디스플레이, 화질 최적화 TV, 아기 감시 카메라, 실시간 통역기 등 인공지능 기반의 제품 출시가 줄을 잇고 있다.

스피치 투 비디오speech to video는 텍스트를 제공하면 인공지능이 인터넷에서 적합한 이미지를 추출하여 보여준다. 인공지능은 동영상을 분석하여 맞춤형 서비스를 제공하기도 한다. 넷플릭스가 무수히 많은 영화 중에서 〈오징어 게임〉을 추천하는 방식이다. 인공지능은 현재뿐만 아니라 미래를 예측하고 선제적으로 행동할 수 있게 도움을 준다. 이제 곧 경쟁기업의 행동 패턴을 예측할 수 있는 시대가 온다.

■ 디지털 휴먼의 등장 ■

인공지능 기반 디지털 휴먼의 등장에 주목해야 한다. 우리는 이미 신한은행 광고에 등장한 가상 인플루언서 '로지'를 경험했다. 미국의 릴 미켈라는 보그, 샤넬, 프라다, 삼성 등의 광고모델로 활약하며 2022년 6월 말 현재 300만 명의 팔로워를 보유하고 있고, 연수입 100억 원이 넘는다. 가상 인플루언서는 트렌드를 넘어 마케팅 자체의 변화를 가져왔다. 대화형 인공지능은 의사결정을 못하는 고객에게 해야 할 일을 권유하고 상품을 추천해 의사결정을 지원한다. 또한 최근 심층학습 기반 인공지능과 자율주행 기술 인공지능을 중심으로 로봇공학, 스마트홈, 차량 지능화 분야의 활용도가 크게 확대되었다. 미래에는 동적 환경의 인공지능 기술인 강화학습과 하드웨어 기술을 기반으로 일반 인공지능(사람과 같은)이 개발될 것으로 예상된다.

인공지능에 관한 관심이 증가하고 기술이 발전할수록 한계점도 발생한다. 데이터의 한계와 인권침해 예방이다. 데이터는 기름이고 인공지능은 전기다. 양질의 전기를 생산하기 위해서는 양질의 기름을 공급해 주어야 한다. 인공지능은 엄청난 탄소발자국을 남긴다. 인공지능 모델 GPT-3를 학습시키는 데 자동차로 달까지 왕복하는 수준의 탄소를 발생시킨다. 인공지능에 의한 인권침해, 일자리 감소도 해결해야 할 문제다. 그럼에도 글로벌 인공지능 시장은 자율주행차, 지능형 로봇, 스마트팩토리 등 제조업 융합 분야와, 스마트 의료, 지능형 교육 등 서비스 융합 분야로 구분되어 주도권 경쟁이 심화되고 있다. 빅테크 기업은 자체적인 인공지능 클라우드 기반으로 생태계를 구축하고 있다.

글로벌 인공지능 생태계에서 주도권을 확보하려면 다음과 같은 전략이 필요하다. 먼저, 글로벌 인공지능 생태계에 관한 관심을 높여야 한다. 글로벌 시장에서 인공지능 관련 표준화 움직임과 응용 제품 개발 동향을 꾸준히 모니터링해야 한다. 둘째, 양질의 데이터를 생산하고 수집한다. 품질 좋은 데이터가 인공지능의 발전을 촉진한다. 셋째, 자체적인 인공지능 산업 생태계를 구축해야 한다. 글로벌 동향을 반영한 자체 생태계는 기술과 제품, 서비스 수출과 직결된다. 마지막으로 글로벌 협력이다. 글로벌 협력을 통해 자체 표준을 글로벌 표준으로 발전시켜야 한다. 이와 같은 전략을 수행하기 위해서는 인프라 확충과 전문 인력 양성이 필요하다. 연구개발 투자를 확대하고 데이터 과학자를 양성해야 한다.

| 산업의 패러다임을 바꾸는 VR·AR·MR·XR |

■ 삶을 풍요롭게 하는 VR과 AR ■

게임이나 오락의 전유물로 생각했던 가상현실Virtual Reality, 증강현실Augmented Reality, 혼합현실Mixed Reality이 헬스케어, 금융, 건설과 같은 비즈니스 영역의 게임 체인저로 등장하고 있다. 미국 소비자 기술협회CTA의 2021년 확장현실eXtended Reality 기업 트렌드 보고서에 의하면, 49%의 기업이 XR을 게임에 활용할 예정이고, 30%는 영화·TV·스포츠 등 엔터테인먼트에 적용할 예정이다. 헬스케어, 건설, 교육, 제조, 소매 등 비즈니스 부문 수요도 증가세다. XR은 VR과 AR,

MR을 통합하는 개념으로 앞으로 일어날 모든 유형의 리얼리티reality 에 대한 통칭이다.

VR은 가상세계를 기반으로 하기 때문에 시공의 제한이 없어 개발이 용이하다. 코로나19 팬데믹의 영향으로 최근엔 50% 이상의 기업이 판매, 마케팅, 제품 개발에 VR 기술을 활용하고 있다. 엔터테인먼트에서 VR 기술은 고객의 참여와 체험을 극대화한다. 예를 들어, 관객은 VR 기기를 착용하고 외국에서 진행되는 연극을 관람할 수 있는데, 동시통역 지원으로 시공을 초월하는 경험이 가능하다. 이는 5G 기술을 통해 실현된다. 5G의 발달은 VR과 AR의 발전을 촉진한다.

메타플랫폼스의 CEO 마크 저커버그는 "VR은 플랫폼이며 앞으로 VR과 AR 서비스는 우리 삶을 풍요롭게 만들 것"이라고 했다. 실제로 코로나19 사태를 계기로 VR 기술이 재조명되었다. 세계 각지에서 사회적 거리두기가 보편화되고 이동이 제한된 사람들이 VR 기술을 통해 시간과 공간의 제약을 극복할 수 있었기 때문이다. 헬스케어 분야는 XR 적용이 두드러진다. XR 기술로 원격진료와 디지털 치료가 가능하다. 건축설계에서는 복잡한 도면을 스크린으로 옮겨 3D로 시각화함으로써 진가를 발휘한다.

2021년 뱅크오브아메리카BOA는 직원들에게 20여 건의 고객 응대 상황을 VR로 훈련시킨 후, 직원의 97%가 고객 응대 시 편안함이 증가했다는 실증 결과를 보고했다. 포드는 VR 시뮬레이터를 이용한 교육을 통해 사건 사고를 70% 감소시켰다. 최근에는 VR 기술을 이용해 코로나19로 인한 우울증이나 긴 겨울을 지내야 하는 북유럽 사람들의 정신 안정에 도움을 주는 콘텐츠도 출시되고 있다. 마이크로소프트가 메타버스 게이트웨이Gateway to Metaverse를 목표로 준비 중인 메시Mesh 플랫폼은 자사의 기존 협업 플랫폼인 팀스Teams, AR글라스 홀로렌즈HoloLens와 결합하여 원격미팅에서 더욱 개인화된 체험을 하도록 해줄 것이다.

AR는 고위험 고비용 프로젝트를 실시간으로 처리할 때 매우 유용하다. AR 기술은 고객지원, 원격협력, 원격훈련 분야 활용이 두드러진다. 스포츠나 콘서트와 연계된 AR 기술의 발전 기회도 무궁무진하다. 애플은 집에서 공연장 S석에서 관람하는 것과 동일한 체험을 제공하는 글라스를 준비 중이다. 이제 공연장까지 가지 않아도 좋아하는 가수를 바로 앞에서 보며 현장의 열기를 느낄 수 있는 세상이 되었다.

■ 몰입감을 높여주는 MR과 XR ■

수족관에서는 AR과 햅틱 기기를 이용해 가까운 거리에서 물고기를 보고 만지는 체험이 가능하다. VR은 엔터테인먼트에 적합하고 AR은 비즈니스에 적합하다는 기존의 암묵적인 인식의 경계가 흐려지고 있다. 관광산업에서는 직원의 XR 교육연수와 관광객의 VR 투어 서비스가 확산되고 있다.

시장조사 전문기관 포천 비즈니스 인사이트Fortune Business Insights에 의하면, VR 시장은 2021년 63억 달러에서 2028년 840억 달러로 연평균 44% 이상 성장할 전망이다. 모바일AR 시장은 2020년 126억 달러에서 2030년 1,846억 달러로 크게 성장할 전망이다. 미래에는 모바일기기의 보급으로 모바일AR 시장이 크게 성장할 것이다. 메타 플랫폼스는 VR, AR, 메타 기술개발을 위해 1만 명 고용과 100억 달러 투자 계획을 발표했다.

XR의 진화는 몰입감과 상호작용에 달려 있다. 몰입감을 높이기 위해 장시간 착용해도 불편함이 없는 헤드 마운티드 디스플레이Head Mounted Display, HMD 개발이 절실하다. 미래형 HMD는 안경처럼 편리하며 어지럼증 같은 부작용이 없고, 몰입감은 높이고 음성인식과 동작에 빠르게 반응해야 한다. 장시간 사용이 가능하도록 배터리 용량을 키울 필요가 있다. 콘텐츠 개발 역시 중요한 과제다. 관광, 스포츠, 공연, 게임 등 엔터테인먼트의 몰입감과 현장감을 높이기 위한 콘텐츠 개발이 진행 중이다. 엔터테인먼트에 뒤이어 헬스케어, 건축설계, 스마트시티 조성 등 비즈니스용 XR에도 관심이 필요하다.

2020년 정부가 발표한 혁신 로드맵에 제시된 바와 같이, AR과 VR의 발전이 지금까지는 시청각 중심이었다면, 향후에는 표정과 촉감에 반응하고 장기적으로는 오감과 뇌파를 활용할 수 있어야 한다. XR 기술은 5G, 사물인터넷, 인공지능 등 디지털 기술과 어우러져 현실 세계와 가상세계의 경계를 허물고, 몰입감과 상호작용을 극대화시키며, 디지털 상품의 소유와 거래가 가능한 메타버스 세계로의 진화를 촉진한다. XR은 메타버스로 가는 티켓이다. 메타버스 이슈는 뒤에서 좀 더 살펴보고자 한다.

| 우리는 사물인터넷 세상에 살고 있다 |

■ 스마트한 세상을 연결하는 사물인터넷 ■

디지털 기술의 발달로 모든 사람과 모든 사물이 실시간 네트워크로 연결되고 소통이 가능하다. 코로나19 방역을 위해 건물 입구에 설치된 안면인식 체온측정기, QR코드 전자출입명부, 자가격리 앱 등이 사물인터넷의 좋은 예다. 최근에는 인공지능과 접목된 지능형 사물인터넷Artificial Intelligence of Things, AIoT에 대한 관심이 증가하고 있다. 인공지능은 사물인터넷 센서와 디지털기기로부터 수집한 다양하고 방대한 데이터를 사용하여 스마트헬스케어, 스마트홈, 스마트시티, 스마트팩토리, 스마트팜을 가능케 한다.

시장조사기관 IDC에 의하면, 2025년까지 557억 개의 기기가 상호작용을 하며 80제타바이트의 데이터를 생산할 것이다. 또한 인피니언 테크놀로지Infineon Technology의 토마스 로스텍Thomas Rosteck 박사에 의하면, 2022년 현재 초당 127개의 새로운 사물인터넷기기가 탄생하고 있다. 2030년에는 1인당 평균 17개의 스마트기기를 가지게되고, 모두 사물인터넷기기와 연결된다. 사물인터넷기기와의 연결증가는 현실세계와 디지털 세상 간의 격차를 줄이는 역할을 한다. 연결의 품질은 기술표준에 의해 좌우된다.

사물인터넷이 정상적으로 작동하기 위해서는 표준화된 기술을 적용한 센싱-네트워크-미들웨어-애플리케이션 등 4가지 계층을 연결해 주는 플랫폼이 필요하다.[70] 사물인터넷 센서는 공장 내의 모든 움직임을 추적하고 분석하여 작업의 효율성을 높여준다. 기계 고장

표 13 | 사물인터넷 생태계 구성 요인

	세부 내용
구성 계층	센싱, 네트워크, 미들웨어, 애플리케이션(서비스)
핵심기술	5G, 인공지능, 센서, 플랫폼, 무선 네트워크(NFC, RFID, 블루투스, 와이파이)
응용 분야	스마트헬스케어, 스마트홈, 스마트팩토리, 스마트팜, 스마트그리드

이 발생한 경우 이를 자체적으로 진단하고 수리한다. 사물인터넷 플랫폼은 의미 면에서 다른 디지털 플랫폼과 마찬가지로 양면 시장이며, 이용자가 많을수록 경쟁력이 강화된다. 따라서 사물인터넷 플랫폼 개발업체는 개방형으로 플랫폼을 운영하여 외부 개발자들에게 플랫폼과 연결된 다양한 디바이스와 앱을 공유하고 자체적인 이벤트와 룰Rule 처리가 가능한 애플리케이션을 개발한다.

■ 초공간 서비스를 제공하는 사물인터넷 ■

사물인터넷 경쟁력의 또 다른 요소는 지구촌 어디서나 인터넷망에 접속이 가능한 초공간 기술을 실현하는 것이다. 스타링크Starlink는 초공간 인터넷 서비스 프로젝트다. 저궤도위성 1만 2천 개를 쏘아 지구촌 전역에 초고속 인터넷 서비스 제공을 목표로 한다. 2030년에는 커넥티드 머신connected machines 수가 500억 개로 전 세계 인구 85억 명을 초과할 것으로 예상된다. 퀄컴 보고서에 의하면, 2025년에는 데이터의 64%가 사물인터넷을 통해 생산된다. 이 정도면 데이터가 없어서 뭔가 할 수 없다는 말은 그야말로 어불성설이다.

사물인터넷은 5G, 인공지능, XR 등 디지털 기술과 융합하여 헬스케어, 로봇공학, 모빌리티 분야로 적용이 확장되고 있다. 의료·보건 분야의 원격진료, 전력 분야의 스마트그리드, 교통 분야의 커넥티드카, 그리고 농업 분야의 스마트팜이 그 사례. 특히 스마트팜은 사물인터넷이 저기술 노동집약산업을 부가가치가 높은 산업으로 변화시킬 수 있음을 보여준다. 사물인터넷을 활용한 제조 분야의 스마트팩토리는 독일에서 생산성을 30% 이상 향상시켰다는 보고가 있다. 사물인터넷으로 생산공정과 공급망 흐름을 실시간 시각적으로 확인하여 물리적 한계를 초월한 통합 관리를 통해 비용 절감과 효율성을 동시에 높일 수 있다. 데이터를 기반으로 공장의 자원과 작업 과정을 최적화해 유휴자원을 줄이고 가용성을 높일 수 있기 때문이다.

구글 패스트 페어Fast Pair는 애플의 아이폰-에어팟-애플워치-맥북-애플TV를 연결하는 애플 생태계에 대항하기 위해 탄생했다. 패스트 페어는 크롬북-구글TV-구글홈까지 모든 IT기기를 안드로이드 기반으로 연결하는 것을 목표로 한다. BMW와의 협업으로 자동차 문을 여닫는 데까지 진화했다. 구글 생태계는 픽셀폰-픽셀북-픽셀슬레이트(태블릿)-핏비트(워치)의 자체 생산라인을 갖춤으로써 완성도가 한층 높아졌다. 이처럼 사물인터넷의 적용 분야는 스마트홈, 스마트시티, 자율주행차 등 무궁무진하다. 사물인터넷 산업은 성장 초기 단계로 시장을 대표할 만한 상품이 아직 없지만, 성공 사례 창출을 위해 제품과 서비스 간 호환을 보장하는 하드웨어와 소프트웨어의 통신 규격 합의가 필요하다.

우리나라는 ICT 기술이 우수하고 변화 수용성도 높아 사물인터넷

산업화에 적합하다는 평가를 받고 있다. 기술적인 측면에서 센서, 네트워크, 서버 그리고 이들을 묶어주는 플랫폼 등 다양한 기술들을 융합하여 질 좋은 서비스를 제공한다. 특히 플랫폼 기술은 인공지능의 전기인 데이터를 수집하는 통로 역할을 하여 많은 기업들의 기술 경쟁이 심화되고 있다. 애플 홈킷, 구글홈, 아마존 에코 등 미국 빅테크가 이미 시장의 지배자로 성장했다. 이들은 개방형 홈 사물인터넷 통신표준인 '매터Matter'를 개발하여 플랫폼에 상관없이 스마트기기를 연결하고 작동시킬 수 있는 환경 조성을 서두르고 있다. 우리나라는 삼성, LG, 코웨이 등이 매터 실증 사업에 참여 중이다.

표준 플랫폼 언어 개발도 향후 애플리케이션과 콘텐츠 산업의 성장을 가져올 것으로 기대된다. 스마트시티, 스마트홈, 스마트헬스케어 등 사물인터넷 기반 시장에 진출할 수 있도록 스토리지, 입출력 장치, 사용자 인터페이스, 모바일 웹 등의 기능을 확장하는 응용프로그래밍인터페이스API 개발 지원이 필요한 시점이다.

| 글로벌 시장 표준을 선점하라 |

■ 표준 선점을 위한 표준전쟁 ■

OECD 보고서에 따르면 글로벌 무역의 80%가 표준의 영향을 받는다. 코로나19의 영향으로 비대면 경제가 활성화되고 디지털 기술과 어우러져 디지털 전환이 빠르게 진행되고 있다. 우리 정부도 디지털 시대에 맞는 지속성장을 담보하기 위해 '디지털 뉴딜 2.0' 정책을 수행하고 있다. 글로벌 시장에서 경쟁력을 확보하려면 디지털 기술 혁신뿐만 아니라 ICT 표준 경쟁력 확보가 무엇보다 중요하다. ICT 표준은 제품과 서비스의 상호 운용성을 확보하여 ICT 시스템, 단말, 서비스 간 정보 교환과 처리 등의 통신을 가능케 하는 규격이다. 표준은 기획 → 연구개발 → 표준 개발 → 표준 인증→ 상용화 과정을 거치며 세계시장 선점의 전략적 도구로 활용된다. 국제표준은 국제 교역의 표준을 제공하여 무역장벽을 제거하고 교역을 촉진하는 역할뿐만 아니라 소비자 편익을 제공한다.

자율주행차를 예로 들어보면 완성차업체뿐만 아니라 자율주행 시스템, 자율주행 도로, 통신 인프라, 교통 시스템, 반도체, 배터리, 부품 및 인테리어 등 무수히 많은 기술과 관련 산업이 가치사슬을 형성한다. 가치사슬에는 많은 시간, 인력, 기술, 자본이 투자된다. 최근에는 삼성, LG, 소니 등 가전기업도 경쟁에 참여하고 있다. 그리고 데이터, 콘텐츠, 사이버보안, 인공지능까지 표준 논쟁이 확대되고 있다. 표준 논쟁은 기술의 진보와 비용 절감도 가져오지만, 생태계에 참여한 모든 기업과 인력의 미래가 달려 있는 총성 없는 전쟁이기도 하다.

표 14에서 보듯이 글로벌 경제는 디지털 시대로 진입하면서 5G, 사물인터넷, 인공지능, VR·AR 등 부가가치 창출이 가능한 분야에서 표준을 선점하기 위해 각기 다른 방법으로 표준전쟁을 가속화하고 있다. 표준전쟁에서 승리하기 위해서는 우수한 기술뿐만 아니라 표준화 전문가, 표준화 국제기구와 국가별 ICT 정책에 대한 이해가 있어야 한다. 법적인de-jure 표준화 국제기구인 국제표준화기구ISO, 국제전기통신연합ITU, 국제전기표준회의IEC뿐만 아니라, 국가별 표준화

표 14 | 국가별 ICT 표준화정책

국가	전략 및 주요 정책
미국	· 민간 중심의 표준화 · 정부는 표준화 촉진 제도를 통해 산업체의 표준화 활동 지원 · 퀄컴, 인텔, 구글 등이 사실상 표준화 기구를 주도하고 있으며, 오픈소스 전략으로 표준 특허 확보 및 글로벌 시장 지배
EU	· 전략적으로 표준화 활동 지원(민관협력) · 연구개발과 표준 연계, 조달 규격으로 사실상 표준화 기구의 표준 활용 및 중소기업의 표준화 참여 보장 강조 · EU 차원의 연간 표준화 작업 계획에 의거, 정책 지원이 필요한 분야의 선정 지원
일본	· 정부 차원의 국제표준화전략 수립 · 경제부흥과 사회 혁신을 위한 표준화 추진 · 통신사업자는 정부와의 협력을 통해 톱다운 방식으로 표준화 국제기구 및 사실상 표준화 기구 활동에 참여
중국	· 정부 주도로 공식 표준화 기구에 영향력 확대 · 자국 기업의 표준화 국제기구 기구 참여 및 의장단 진출을 독려하여 국제표준 설정에 영향력 행사 · 화웨이, 알리바바 등은 자사 기술의 국제표준화를 위해 해외 기업과 글로벌 포럼 활동 주도

출처: 〈ICT 표준화전략맵〉 Ver. 2022, 한국정보통신기술협회, 2021

기구인 유럽전기통신표준협회ETSI, 미국통신산업협회TIA, 중국통신
표준화협회CCAS, 일본정보통신기술위원회TTC 등의 활동에 주목해야
한다. 한편, 특정 기술 분야에 대해서는 사실상de-facto 표준화 국제기
구가 규격을 승인하는데 전파 분야의 3GPP, 전기전자학회IEEE, 세계
이동통신사업자연합회GSMA, 와이파이 얼라이언스 등이 그 예다.

▪ 표준 시장에서 커지는 중국의 영향력 ▪

우리나라는 범부처 합동으로 '국가표준기본계획'을 5년 단위로 수립하고 있으며, 지난해 제5차 계획(2021-2025년)을 수립했다. 한국정보통신기술협회는 2002년부터 매년 〈ICT 표준화전략맵〉을 개발하고 있다. 2022년에는 디지털 뉴딜 2.0 견인에 필요한 20개 ICT 중점 기술을 선정했는데 여기에는 5G, 인공지능, 사물인터넷, 블록체인, 메타버스, 스마트시티, 스마트팩토리, 스마트팜, 스마트모빌리티 등이 포함된다. 최근에는 인권, 환경, 산업안전 등 지속가능한 성장에 대한 관심이 증가하면서, 이른바 자발적 지속가능성 표준Voluntary Sustainability Standards, VSS이 글로벌 무역에 미치는 영향도 증가하고 있다. VSS가 규정하는 공정을 준수하지 않은 제품은 글로벌 공급망에서 제외될 정도의 영향력이 있다. 특히 선진국 농축산물, 수산물, 광물의 경우 90% 이상이 VSS의 영향을 받고 있다.[71]

글로벌 표준 시장에서 중국의 부상은 그동안 표준을 선도해 온 미국과 서방 국가에게 위협적으로 다가온다. ITU, IEC 등 표준화 국제 기구에서 중국의 비중이 커지고 있으며 5G, 인공지능, 위성항법장치 GPS 등에서는 이미 미국을 앞섰다는 평가가 지배적이다. 일대일로 전략에 따라 서남아시아와 북아프리카 지역에서는 이미 중국 기술이 주도권을 확보했다. 중국은 '중국표준 2035'를 통해 자율주행차, 스마트시티, 사물인터넷 등 차세대 기술에 중국 기술을 표준으로 하겠다는 계획을 추진 중이다. 글로벌 표준 시장이 미국과 중국으로 양분되고 있다. 어느 편에 서서 표준과 상품을 개발할 것인가의 문제가 고민스러운 때다.

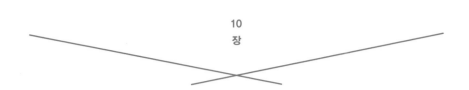

디지털 경쟁력이 국가경쟁력이다

| EU의 신산업전략과 디지털 주권 강화 |

■ 주도권 확보를 위한 디지털 컴퍼스 ■

2020년 3월 발생한 코로나19 팬데믹은 EU의 디지털정책에 상당한 변화를 불러왔다. 2021년 2월까지 1년간 팬데믹을 경험하면서 디지털 기술이 경제와 사회 전반에 필요 불가결한 요소라는 인식이 확산되었다. 디지털화 지수가 코로나19 이전 59%에서 71%로 상승했고, 소비자 수용도 역시 81%에서 94%로 높아졌다. 디지털 기술을 기반으로 업무, 교육, 엔터테인먼트, 쇼핑, 헬스케어 활동을 지속하는 긍정적인 측면의 이면에는 국경 봉쇄로 인한 EU 단일시장의 취약성, 역외 기술 의존성, 디지털 소외계층 등 여러 부정적 문제도 대두되었다.

이와 같은 환경 변화를 수용하고 디지털 주권을 확보하기 위해 EU 집행위원회는 2021년 3월 〈디지털 컴퍼스Digital Compass〉를 발표했다. 디지털 컴퍼스는 EU가 2030년까지 달성하려는 디지털 비전으로서 주요 목표와 실행방안을 담고 있다. 이 비전은 디지털 경제와 사회의 지속성장을 위해 디지털 생태계의 안전과 탄력성을 보장하고, 시민과 기업에게 더 많은 권한을 부여하는 것을 골자로 한다. 디지털 컴퍼스는 4개의 축으로 구성되어 있는데, 처음 2개는 인프라와 교육 관련 디지털 역량 강화에 관한 사항이고, 나머지 2개는 비즈니스와 공공 서비스의 디지털 전환에 관한 사항이다. 세부 내용은 다음과 같다.

4개의 축으로 구성된 〈2030 디지털 컴퍼스〉는 EU의 디지털 대전환 청사진을 보여준다. 첫 번째 축인 디지털 인재 육성은 2030년까지 성인 80%의 디지털 역량 함양과 2천만 명의 디지털 전문가 육성을 목표로 한다. 둘째, 지속가능한 디지털 인프라는 EU의 모든 가정에 5G 서비스 제공과 6G 연구 착수, 에지·클라우드·양자 컴퓨팅 역량 강화를 목표로 한다. 셋째, 비즈니스 디지털 전환은 전체 기업 75%의 클라우드 기반 빅데이터와 인공지능 사용, 그리고 중소기업 90%의 기초 디지털 역량 확보가 중점 지원 분야다. 마지막으로 공공 서비스의 디지털화는 주요 공공 서비스의 100% 온라인 제공, 모든 시민의 전자의료기록 접근 권한 부여와 디지털 ID 사용을 목표로 한다.[72]

EU집행위원회는 2021년 9월 〈2030 디지털 컴퍼스〉의 실행계획인 '디지털 10년 경로Path to the Digital Decade'를 발표했다. 이 실행계획은 EU 수준의 디지털 목표 달성 및 모니터링 방안과 대내외 협력 방안을 담고 있다. 모니터링은 디지털 경제사회지수Digital Economy and Society Index를 기반으로 연결성, 인터넷 사용, 인적자본, 디지털 활용, 공공 서비스 등 5개 지표를 대상으로 한다. EU 차원의 목표를 설정하고 회원국과 협의하여 국가별 목표를 대상으로 권고사항을 포함한 보고서를 매년 발간한다. 이와 같은 실행계획을 통해 EU는 상호 연결된 세상을 구축하고 지속가능한 번영과 디지털 미래의 주도권을 확보하기 위해 노력하고 있다.

■ 개별 국가와의 디지털 협력 확대 ■

EU 디지털정책의 큰 방향 중 하나는 디지털 취약 지역인 동구권 EU 협력국에 대한 디지털 역량 강화다. EU포디지털 이니셔티브EU4Digital Initiative로 명명된 이 프로젝트는 유럽 국가 간 디지털 균형을 추구함으로써 EU 디지털 단일시장을 실현하고, 디지털 경제와 디지털 사회를 구축하여 경제성장과 일자리 창출을 도모하며, 삶의 질을 높이고자 한다. 아르메니아, 아제르바이잔, 벨라루스, 몰도바, 우크라이나 등 EU 가입을 추진하는 동구권 5개 국가를 대상으로 한다. 현재 진행 중인 주요 프로젝트는 표 15와 같다.

EU의 디지털 전략은 새로운 제품과 서비스, 비즈니스 모델을 창출하고, 나아가 생산-소비-폐기로 이어지던 기존의 선형적 모델을 새로운 순환 경제 모델로 전환하는 것을 목표로 한다. 목표 달성을 위한 세부 전략은 글로벌 경쟁력 강화, 녹색 전환, 디지털 전환 촉진이다. 유럽 신산업전략은 디지털 전환의 필요성을 다음과 같이 서술하고 있다.

디지털 기술은 산업의 면모와 일하는 방식을 변화시키고 새로운 비즈니스 모델을 만들어 산업 생산성을 높인다. 근로자의 능력을 향상시키며 경제의 탈탄소화를 지원하여 유러피언 그린딜European Green Deal에 기여한다.[73] 이러한 디지털 기술 향상을 위해 인공지능, 5G, 빅데이터에 대한 투자를 확대할 계획이다. 디지털 기술의 경쟁력 확보는 유럽 디지털 미래전략Strategy on Shaping Europe's Digital Future이 추구하는 디지털 주권 강화와 글로벌 시장 리더십 확보, 그리고 단일 디지털 시장 강화를 촉진할 것으로 기대된다.

이와 같은 미래전략 달성을 위해 EU는 자체의 디지털 기반 확충뿐만 아니라 표 15와 같이 범유럽 차원에서 디지털 역량을 강화하기 위

표 15 | 동구권 EU 파트너에 대한 디지털 전환 지원

	주요 내용
인프라 구축	민간, 기업, 공공 분야의 범유럽 온라인 서비스 장애 해소를 목적으로 6개 분야 지원 → 로밍 요금 등 통신 법규 통일, e서비스 확대를 위한 보안 구축, e커머스 확대, ICT 연구개발 지원, e헬스 플랫폼 구축, 디지털 인력 양성
연구개발과 교육 협력	디지털 역량 격차를 해소하기 위해 연구개발과 교육 협력을 목적으로 4개 사항 지원 → 광대역통신망 구축, 공동 사업 추진을 위한 서비스 제공, 연구 및 교육에 대한 접근성 보장, 지식과 경험 공유 시스템 구축
사이버보안	사이버 공격에 대응하기 위한 기술개발과 상호협력을 목적으로 3개 프로젝트 추진 → 사이버보안 관련 법률 정비 및 시민교육, 중요 정보 자산 보호, 사이버 공격에 대비한 협력체계 구축
광대역통신망 구축	EU 전략에 상응하는 광대역통신망 구축을 목적으로 하며, 4대 사업 추진을 통해 e서비스와 GDP 증가 기여 → EU와 광대역통신망 GAP 연구 실시, 광대역통신망 맵핑, EU의 통신망 구축 경험 공유, 통신망 구축을 위한 프로그램 개발

출처: EU4Digital Initiative

한 지원 사업을 전개하고 있다. EU가 추구하는 가치는 디지털로 EU는 물론 모든 유럽을 하나의 시장으로 연결하여 더 많은 경제적·사회적 발전을 일으키는 것이다. 실제로 디지털화는 기업의 소재지와 상관없이 혁신을 통해 새로운 비즈니스 기회를 제공하고 글로벌 시장 진출 기회를 열어주고 있다.

| 기술패권을 유지하기 위한 미국의 동맹국 소집 |

■ 중국의 인공지능 기술 성장에 대한 견제 ■

2021년 3월, 구글의 전 CEO 에릭 슈미트Eric Schmidt가 이끄는 미국 인공지능국가안보위원회National Security Commission on Artificial Intelligence, NSCAI 보고서는 인공지능이 군사 및 범죄 목적으로 잘못 사용되는 것을 크게 우려하면서 미국이 추구하는 자유 개방사회를 보호하기 위한 다양한 정책의 도입 필요성을 제안했다.

먼저 법률 정비를 통해 데이터 보호 체계를 강화하고 외국인 투자 스크리닝, 글로벌 공급망 관리 강화를 주문했다. 미래전략 차원에서 디지털 인력 양성, 인공지능 모델 도입, 투자 확대와 2025년까지 인공지능 통합을 요구했다. 그리고 기술패권을 유지하기 위해 동맹국과의 양자 또는 다자 협력을 강조했다. 미국은 인공지능이 세상을 변화시킬 것이라고 확신하고 그 변화에서 미국이 주도권을 잡아야 한다고 생각한다. 그것은 인공지능이 국민의 자유를 지키고 인류에게 긍정적인 혜택을 준다는 믿음 때문이다. 실제로 인공지능은 팬데믹과 기후변화 대응에 유효한 기술로 인식되고 있다.

2021년 7월 워싱톤에서 개최된 글로벌 이머징 테크놀로지 서밋 Global Emerging Technology Summit에서 토니 블링컨Tony Blinken 국무장관은 중국의 인공지능 기술 발전 속도에 크게 우려를 표명하며 인공지능 기술개발과 동맹국 협력을 강조했다. 미국의 전략은 수출 금지, 기술개발, 동맹 형성 등 크게 3가지다. 이미 2019년 5월에 미국은 IT 기술 유출 우려가 있는 타국 기업과의 거래를 전면 제한하는 행정명령[74]을 발표했다. 이 행정명령은 중국의 화웨이와 68개 자회사를 대상으로 한 것인데, 인공지능 공룡으로 부상하는 화웨이의 성장을 억제하겠다는 속내를 드러냈다. 구글, 마이크로소프트, 인텔, 퀄컴, 브로드컴 등 미국 빅테크 기업과 화웨이의 모든 계약이 중단되었다. 또한 SD협회, 와이파이 얼라이언스, 국제반도체표준협의기구JEDEC 등 기술표준을 정하는 국제기구에서 화웨이의 회원 자격을 박탈하여 고립화를 시도했다.

이와 같은 대중국 제재는 바이든 정부에서도 지속되고 있다. 코로나19로 인한 의료 장비 부족과 반도체 수급 불균형 등 공급망 문제를 해결하기 위해 공급망 행정명령을 발동하여 반도체, 배터리, 희토류, 의약품 등에 대한 전략 강화를 시작했다.

■ 동맹국과의 연합 확대 ■

미국은 중국의 기술패권을 억제하고 핵심 소재부품에 대한 공급망 확보를 위해 기술개발과 동맹국과의 연합을 추진하고 있다. 법적근거를 마련하기 위해 2021년 6월 미국혁신경쟁법US Innovation and

Competition Act, USICA을 제정했다. 이 법은 그동안 개별적으로 추진된 대중국 관련 정책을 통합하고 반도체, 배터리, 5G, 인공지능, 로봇공학, 양자컴퓨터, 우주개발, 줄기세포 등의 핵심 기술개발 및 투자 계획을 담고 있다.

과거의 동맹 형성은 지정학적 관계가 중요한 변수였지만, 최근에는 기술적인 관계가 중요하다. 자국이 필요한 기술, 소재, 부품을 가지고 있어야 동맹이 될 수 있다. 미국은 기술 중심의 동맹을 형성하고자 했다. 2021년 4월 일본과의 정상회담에서 5G, 반도체 공동 협력을 약속했고, 2021년 5월 한국과는 반도체, 배터리, 바이오 등 첨단 제품의 공급망 구축을 약속했다. 2021년 6월에는 G7 회의에 한국, 인도, 호주, 남아공을 초청하여 동맹국 연합전략을 발표했다. 이 자리에서 첨단기술 표준에 관한 정책을 협의하기 위해 '미국과 EU 간 무역 및 기술 협의회TCC'가 출범했다.

표 16 | 미국의 기술동맹 추진 현황

품목	동맹 국가
인공지능	이스라엘, 인도, 캐나다, 영국
반도체	대만, 일본, 한국
반도체 장비	네덜란드, 일본
바이오	EU, 이스라엘, 싱가포르, 한국
5G, 6G	호주, 일본, 인도, 한국

출처: CSET; CSIS; KOTRA 북미지역본부, 〈2022 북미 진출전략〉, KOTRA, 2021

또한 중국에 대항하기 위해 G7과 한국, 호주, 인도 등 민주 진영의 기술 선진국 10개국(T10)을 중심으로 동맹을 형성하고 전략기술에 대한 수출통제와 표준 개발을 동시에 추진하고 있다. 그리고 2022년 5월, 바이든 대통령은 한국과 일본 방문으로 미국 우선주의에 의거 인도 태평양경제프레임워크IPEF를 통한 미국 중심의 반도체, 배터리 등 전략자산에 대한 공급망 구축을 구체화했다.

■ 미국과 중국의 디지털 기술 디커플링 심화 ■

미국 정치권은 미래 기술 경쟁에서 승리하는 자가 세계경제를 지배하며, 이는 외교와 국가안보에 직결된다는 것을 인식하고 초당적인 법안을 추진한다. 미국이 기술패권을 유지하는 이유는 기술개발을 즐기고 열정을 투자하는 사람이 있기 때문이다. 테슬라 CEO 일론 머스크는 "성공하기 위해서는 매주 100시간씩 일해야 한다. 그리고 포기하지 말아야 한다"고 말했다.

중국에 대한 미국의 기술 제재 동참 요구에 국내외 반응이 엇갈린다. 먼저 내부적으로 2018년 시작된 미중 무역분쟁은 중국 시장에 의존도가 높은 퀄컴, 텍사스 인스트루먼트 같은 반도체 기술 기업의 매출 감소와 피로감을 증가시키고 있다. 일각에서는 수출제한 품목의 축소를 요구하고 있다. 외적으로는 동맹국인 일본, 호주, 한국 등이 중국에 대한 의존도가 높은 상황에서 단순히 미국의 기술패권 유지를 위해 동맹국의 희생을 요구하는 것이 쉽지 않다. 특히 자체적인 시장이 형성되어 있는 유럽에서는 자본주의 국가의 전형인 미국이 자유시장 질서를 저해하는 것에 반대하고 있으며, 또한 양국 간 패권전쟁에 유럽이 휘말려 드는 것에 우려를 표명하고 있다. 한편으론, 미국 정부도 기술개발을 위해서는 보조금 지급이 필요한데, 이는 미국이 보조금을 불공정무역의 전형으로 지적해 온 것과 정면 배치되는 조치다.

한국은 반도체 기술과 생산능력으로 미국과 중국 양쪽으로부터 '러브콜'을 받고 있지만, 이제 포스트 반도체를 생각해 볼 시점이다. 장기적인 관점에서 보면, 미국의 자체 기술개발과 공급망 확보는 우리 경제에 부정적인 영향을 미칠 수 있다. 최근 러시아의 우크라이나 침공에 대한 미국의 해외직접생산규칙FDPR을 통한 조치처럼 한국이 동맹에서 배제되었을 때를 미리 가정해 봐야 한다.

코로나19 이후 미중 양국의 디지털 기술 디커플링이 심화되고 있다. 인공지능을 이용한 킬러 로봇 개발처럼 상대를 이기기 위한 분야로 치달아 모두가 멸망하는 상황으로 발전할 가능성도 있다. 동시에 킬러 기술을 보유하고 있지 못하면 언제든지 글로벌 공급망에서 배제될 수도 있다. 산업 부품보다 혁신기술의 디커플링은 오래 지속된다. 혁신기술에 투자해야 하는 이유다.

| 세계 최고의 인공지능 기술로 미국을 위협하는 중국 |

■ 선성장 후규제 정책 ■

중국은 메이드 인 차이나의 한계를 극복하고 글로벌 기술패권 경쟁을 위해 2013년을 기점으로 이른바 기술굴기(기술 도약)를 시작했다.

중국은 정책의 연속성과 거대한 시장을 통해 경쟁국보다 빠른 기술 발전을 이루었다. 저렴한 상품과 서비스로 기존 시장을 잠식해 가는 파괴적 혁신을 지속하기 위해 물리적 기술(연구개발 인력)과 사회적 기술(제도 개혁, 규제 혁파)을 병행해 확장해 나가고 있다. 중국은 선성장 후 규제 개선정책을 추진해 왔는데 고도성장으로 시장에 문제가 나타나기 시작하자 지금은 제도 개혁, 즉 규제 샌드박스를 추진하고 있다.

중국의 기술굴기는 전통 산업이 아닌 미래 산업을 목표로 한다. 즉, 디지털 기술에 집중한다. 그중 인공지능이 대표적이다. 인공지능은 데이터와 슈퍼컴퓨터를 기반으로 하는데, 두 가지 모두 많은 부분에서 미국을 능가한다. 미국이 다양한 기초기술과 응용기술을 필요로 하는 인간 인공지능, 즉 휴머노이드에 강점을 보이는 반면, 중국은 응용기술 중심의 기술 인공지능을 우선시한다. 또한 미국은 원천기술을 바탕으로 지속적인 혁신을 추구하지만, 중국은 응용기술 중심의 파괴적인 혁신을 추구한다. 일별 매출을 기반으로 한 요일별 상품 개발, 안면인식기술을 이용한 범죄자 식별, 무인 인공지능 진료소 운영 등이 그러한 파괴적 혁신의 사례다. 인공지능을 통해 중국은 방역 선진국이 되었다. 스마트글라스로 체온은 물론 신분 확인까지 한번에 할 수 있다. 전국에 3억 대가 넘는 CCTV로 확진자의 동선 파악이 가능하다. 데이터 분야에서 중국 정부가 경쟁력 향상을 위해 중국 내 수집 데이터의 외부 방출을 금지하고 데이터의 국유화를 추진하면서 논란이 심화되고 있다.[75]

이와 같은 기술굴기는 반도체를 제외하고 5G, 6G, 전기자동차, 자율주행차 등 모든 분야에서 추진되고 있다. 중국은 CVCChina Value

Chain를 통해 공급망의 독립화를 추진한다. 즉, 한국을 비롯한 다국적 기업을 가치사슬에서 제거하는 것이다.[76] 기술패권을 확보하기 위한 분쟁은 향후에도 지속될 것이다. 이는 기술이 단지 경제뿐만 아니라 군사와 안보에 영향을 주고 있어 여기서 멈출 수 없기 때문이다. 최근에 부각된 반도체도 미국이 동맹국까지 동원하여 압박하고 있지만 시장과 자본을 가지고 있는 중국으로서는 결코 포기할 수 없는 기술이다.

중국의 기술개발 전략 중 하나는 경쟁국에 대칭형 기업을 육성하는 것이다. 표 17에서 보는 바와 같이 구글에 대응하여 바이두를 육성하고, 아마존에 대응하는 알리바바를 지원하는 식이다. 이 같은 전

표 17 | 미중 주요 기술 생산 및 서비스 기업 비교

	미국 및 동맹국	중국
e커머스	아마존	알리바바, 징둥닷컴
소셜미디어	메타플랫폼스, 유튜브	위챗, 틱톡
OTT 서비스	넷플릭스	아이치이, 요쿠
DRAM 칩	마이크론 테크놀로지	양츠 메모리 테크놀로지
리소그래피 장비	ASML, 캐논	상하이 마이크로 일렉트로닉스
이온주입 공정 장비	어플라이드 머티리얼즈, 액셀리스 테크놀로지스	킹스톤 세미컨덕터
에칭 장비	어플라이드 머티리얼즈, 램리서치	Naura, 어드밴스 마이크로 패브리케이션

출처: 소프트웨어정책연구소; NIKKEI Asia

략은 글로벌 기업의 성장 과정을 학습하는 효과가 있고, 미래에 있을 수 있는 미국의 제재에 효과적으로 대응하는 방법이다. 대칭형 기업 육성전략은 반도체 분야에서 두드러진다. DRAM 칩 생산 기업인 마이크론 테크놀로지에 대응하여 양츠 메모리 테크놀로지를 설립하고, 리소그래피Lithography 장비업체인 ASML에 대응하여 상하이 마이크로 일렉트로닉스를 지원한다.

■ 세계 최고를 지향하는 디지털 기술 ■

중국은 세우고 부수고를 반복하며 성장하는 '시멘트 GDP'에서 벗어나, 세계 최고를 지향하는 기술력을 바탕으로 '부가가치 GDP'를 추구한다. 이를 위해 인공지능, 클라우드, 바이오 등 디지털 기술 중심의 변화에 박차를 가하고 있다. 현재 인공지능 기술은 특허 건수 기준으로 미국의 2배가 넘는다. 5G, 드론, 배터리도 전체 지식재산권의 절반 이상을 중국이 보유하고 있다.[77] 기술개발에 박차를 가하기 위해 자체 인력 양성은 물론 대만, 이스라엘, 한국으로부터 우수 인력 유치에도 적극적이다.

중국은 아편전쟁 패배 이후 선진기술 습득을 위해 적극적으로 해외 유학생을 파견해 왔다. 1900년대 초반까지 유학단은 미국과 일본에 집중되었다. 1949년 내전에서 중화인민공화국이 탄생한 이후에는 소련에 유학생을 파견하여 기술 습득을 지속했다. 1979년 베트남과의 전쟁에서 패배한 이후 다시 미국에 과학기술 유학생을 파견했다. 톈안먼 사태로 우수 학생들이 해외로 빠져나갔지만, 2000년대 초 이들이 귀국하여 스타트업 붐을 조성했다. 이미 중국의 스타트업 기업과 유니콘 기업 수, 투자 금액이 미국에 이어 2위이며 그 간격을 좁혀가고 있다.

앞서 언급한 미국의 인공지능국가안보위원회NSCAI에 의하면, 2030년에 중국의 인공지능 기술이 미국을 앞설 수 있는 것으로 예상되었다. 2019년 이미 중국은 인공지능 경쟁력 평가에서 미국을 제치고 세계 1위를 차지했다. 2021년 리커창 총리가 십년마일검十年磨一劍('십 년을 두고 하나의 칼을 간다'는 말로, 어떤 목적을 위해 때를 기다리며 준비를 철저히 한다는 의미)이라는 말로 인공지능 기술개발 일인자가 되겠다는 의지를 굳혔다. 미국의 GAFAM을 중국의 BATH가 추격하고 있다. 카피캣copycat에서 카피타이거copy tiger로 거듭나고 있는 것이다.

리커창 총리가 주도하는 〈중국제조 2025〉는 제조업의 고도화를 통한 제조 강국을 목표로 한다. 혁신 구동, 품질 우선, 친환경 성장, 구조 최적화, 인재 육성을 핵심으로 독일과 일본 수준의 기술 강국을 목표로 한다. 그림 35에서 보듯이 〈중국제조 2025〉를 통해 첨단화에 성공한다면 한국의 피해가 가장 클 것으로 나타났다. 즉, 전체 산업에서 첨단산업의 비중과 GDP에서 첨단산업의 비중이 클수록 많은 영향을 받는 구조인데, 우리나라는 두 가지 측면 모두에서 가장 수준이 높다. 이는 중국의 산업구조가 우리나라와 상당히 동조화되었다는 것을 의미한다.

중국은 기술혁신에 전력투구 중이다. 세계지식재산권기구WIPO가 발표한 2021년 글로벌 혁신지수GII에서 한국은 5위, 중국은 12위였다. 2020년 대비 한국은 5단계, 중국은 2단계 상승했다. 혁신 클러스터 순위에서도 선전·광저우 클러스터가 도쿄·요코하마에 이어 2위를

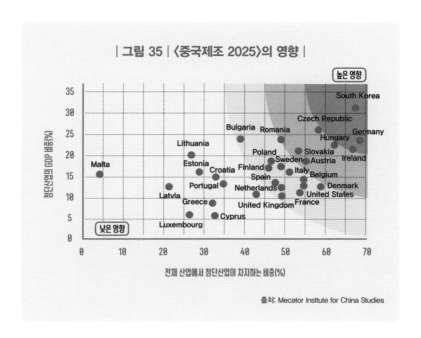

| 그림 35 | 〈중국제조 2025〉의 영향 |

출처: Mecator Insttute for China Studies

기록했다. 베이징과 상하이가 10위권에 포함되어 지역별 경쟁력에서는 한국을 앞선다. 디테일에서도 중국이 경쟁력을 높이고 있다. 중국의 1위 가전 브랜드 하이얼 회장이 냉장고를 해머로 부숴버린 사건은 유명한 일화다. "앞으로 품질에 문제가 있는 제품은 절대 시장에 내놓지 말라."

중국 제품이 가격 중심에서 품질 중심으로 전환하고 있다. 많이 팔겠다는 박리다매 전략을 버리고 전정특신(전문화, 정밀화, 특성화, 참신화)을 키우는 것이다. 미켈란젤로는 "완벽한 것은 사소한 데서 온다. 그러나 완벽 그 자체는 사소한 것이 아니다"라고 말했다. 디테일을 외면하면 신은 악마로 변한다.

| 디지털청을 출범시킨 일본 |

■ 신임 총리, 디지털을 강조하다 ■

2021년 국제경영개발원IMD 세계 디지털 경쟁력 보고서에 따르면, 일본의 경쟁력은 28위이고 중국은 15위다. 중국의 경쟁력은 크게 상승한 반면, 일본은 오히려 후퇴했다. 일본은 보수적인 업무 패턴으로 인해 디지털 기술 도입과 디지털 전환이 더딘 국가다. 한 설문조사에 의하면 43.5%가 필요성을 인지하지 못하고 있으며, 37%는 사내 저항 때문에, 그리고 34.8%는 디지털 인재 부족으로 디지털 전환을 추진하지 못한다고 답했다. 디지털 경제는 매일매일 조금씩 진행되는 개선을 기다리지 못한다. 빠르고 정확하고 혁신적인 변화를 요구한다. 세계 최고를 자랑하던 일본의 장인정신이 디지털 전쟁에서는 오히려 걸림돌이 되었다. 그러나 코로나19 팬데믹은 일본 정부와 기업을 다시 움직였다.

일본 정부는 수직적 업무 관행, 도장 문화 등 아날로그식 행정 시스템의 문제점을 해소하기 위해 2021년 9월 디지털청을 출범시켰다. 일본은 2025년까지 행정절차의 98%를 온라인화하고, 주민번호와 같은 마이넘버My Number 발급, 그리고 행정 데이터 표준화를 목표로 한다. 민간 분야는 2030년까지 5G 서비스 지역을 98%까지 확대하고, 로컬 5G 개발 그리고 7대 공공 분야(의료복지, 교육, 방재, 모빌리티, 농수산업, 항만, 인프라)의 데이터 표준화와 플랫폼 구축을 통한 민간 서비스 연계를 추진한다. 디지털 인재 육성을 위한 콘텐츠 개발과 인재 플랫폼 구축도 장기 과제다. 이와 같은 디지털 전환 기조는 2021년 10월 출

표 18 | 기시다 내각의 주요 경제정책

	세부 내용
경제안보 강화	· 첨단기술 연구개발 및 주요 물자 국산화 추진 · 반도체 등 주요 품목의 안정적 공급망 확보 · 중국 경제와의 디커플링 및 기술 유출 대응 주력
디지털화 가속	· 지방 디지털 인프라(5G, 데이터 센터 등) 보급 확대. · 대학 펀드를 통한 디지털, 인공지능 등 선진기술 투자 및 스타트업 확대
탈탄소화 추진	· 클린 에너지 전략을 통한 탈탄소화 정책 추진 · 2030년까지 이산화탄소 배출량 46% 감소를 위한 소형 원자로 실용화

출처: KOTRA 일본지역본부, 〈2022 일본 진출 전략〉, KOTRA, 2021

범한 기시다 후미오岸田文雄 내각에서도 그대로 이어지고 있다. 표 18을 통해 알 수 있듯이 성장과 분배를 강조한 신임 총리는 성장 측면에서, 특히 경제안보와 디지털화 그리고 탈탄소화를 강조하고 있다.

■ **기술패권을 위한 경제·산업·외교 협력 강화** ■

글로벌 기술패권에 대응하는 일본의 대응 방안은 경제안보, 산업 통상, 외교안보 분야로 구분된다.[78] 먼저 경제안보 분야는 기본적으로 미국과의 협력을 전제로 한다. 2020년 4월 국가안전보장국 내에 경제 팀을 설치하고, 미중 분쟁으로 인한 파급효과에 대비하며, 기술유출 방지와 5G 통신보안 과제에 대응하고 있다. 또한 일본은 미국과 디지털 경제, 신흥 기술, 5G, 반도체 분야의 연구개발 협력을 강화하는 한편, WTO와는 지식재산권 위반 같은 불공정 관행 억제에 협력

키로 했다.

　산업통상 분야는 산업정책과 통상정책을 동시에 추진하여 글로벌 패권에 대응한다. 산업정책은 공급망을 중심으로 기업의 해외 경쟁력을 확보하도록 대기업과 협력을 강화하고, 오픈 이노베이션을 추진한다. 또한 아시아 진출을 위해 데이터를 확보하고 현지 기업과의 공동 연구, 공동 실증을 지원한다. 아시아 디지털 전환 프로젝트는 일본이 가진 경험을 활용해 아시아 기업과 협력하고 지역의 문제해결과 신사업을 창출하는 전략사업이다. 마지막으로 외교안보 분야는 미일안보조약을 바탕으로 중일 관계의 안정을 우선으로 한다. 일본 외교는 FOIPFree and Open Indo-Pacific 추진, 한국 등 주변국 외교, 북한 문제 대응, 지구 규모 과제 대응 등을 중점 분야로 한다.

　일본의 디지털 시장은 사물인터넷, 인공지능, 로봇공학, 5G, 블록체인 등 디지털 기술과 유통(수요예측, 재고관리), 제조(스마트팩토리, 클라우드 관리), 교통(자율주행, 드론 운송), 의료복지(원격진료, 원격교육), 농업(스마트팜) 관련 산업의 발달로 현재보다 3배 이상 성장할 것으로 예상된다.[79] 일본의 적극적인 탈탄소화 및 디지털화는 우리 기업에게 시장 진출 기회를 제공한다. 특히 5G, 스마트 공정, 물류 시스템은 시장기회가 많다. 시장 진출에 성공하기 위해서는 현지화와 협업전략이 필요하다. 현지화는 언어와 콘텐츠의 현지화이며, 협업전략은 대기업 혹은 지자체와의 협력이다.

| 디지털세는 새로운 무역장벽인가? |

■ 디지털세 도입 본격화 ■

글로벌 디지털 기업이 수익이 발생하는 국가가 아닌 법인 소재국에 법인세를 납부함에 따라 적절한 세금을 징수할 수 없는 국가들이 세수 확보를 위해 유럽을 중심으로 디지털세 도입 논의를 시작했다. 그간 빅테크 기업들은 아일랜드, 네덜란드 등 조세회피국에 법인을 설립하고 낮은 법인세를 납부해 왔다. 세수 확보 외에 디지털세 도입의 또 다른 목적은 디지털 경제에 부합하는 공정 과세 실현이다. 과세 제도 미비로 국제적인 평균 실효세율이 제조기업은 23.3%인 데 반해, 디지털 기업은 9.5%에 머물렀다.[80] 이와 같은 불합리를 해결하기 위해 2018년 EU집행위원회는 발생 수익과 발생 국가를 대상으로 과세권 설정을 위한 디지털세 부과 제안서를 상정하면서 디지털세 도입 논의를 본격화했다.

EU는 역내 영업장이 없는 GAFAM 기업의 EU 영업활동에 대한 과세를 결정했다. 2020년 1월 프랑스를 시작으로 이탈리아, 영국, 스페인 등은 다국적기업의 연결재무제표상 매출이 7억 5천만 유로 이상인 ICT 기업을 대상으로 2~7%의 디지털세를 부과 중이다. 이에 대해 미국은 불공정무역으로 판단하고 보복관세를 부과하는 등 충돌이 격화되는 상황에서 OECD의 중재로 합의안이 도출되었다. 지난 2021년 10월 미국과 유럽 5개국의 디지털세 분쟁이 일단락되었다.

2022년 1월 현재 141개국이 참여하여 디지털 경제의 조세 문제를 협의하고 있다. 미국, 영국, 프랑스, 이탈리아, 스페인, 오스트리아는 합의문을 통해 2023년 OECD 차원의 디지털세가 도입될 때까지 현행 세제를 유지하는 데 합의했다. 미국은 유럽에 대한 보복관세를 철회하기로 했다. 단기적으로 유럽은 현행 디지털세를 유지할 수 있어 유럽의 승리로 평가된다.

■ 조세회피 방지대책 도입 본격화 ■

OECD와 G20은 2015년 BEPSBase Erosion & Profit Shifting(과세 감소와 소득 이전을 뜻하는 글로벌 기업의 조세회피 전략) 방지 프로젝트에 대한 보고서를 채택한 후, 2016년부터 모든 관심국이 BEPS 방지 프로젝트에 참여하도록 포괄적 이행체계Inclusive Framework를 구축했다. BEPS 방지는 2가지 유형의 접근법이 있다. 첫 번째 접근법(Pillar 1)은 포괄적 접근이다. 2021년 7월 합의문에 의하면, 과세 대상은 200억 유로 이상의 매출과 10% 이상의 세전이익 발생 기업으로 한다. 과세 대상은 이익률 10%를 초과하는 금액의 20~30%이며, 해당 금액을 매출액이 발생한 국가를 기준으로 배분한다. 세법 시행 7년 후인 2030년부터는 과세 대상을 매출 100억 유로 이상으로 확대한다.

두 번째 접근법(Pillar 2)은 다국적기업의 조세회피지 법인 설립을 제한하기 위해 글로벌 법인세 최저한세 도입이다. 한 국가가 연결매출액 7.5억 유로 이상인 다국적기업에 대해 최저한세인 15% 이하로 부과하는 경우, 타국이 추가적인 과세 권한을 갖는다. 이 협정문은 2023년 발효될 예정이었으나,[81] 미국과 폴란드의 반대로 2024년으로 미뤄질 전망이다. 동 협정문은 디지털세보다 광범위한 기업을 대상으로 한다. 즉 디지털 기술을 이용하는 전자기기, 통신기기, 자동차도

표 19 | OECD/G20 디지털세 합의안

	적용 대상	과세 방법
과세권 배분 (Pillar 1)	연결매출액 200억 유로 및 이익률 10% 이상	통상 이익률 10%를 초과하는 금액의 25%에 대한 과세
최저한세 적용 (Pillar 2)	연결매출액 7.5억 유로 이상의 다국적 기업	법인소득세 15% 이하 부과 시 다른 국가에 추가 과세권 부여

출처: OECD/G20 Inclusive Framework on BEPS, OECD, 2021.9

포함된다. 또한 디지털세를 포함해 기존 국가 간에 부과되는 조세를 조정하여 부과한다.

당장은 우리 기업이 EU의 디지털세 적용을 받을 가능성은 높지 않다. 또한 부과가 되더라도 이중과세방지협정에 의해 기업의 피해는 크지 않다. 하지만 싱가포르, 말레이시아 등 아시아 국가들이 디지털세와 유사한 세금을 부과하는 것에 유의해야 한다. 장기적으로는 조세 또는 비용 축소 중심의 시장 진출전략을 시장성, 인프라 중심으로 전환해야 한다. 국가 차원에서는 디지털세, BEPS 등 글로벌 조세 규정 변화에 맞게 우리의 재무회계 제도를 정비할 필요가 있다. 기존 세수권을 타국에 할애하여 세수가 줄어들 수도 있다. 역으로 국내 진출 글로벌 기업에 대한 세수권 확보를 위한 제도 정비가 필요하다.

■ 빅테크 기업의 불공정 제재 ■

글로벌 빅테크 기업의 불공정에 대한 제재는 독점금지법 위반이라는 형태로도 일어난다. 2018년 유럽은 구글에 독점금지법 위반 혐의로 48억 유로의 과징금을 부과했다. 한국의 공정거래위원회는 2021년 9월 안드로이드 플랫폼 운영 사업자인 구글의 시장 지배적 지위 남용 행위에 대해 2,074억 원의 과징금을 부과했다. 구글이 스마트폰, 스마트TV, 스마트워치 등 스마트기기에 경쟁 OS가 될 수 있는 포크 OS(변형 OS) 탑재를 금지해 온 행위에 대한 제재다. 공정거래위원장은 구글 사건을 다음과 같이 디지털 플랫폼 경쟁으로 정의했다.

> 이번 사건의 핵심 키워드는 플랫폼입니다. 스마트기기 OS는 기기 제조사, 앱 개발자, 소비자를 상호 연결하는 플랫폼입니다. 또한 최근 기기 간에 연결성이 강화되고 모든 기기에서 사용될 수 있는 앱 생태계를 구축하려는 시도가 진행되고 있습니다. 이에 따라 스마트기기 전체를 관통하는 핵심 플랫폼이 되기 위한 주도권 확보 경쟁이 치열하게 전개되고 있습니다.[82]

향후 앱마켓 경쟁 제한, 인앱 결제 강제, 광고 시장 불공정을 추가로 심의할 예정이다. 앱마켓 경쟁 제한은 구글이 앱 개발사들의 게임 서비스를 경쟁사 앱마켓에 출시하지 못하도록 방해하는 것이다. 인앱 결제는 인앱 구매 시 구글의 결제 시스템을 이용하도록 강제하고 수수료를 징수하는 행위로 갤러시 스토어 등 경쟁사의 성장을 방해하는 불공정 행위다. 구글이 데이터 우위를 이용하여 광고 시장에서의 지위를 강화함으로써 여타 광고대행사의 혁신을 저해하는 것이다. 다른 시각에서 보면, 빅테크 기업은 기술 플랫폼을 이용하여 OS

뿐만 아니라 다양한 형태의 앱 사용을 강요할 수 있다. 즉, 포크 OS와 앱의 혁신 및 성장을 저해한다.

| 동맹과의 협력 강화 |

■ 환경 변화에 대한 적극적인 대비 ■

디지털 기술과 코로나19는 디지털 전환을 촉진했다. 팬데믹으로 강화된 비대면 사회는 디지털 기술에 대한 인식을 새롭게 했다. 글로벌 디지털 강국은 대체 불가한 기술을 확보하기 위해 또는 기존 기술을 보호하기 위해 다양한 정책을 추진 중이다. EU는 개별 회원국 차원이 아닌 범유럽 차원의 기술개발과 시장 단일화를 추구하여 지역주의를 한층 강화하고 있다. 디지털세 도입이 대표적인 사례다. 미국은 중국의 디지털 기술패권에 맞서 기존 관행을 깨고 정부가 기술 육성을 지원하고 더 나아가 동맹국의 결집을 요청하고 있다. 일본은 뒤처진 디지털 경쟁력을 확보하기 위해 디지털청을 신설하고 경제, 외교, 안보 차원에서 디지털 전환을 서두르고 있다. 중국은 거대한 시장과 막강한 자본을 바탕으로 디지털 기술을 발전시키고 글로벌 시장에서의 입지를 넓혀가고 있다.

최근의 우크라이나 전쟁에서 보듯이 불확실성이 커지고 있으며 국가별 이해관계에 따라 이합집산이 계속되고 있다. 미국과 유럽, 일본은 동맹을 강화하는 분위기이며, 그동안 동맹관계를 유지하던 중국과 러시아는 같은 편에 서지 못하는 입장을 견지하고 있다. 우리나라

역시 중립적인 태도를 취하다가 러시아로부터는 보복성 언급을 듣고, 미국으로부터는 호주, 일본 등 다른 동맹들과 다소 거리가 멀어지는 상황에 처해지기도 했다. 어제의 동지가 오늘의 적으로 간주되는 상황이 벌어질 뻔했다.

■ 기술동맹의 형성 ■

변동성이 심한 글로벌 역학 관계에서 우리의 디지털 기술전략은 무엇일까? 첫째, 전략기술과 역량으로 승부해야 한다. 전략기술은 국가안보에 핵심적이며 난이도가 높고 산업적 가치가 중요하다. 기술전쟁은 전략기술을 선점하기 위한 전쟁이다. 미국은 압도적 기술 우위를 목표로 인공지능, 반도체, 양자컴퓨팅, 로봇·자동화, 의료·바이오, 데이터 관리 등을 전략기술로 육성하고 있다. 중국은 인공지능, 반도체, 뇌과학, 우주·심해, 신소재, 신에너지 등을 전략기술로 지정하여 일부 미국과 중첩되는 측면이 있지만 좀 더 폭넓은 다양성을 추구하고 있다. 우리나라도 지난 2021년 12월 10대 전략기술(반도체·디스플레이, 2차전지, 사이버보안, 첨단 바이오, 첨단 로봇, 5G·6G, 우주·항공, 양자, 인공지능, 수소)을 지정했다. 인공지능, 반도체, 양자, 첨단 로봇, 우주·항공 등은 미국이나 중국의 전략기술과 중첩된다. 다만 5G·6G, 디스플레이, 수소 등에서 차별성을 확보할 수 있을 것이다. 우리는 전통적으로 기술 응용력 면에서 우수한 능력을 보였다, 전략기술 육성에서도 기술개발이 목적이 아닌 기술 응용에 중점을 두어야 한다. 드릴 개발이 아니라 구멍을 파는 기술을 발전시켜야 한다.

둘째, 기술동맹을 형성해야 한다. 미국의 기술주권 확보전략은 전략기술 관련 제품을 자국에서 생산하거나 동맹국과의 기술동맹을 통해 공급망을 구축하고 중국을 고립시키는 전략이다. 여기서 동맹국은 파이브 아이즈Five Eyes(미국, 영국, 캐나다, 호주, 뉴질랜드), 쿼드QUAD(미국, 일본, 인도, 호주), 오커스AUKUS(미국, 영국, 호주)이며, 우리는 어디에도 포함되어 있지 않다. 중국의 기술주권 전략은 정부 주도의 전략기술 육성과 국제표준에 대한 영향력 행사, 그리고 산업의 디지털 전환과 디지털 자산 보호에 우선순위가 있다. 일본은 쿼드를 통한 미국과의 기술동맹 강화, 미중 분쟁 활용, 글로벌 도전 과제(기후변화, 보건 위기 등) 해결을 위한 연구개발 확대를 주요 목표로 한다.

군사안보, 외교안보, 경제안보 측면을 모두 고려해야 하는 우리가 미국 또는 중국을 일방적인 동맹으로 선택하기는 쉽지 않다. 느슨한 동맹을 형성하더라도 동맹에서 배제되지 않기 위해서는 전략기술을 확보하고 있어야 한다. 단기적으로는 자국산 조달 우대나 우방국과의 국제 협력 등 미국의 정책 방향에 대응하여 재편되는 공급망에서 배제되지 않도록 협상이 필요하다. 기술동맹도 군사, 안보, 경제적인 측면을 적절히 고려해야 한다.

셋째, 디지털세 도입에 대비해야 한다. OECD 주도로 지난 2021년 10월 136개국이 디지털세 징수에 합의했다. 2022년 5월 유로뉴스 Euronews에 의하면, 연결매출액이 200억 유로(약 27조 원) 이상, 영업이익률 10% 이상인 기업을 대상으로 2024년부터 디지털세를 징수한다. 우리의 경우 삼성, SK 등이 해당될 것으로 예상된다. 문제는 이들의 공급망에 속에 있는 기업들이다. 예를 들어, 구글이 디지털세 납부로 인해 영업이익이 줄어든다면 그 일부를 구글 공급망을 구성하는 협력 기업에 전가할 가능성이 있다. 그만큼 중소기업의 이익은 감소할 것이다. OECD의 디지털세 도입 결정으로 향후 각국에서 과세 대상을 확대해 나갈 것으로 예상되기 때문에 결국 많은 기업이 직간접적으로 영향을 받을 것이다. 데이터 중심으로 작업과 업무 효율성을 높여야 하는 이유다.

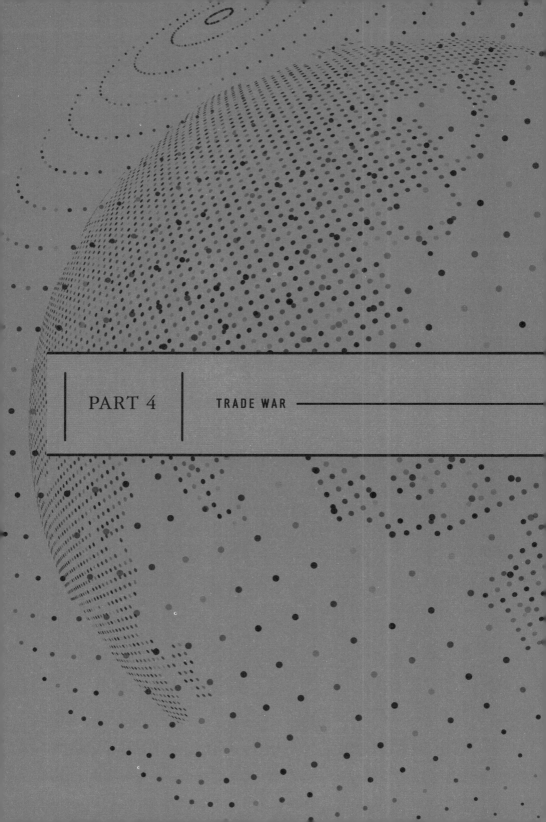

PART 4 | TRADE WAR ——————————

ESG가 만드는 새로운 무역질서

ESG 경영이 주는 기업 측면의 부가적인 이익은 다양하다. 먼저 기업 이미지 개선으로 시장 확대가 가능하다. 저렴한 비용으로 투자 유치도 가능하다. 우수 인재 유치도 가능하다. 실제로 미국 금융 당국은 ESG 경영을 잘하는 기업에게 투자가 집중되도록 금융제도를 바꾸고 있어 향후 투자 지형의 지각변동이 불가피하다.

11장

ESG는 지속성장의 원천이다

| ESG, 기업의 생존전략 |

■ 비재무적 성과를 평가하는 ESG ■

ESG는 영어 단어 Environmental(환경), Social(사회), Governance (지배구조)의 머리글자를 따서 만든 용어다. 지속가능발전을 위해 환경 친화적이고 사회적 책임을 다하며 지배구조의 투명성을 보장하는 경영활동을 요구하는 사회적 규범이다. 기업의 경영과 성장을 지속하기 위해서는 재무적 성과뿐 아니라 비재무적 성과와 리스크도 관리해야 한다는 데에 공감대가 확산되고 있다. ESG는 기존에 자원을 소비해 이윤을 창출하던 기업들이 기업의 사회적 책임Corporate Social

Responsibility, CSR 범위를 넘는 생존전략으로 인식하고 있어 그 중요성이 커지고 있다.

ESG 개념이 전 세계 기업들에게 영향을 미치게 된 계기는 미국 뉴욕에 본사를 둔 세계 최대 자산운용사인 블랙록BlackRock의 CEO 래리 핑크Larry Fink가 투자기업에게 보낸 연례 서한이었다. 2020년에 보낸 편지에서 기후 위기는 투자 위기이며 투자 결정 시 지속가능성에 우선순위를 두겠다고 언급했다.

> 블랙록의 모든 액티브 투자 팀은 ESG 요소들을 고려하고 있으며, 이를 투자 프로세스에 반영하는 방식을 확립한 상황입니다. 2020년 말까지 모든 액티브 포트폴리오와 투자 자문 포트폴리오에 ESG 요소들이 완전히 반영될 것이며……. [83]

2021년에는 기업들에게 2050년까지 넷제로Net Zero[온실가스 배출량과 흡수량이 균형(0)인 상태] 달성 계획을 공개하라고 요청했다. ESG가 기업의 재무적 이익과 직결될 수밖에 없는 중요한 평가기준이 되었음을 의미한다.

ESG라는 용어는 유엔 산하의 자발적 기업·시민 이니셔티브인 유엔글로벌콤팩트UNGC가 2004년 발표한 공개 보고서에서 처음 사용된 것으로 알려져 있다. 그후 2006년 코피 아난Kofi Annan 당시 유엔 사무총장의 주도로 유엔책임투자원칙UN Principles of Responsible Investment, UNPRI을 수립하고, 금융기관이 ESG 요소를 고려하여 투자 의사결정을 하도록 유도하면서 확산되기 시작했다. UNPRI는 투자자들에게 환경과 사회적 책임을 촉진하기 위한 UN 협력기구이며, 자발적인 참여와 목표 설정을 근간으로 현재 100조 달러 수준의 자산을 운영하고 있다.[84]

　UNPRI가 투자자에게 요구하는 6대 책임투자원칙은 다음과 같다. 첫째 투자 분석과 의사결정 과정에 ESG 이슈를 반영한다. 둘째, 적극적 주주로서 주주권 행사정책과 실행에 ESG 이슈를 반영한다. 셋째, 투자 대상 기관이 ESG 이슈를 적절히 공시하도록 한다. 넷째, 금융산업이 이러한 원칙을 수용하고 이행하도록 노력한다. 다섯째, 이 원칙이 효과적으로 이행되도록 상호 협조한다. 여섯째, 이 원칙을 이행하면서 활동 내역과 진행 사항을 성실히 외부에 보고한다. UNPRI는 책임투자원칙의 실천을 통해 경제적 관점에서 효율적이고 지속가능한 글로벌 금융 시스템을 조성하고자 한다.

■ 동일한 목표를 지향하는 ESG와 SDGs ■

　2021년 8월 기준 전 세계 3천여 개 금융기관이 UNPRI에 서명했다. 우리나라는 국민연금, 대신경제연구소, 프락시스캐피털, 브이아이자산운용 등 8개 기업이 UNPRI에 참여하고 있다. ESG에 대한 관심은 다른 국제기구에서도 공통적으로 나타난다. 세계경제포럼WEF은 기업의 이해관계자와 고객과 사회에 대한 지속적인 관심과 가치 창출을 요구하는 '이해관계자 자본주의 측정지표Stakeholder Capitalism Metrics, SCMs'를 2020년에 개발했다. 이보다 앞서 UN은 2015년 지속가능발전을 위한 2030 어젠다의 일환으로 '지속가능발전목표SDGs'를 발표한 바 있다.

이해관계자 자본주의 측정지표는 지속가능발전목표의 기준도 포함하고 있으며, 세계경제포럼은 이해관계자 자본주의 측정지표 보고서 작성이 어려운 기업에게는 이 내용을 지속가능발전목표 보고서에 포함하도록 해서 이해관계자 자본주의 측정지표의 확산을 도모하고 있다. 유엔 지속가능발전목표는 전 세계의 빈곤을 해결하고 지속가능발전을 위해 2030년까지 유엔과 국제사회가 달성해야 하는 것이다. 지속가능한 환경, 사회적 포용, 경제사회 등 3대 분야 17개 목표로 구성되어 있다. 그림 36에 나타난 바와 같이 SDGs는 ESG와 밀접한 상관관계를 가지고 있다.

국내 ESG 규범은 한국기업지배구조원KCGS이 주관하고 있으며, 스튜어드십Stewardship 코드 공유, 모범 규준 제정, ESG 평가 실시 등

| 그림 36 | 유엔 SDGs와 ESG의 상관관계 |

출처: UN SDGs, World Wide Generation

을 주요 업무로 한다. 한국기업지배구조원은 매년 우수 ESG 평가 기업을 발표하는데, 2021년 말 기준 현대, 삼성, LG, SK, 두산 등 대기업을 포함하여 1천 개 이상 회사에 대한 ESG 평가를 실시했다.

실제로 ESG 경영을 추구하는 기업이 재무적 성과도 우수하다는 평가가 있어 흥미롭다. 2019년 MSCIMorgan Stanley Capital International 보고서에 의하면, ESG 관리 수준이 높을수록 기업 고유의 위험과 체계적 위험이 낮아 수익성이 높아지고 가치평가도 성장하는 것으로 나타났다. 펀드 운영 성과를 비교해 보면 ESG 펀드는 다른 전통적인 펀드보다 높은 수익률을 기록했다. 실제로 코로나19 팬데믹이 시작된 2020년 3월 5일 이후 1년간 ESG 펀드는 55% 상승하여 S&P500 상승률 27.1%를 크게 앞질렀다.[85] 펀드 규모도 51조 달러로 2019년 대비 2배 증가했다. 블랙록의 래리 핑크 CEO도 고객에게 보내는 편지에서 "점점 더 많은 투자자들이 지속가능성에 중점을 둔 회사에 투자를 늘리기로 결정함에 따라 우리가 보고 있는 구조적 변화는 더욱 가속화될 것입니다"라고 언급하고 ESG 경영을 강조했다. 실제로 글로벌 연기금들은 무기 제조, 담배 생산·유통, 노동착취 같은 인권침해, 석탄발전 등의 환경파괴, 유엔 제재 위반(이란) 관련 기업들에 대해 투자를 제한하고 있다.

| 환경(E), 지구를 위협하는 기후변화 |

■ 기후변화와 탄소 배출량 감축 ■

ESG 요소 중 인류에 가장 심각한 피해를 주는 것은 환경(E)이다. 2020년 3월 WHO는 코로나19 팬데믹을 선언했다. 1968년 홍콩독감, 2009년 신종플루에 이은 3번째 팬데믹 선언이다. 최초 바이러스가 중국에서 발견된 후 70여 일 만에 전 세계 114개국에서 12만 명이 코로나19에 감염되자 이루어진 조치다. 팬데믹은 인류에게 환경문제에 대한 경각심을 일깨우는 계기가 되었다.

표 20 | 교토의정서와 파리협정 비교

구분	교토의정서(1997.12)	파리협정(2016.11)
적용 대상	기후변화협약 부속서 1의 38개 국가(선진국: 의무, 개도국: 재량)	195개 모든 당사국(선진국과 개도국 미구분)
범위	온실가스 감축에 초점(공동이행제도, 청정개발체제, 배출권거래제)	감축, 적응, 이행 수단(재원, 기술이전, 역량 배양) 포괄
목표	온실가스 배출량 감축(1차: 5.2%, 2차: 18%)	온도 상승 억제 목표(2℃ 이하, 1.5℃ 지향)
목표 설정	하향식, 목표 배정(의무 감축)	상향식, 자체 설정(Nationally Determined Contribution)
의무 준수	징벌적(미달성량의 1.3배 페널티 부과)	비징벌적(비구속적, 동료 압력 효과)
의무 강화	특별한 언급 없음	진전 원칙, 후퇴 금지(5년 단위 이행 점검)
지속성	매번 공약 기간 협상(2020년 종료)	종료 시점 없음

출처: 외교부, 〈파리협정의 의의와 특징〉, 2017

환경문제 중 가장 관심을 끄는 것은 기후변화다. 지구촌 곳곳에서 자연재해가 더 많이 더 심각하게 발생하고 있기 때문이다. 2021년 11월 세계기상기구WMO의 〈2021년 기후 현황 보고서〉에 의하면 2002년 이후 20년간 지구 온도는 1℃가 올라갔다. BBC는 지난 40년간 50℃를 넘는 일수가 지속적으로 증가세를 기록하고 있다고 분석했다. 즉 1980년에서 2009년까지 30년 동안 14일이었으나, 2010년부터 2019년까지 10년 동안 26일을 기록했다. 지구온난화는 열사병, 폐질환, 피부질환, 심장질환뿐만 아니라 가뭄과 산불 피해를 증가시켰다. 실제로 호주에서는 2019년 9월부터 6개월간 1만 5천 건의 산불이 발생하여 한반도 면적과 맞먹는 19만 제곱킬로미터의 산림을 잿더미로 만들었다.

지구 해수면은 사상 최고치로 상승했다. 문제는 해수면 상승 속도가 어느 때보다 빠르다는 것이다. 영국 브리스톨·빙하학센터에 의하면, 2100년에는 해수면이 2미터 상승하여 6억 명 이상이 삶의 터전을 잃게 될 것이라고 한다. 2021년 12월 미국에서는 기록적인 토네이도가 발생했다. 36개의 크고 작은 토네이도가 켄터키주, 아칸소주, 테네시주 등 6개 주를 관통하며 352킬로미터 이상의 거리에 피해를 주었고, 100여 명의 사상자를 발생시켰다. 예전에는 주로 봄철에 평균 1천여 개의 토네이도가 발생하여 100여 명에게 피해를 입혔던 것과 비교하면 이 토네이도는 사상 최대급으로 평가된다.

이러한 초대형 자연재해의 원인은 탄소 배출량 증가에서 기인한다. 기후변화를 유발하는 탄소 배출량을 축소하기 위해 1997년 교토의정서를 채택한 데 이어 2016년 파리협정을 채택했다. 표 20에서 설명한 바와 같이 파리협정의 목표는 지구 온도를 산업화 이전 대비 2°C 이하로 유지하고, 나아가 1.5°C 이하로 낮추는 것을 목표로 한다. 목표 실현을 위해서는 2050년까지 탄소 순배출량을 0으로 하는 탄소중립을 실현해야 한다. 이에 따라 스웨덴, 영국, 프랑스, 덴마크 등 유럽 국가와 중국, 일본 등이 2020년에 탄소중립을 선언했다. 미국은 조 바이든 대통령이 취임 후 2021년 12월 탄소중립 달성을 내용으로 하는 행정명령에 서명했다. 이보다 한 달 앞서 11월 말 영국 글래스고에서 열린 제26차 유엔기후변화협약 당사국총회COP 26에서 105개 국가가 메탄가스 감축 선언에 동참하며 원칙적인 수준의 국제 공조를 이루었다.

■ 탄소중립과 넷제로 ■

탄소중립은 비즈니스 활동에서 발생한 이산화탄소CO_2를 포집하거나 식목 등을 통해 흡수하여 총량 면에서 탄소 발생을 '0'으로 만들겠다는 것이다. 이에 반해 넷제로Net Zero는 이산화탄소뿐만 아니라 주요 온실가스에 해당하는 메탄CH_4, 아산화질소N_2O, 수소불화탄소HFCs, 과불화탄소PFCs, 육불화황SF6 등의 순배출을 제로화시키는 것이다. 따라서 넷제로가 탄소중립보다 더 어려운 개념이지만, 종종 혼용되어 사용되기도 한다.

국가별 탄소 배출량은 중국, 미국, 인도, 러시아, 일본, 이란, 독일, 인도네시아, 한국 순이다. 1인당 배출량은 사우디아라비아, 카자흐스탄, 호주, 미국, 캐나다, 한국, 러시아, 일본 순이다.[86] 우리나라는 탄소 발생이 상대적으로 많은 국가다. 정부가 발표한 2050 탄소중립 시나리오에 의하면 2030년까지 '국가 온실가스 감축목표NDC'는 역사상 탄소 배출이 가장 많았던 2018년 대비 40%다. 다소 무리가 있어 보이는 감축목표를 달성하기 위해서는 연평균 4.17%를 감축해야 한다. 이미 제도가 정착된 미국, 일본, EU보다 높은 도전적인 감축 비율이다.

탄소중립을 실현하기 위해서는 많은 비용이 발생한다. 한국수력원자력은 에너지 부분에서 탈원전정책을 유지하면서 탄소중립을 실현하려면 2050년까지 1,394조 원이 소요되며 고스란히 에너지 가격 인상으로 전가될 수 있다고 지적한다. 제조업의 경우 우리의 주력 산업인 철강, 시멘트, 석유화학, 반도체, 디스플레이 등이 탄소 배출량이 많은 산업으로 분류되어 업계의 부담이 늘어날 전망이다. 기술 측면에서도 '탄소 포집·활용·저장CCUS', '수소환원제철' 등 차세대 기술 적용이 필수적이다. 그런데 CCUS는 응용연구가 진행 중이고, 수소환원제철 기술은 아직 상용화한 나라가 없다. 만약 해당 기술을 적기에 확보하지 못하면 많은 비용을 들여 탄소배출권을 구매해야 한다.

우리나라는 교토의정서 제17조 규정에 의거 온실가스 감축을 위해 2015년 배출권거래제Emission Trading System, ETS를 도입했다. 이에 근거해 매년 평균 탄소 발생량이 12만 5천 톤 이상인 업체 또는 2만 5천 톤 이상인 개별 사업장을 대상으로 탄소배출권을 할당하고 있다. 2021년부터는 전체 배출권의 10%를 유상 할당하여 신기후체제에 대비한 자발적 감축을 유도하고 있다. 한국환경공단에 의하면 2022년 현재 배출권 할당량은 29억 200만 톤이며, 684개 기업에 할당하고 있다.[87]

| 탄소 저감과 경제 활성화를 위한 수소경제 |

■ 수소 청정에너지 ■

탄소 저감을 위해 전기차 수요가 증가하고 있으며 충전 기술도 빠르게 발전하고 있다. 그러나 내연기관의 연료 주유 시간과 비교하면 여전히 충전 시간이 길다. 대안으로 수소가 떠오르고 있다. 수소는 약 3~5분이면 연료탱크를 가득 채울 수 있고, 원자력보다 위험하지 않으며 풍력이나 태양열보다 제한적이지 않다. 인터넷처럼 수소에너지를 자유롭게 공유할 수 있어 전 세계적인 '에너지 민주화'가 가능하다.

수소전기차는 배기구에서 퀴퀴한 배출가스 대신 촉촉한 수분을 내뿜는 친환경 자동차다. 양극에 산소를 흘리고 음극에 수소를 흘리면 전기가 발생하고 부산물로 수증기가 나온다. 수소전기차 1대가 연간 1만 5천 킬로미터를 주행하면 성인 2명이 1년 동안 마시는 미세먼지를 깨

표 21 | 생산방식에 따른 수소의 종류

종류	특성
그레이수소 Grey H_2	· 천연가스를 고온·고압의 수증기와 반응시켜 수소 생산(개질수소) · 정유공장에서 나프타를 분해하는 과정에서 발생하는 수소(부생수소) · 1kg당 이산화탄소가 5~10kg 발생함
블루수소 Blue H_2	· 그레이수소 생산과정에서 발생하는 이산화탄소를 포집·저장하는 방식으로 생산하는 수소
그린수소 Green H_2	· 재생에너지를 이용해 물을 전기분해하여 생산한 수소 · 생산과정에서 이산화탄소 발생이 없음

끗한 공기로 정화할 수 있다. '달리는 공기청정기'로 부르는 이유다.

수소는 다양한 재생에너지를 전기분해하여 대규모로 저장할 수 있다. 전기는 저장할 수 없다는 명제를 깨트린 것이다. 송전 면에서도 수소 파이프라인은 송전선의 8분의 1 비용으로 10배의 에너지를 전송할 수 있다. 무엇보다 철강, 정유, 화학, 비료 등 탄소 저감이 어려운 분야의 탈탄소화를 돕는다.[88] 탄소 저감 대책의 하나로 수소경제가 주목받는 이유다. 표 21의 예시와 같이 수소는 그레이수소, 블루수소, 그린수소로 구분되며, 이산화탄소가 발생하지 않은 그린수소의 생산과 활용을 확대하는 것이 주요 과제다. 수소경제의 범위는 생산−저장−운송−활용의 공급망을 거치기 때문에 시장이 큰 규모로 성장하고 있다. 수소경제는 탄소중립은 물론 에너지 안보와 공급망에 파급 효과가 크다. 이 때문에 많은 국가가 수소산업에 뛰어들고 있다.

■ 39개국이 수소정책 도입 ■

전 세계 93개국이 탄소중립 목표를 채택했으며, 그중 39개국이 수소정책을 도입했다.[89] 전 세계 수소시장 규모는 2020년 1,296억 달러에서 2025년 2,014억 달러로 9.2% 성장할 전망이다. 지역별로는 북미, 유럽, 아시아 순으로 성장 전망이 밝다. 독일은 2020년 '국가수소전략'을 수립하여 에너지 전환을 선도하고, 수소를 경쟁력 있는 산업으로 육성하는 정책을 추진하고 있다. 이러한 전략에 따라 2030년에 필요한 수소 90~110테라와트시Twh 중 13~16%를 자체 생산하는 것을 목표로 한다. 이를 위해 2030년까지 5기가와트Gw 재생에너지를 생산할 계획이다. 생산된 수소는 수소전기차 180만 대, 수소충전소 1천

개 건설을 통해 유통될 전망이다.

미국은 글로벌 2위의 수소 생산 시장이다. 수소 및 연료전지 산업의 장기 비전과 정책 제안을 담은 민간 중심의 '수소경제 로드맵'을 2020년에 발표했다. 100% 자급을 목표로 2030년까지 1,700만 톤의 수소를 생산하기 위해 수전해 설비투자를 확대하고 생산단가도 1킬로그램당 1.26~2.16달러 수준으로 낮출 계획이다. 생산된 수소 유통을 위해 2030년까지 수소전기차 120만 대를 보급하고 충전소 5,800개소를 구축할 계획인데, 이 중 수소전기차 100만 대와 충전소 1천 개소는 캘리포니아주의 민관협력 단체인 '수소연료전지파트너십California Fuel Cell Partnership'이 주도한다.

중국의 수소 생산 규모는 2022년 기준 320억 달러로 글로벌 1위다. 수소산업을 신산업으로 육성하기 위해 〈중국제조 2025〉를 통해 연료전지 기술개발, 수소전기차 산업 육성, 수소에너지 기술개발 등과 관련된 정책과 목표를 제시했다. 2060년 탄소중립 목표에 따라 2050년까지 수요량을 5천만 톤까지 확대하고, 그중 70%는 그린수소로 생산할 예정이다. 중국은 2030년까지 수소전기차 100만 대 보급과 충전소 1천 기 설치가 목표다. 2021년 9월 베이징, 상하이, 광둥성 등 3개 권역을 수소연료전지차 시범 지역으로 지정했다. 시범 지역은 4년간 운영되며 수소연료전지차 응용 확대(전지차 보급, 주행거리 등), 핵심 부품 연구개발(배터리, 분리막 등), 수소 공급(수소 주입량, 탄소 배출량 등) 등을 평가하여 상용화 여부를 결정한다.[90]

우리나라는 2019년 시작된 수소 활성화정책에 따라 수소차, 수소충전소, 수소연료전지 보급이 빠르게 확산되고 있다. 향후 트럭, 화물

차, 지게차 등 수소 모빌리티 현실화로 수소경제가 가시화될 전망이다. 시장이 성장하는 만큼 우리 기업의 해외시장 참여 기회도 확대되고 있다. 독일에는 그린수소 생산 프로젝트가 유망하고 미국은 천연가스를 이용한 개질수소(그레이수소) 생산과 파이프라인 건설 시장이 유망하다. 적극적인 글로벌 프로젝트 참여는 수소 공급망 구축에서 주도권을 확보하고 기후변화 대응과 탄소중립 실현에 긍정적인 영향을 줄 것이다. 해외에서 생산한 재생에너지를 활용, 우리 수전해 기술로 수소를 생산하고 국산 선박으로 운송해 국내 전기발전과 산업에 활용하는 것이 가능하다. 수소 생산, 활용 등 모든 가치사슬과 관련된 재생에너지, 조선, 발전 사업의 부가가치를 창출하고 차세대 친환경 선박 시장 선점이 기대된다.[91]

| 탄소국경세, 새로운 무역장벽이자 기회 |

■ 탄소국경조정제도를 적극 도입하려는 EU와 미국 ■

탄소국경세는 EU가 주도적으로 추진하는 새로운 형태의 무역장벽이다. 기후변화는 지구적 문제이지만 국가마다 환경정책은 상이하다. 이로 인해 EU가 탄소 배출 규제정책을 도입하는 경우, 기업이 규제가 적은 국가로 생산시설을 이전하거나 그런 지역에서 생산된 제품을 수입하는, 이른바 탄소유출carbon leakage이 발생할 수도 있다. 이와 같은 탄소유출 문제를 해결하고 공정한 경쟁환경 조성을 목적으로 탄소국경조정제도Carbon Border Adjustment Mechanism, CBAM를 추진 중이다. 즉 특정 국가에서 탄소 배출량을 축소하기 위해 지출한 비용을 수출기업에게는 지원금 형태로 보전해 주고, 수입기업에게는 부담금을 부과함으로써 지구적인 탄소 배출을 억제하는 효과를 기대한다.

EU는 2030년까지 탄소 배출량을 1990년 수준에 비해 55% 감축하기 위한 법안인 '핏 포 55 패키지Fit for 55 Package'를 2021년 7월에 발표하여 배출권거래제ETS 확대와 탄소국경조정제도의 초안을 마련했다. 2022년 3월 EU이사회가 탄소국경조정제도 도입을 전격 결정했고,

표 22 | 탄소국경조정제도CBAM 개요

	내용
수입 승인	CBAM 당국에 수입 자격 취득 → 수입품목이 철강, 전력, 비료 등 CBAM 적용 대상인 경우 사전 승인 필요
계좌 개설	CBAM 전용계좌 개설 → 지정 등록소에 전용계좌를 개설하고 CBAM 인증서 구매 시 계좌에 등록 → 인증서 구매 가격은 매주 배출권거래제 경매 가격의 평균
CBAM 신고	수입 시 수입 상품에 부과된 탄소 정보를 전용계좌에 기록 → 수입 물량, 온실가스 배출량, CBAM 수량 등
인증서 제출	매년 5월 말까지 전년도 수입 상품에 대한 인증서를 CBAM 당국에 제출 → 원산지에서 지불한 탄소 가격에 대해서는 면제 요청
정산	CBAM 당국은 수입업자가 신고한 CBAM과 제출한 인증서를 토대로 정산 → 수입업자가 CBAM 계좌에 보유하고 있는 인증서를 차감 → 필요 인증서 미제출 시 1CBAM당 전년도 평균가격의 3배 페널티 부과*

* 당초 100유로였지만 개정안에서 전년도 CBAM 평균가격의 3배로 조정함.

출처: EU Taxation and Customs Union

EU집행위와의 합의를 앞두고 있다. 이 법안에 따라 배출권거래제 적용 대상은 철강, 전기, 알루미늄, 화학, 시멘트, 항공에서 육상 및 해상 운송, 건축물 분야까지 확대된다. 탄소국경조정제도에 근거한 탄소국경세는 배출권거래제와 연계하여 2025년부터 역내 수입품에 대해 부과된다. 2023년부터는 온실가스 배출량을 신고해야 한다. 신고 대상 상품은 철강, 전력, 비료, 알루미늄, 시멘트 등 5종이며, 탄소 배출량은 생산과정에서 배출되는 이산화탄소, 아산화질소, 과불화탄소를 대상으로 한다.[92]

2021년 9월에 발표한 탄소국경조정제도 규정 초안은 시행 시기를 2026년으로 하고, 그 대상도 생산과정에서 발생한 직접 배출량으로 규정했다. 그러나 2021년 12월 개정안은 시행 시기를 2025년으로 1년 앞당기고, '내포된 탄소 배출량embedded emissions'의 적용 범위를 간접 배출량과 업스트림 생산upstream products(석유산업의 사업 활동 중 원유의 생산 부문)까지 포함하는 것으로 강화했다. 적용 대상 품목도 유기화합물, 플라스틱 등 4개 종목을 추가했다. 이 제도는 표 22에 설명된 바와 같이, 수입업체의 CBAM 전용계좌 개설이 필수이고, 수입품에 내재된 탄소 1톤당 탄소국경조정제도 인증서 1개를 제출하는 방식이며, 매년 5월 탄소국경조정제도 당국이 정산한다. 이외 핏 포 55 패키지는 2035년부터 내연기관차 판매 금지, 탈플라스틱 추진 및 플라스틱세 도입, 친환경 배터리 표준 수립을 포함한다.

미국은 바이든 대통령이 선거공약으로 '무역을 통한 기후변화 대응'을 명시하면서 탄소국경조정제도 도입의 기반을 마련했다. 2021년 3월 무역대표부USTR가 탄소국경조정제도 도입을 고려 중이라고 명시한 무역정책 의제 보고서를 의회에 제출하면서 논의를 본격화했다. 그리고 2025년부터 탄소국경세라는 이름으로 탄소국경조정제도를 도입할 계획이다.

■ 탄소국경조정제도와 우리의 대응 ■

탄소국경세 도입은 글로벌 무역에 미치는 영향이 매우 크다. 탄소 발생 1위 국가인 중국의 대미 수출이 감소할 것으로 예상된다. 중국뿐만 아니라 한국의 수출도 상당한 영향을 받을 것이다. 그린피스가 2021년 발간한 〈기후변화 규제가 한국 수출에 미치는 영향 분석〉 보고서에 의하면, 수출 금액 기준으로 철강은 10%, 화학은 5%를 탄소국경세로 지불해야 한다.

이처럼 유럽과 미국이 탄소국경조정제도 도입을 서두르는 이유는 그만큼 기후변화가 심각하다는 측면도 있지만, 지구 환경을 해치는 국가가 그 비용을 부담해야 한다는 원칙을 세우려는 것이다. 장기적으로는 국가 단위 규제에서 기업 단위 규제로 확대함으로써 규제가 느슨한 국가로의 생산시설 이전을 차단하는 효과를 유발한다. 또한 탄소배출권 거래시장이 활성화될 전망이다. 탄소 배출을 저감해야 하지만, 이를 달성하지 못하면 단기적으로 탄소배출권을 구매해야 하기 때문이다. 우리 대기업은 매년 수백억 원에 달하는 배출권을 구매해 왔지만, 배출권 매매 가격이 최근 5년 동안 3배 이상 인상되어 탄소 배출을 저감할 수밖에 없는 상황에 직면했다.

탄소국경조정제도는 새로운 무역장벽이다. EU와 미국은 자국 산업을 보호하기 위한 수단으로 이를 강화해 나갈 것이다. 우리나라도 철강, 화학 등 산업별로 탄소중립위원회를 출범시켜 적극적인 대응에 나서고 있다. 이러한 새로운 무역장벽을 극복하는 유일한 방법은 저탄소 제품을 생산하는 것이다. 저탄소 제품으로의 생산 전환은 우리에게 새로운 기회가 될 것이다. 위기 극복은 물론 탄소중립을 실현하는 길이다.

| 사회(S), 기업의 운명을 좌우하는 반부패와 공정성 |

■ 가치 창출과 위기관리 ■

ESG에서 사회(S)는 양면성을 갖고 있다. 하나는 사회적 가치 창출이고, 다른 하나는 사회적 리스크 관리다. 사회적 가치는 경영활동이 사회문제 해결에 기여한 사회적 성과social performance의 총합이며, 여기서 사회문제란 특정 사회에 속하는 구성원 다수가 구조적으로 고통받는 상태를 의미한다. 사회적 리스크는 반부패와 공정성 문제다. 다양성diversity, 형평성equity, 포용성inclusion을 인정하지 않을 때 발생한다. 인종, 성별, 학력, 국적, 종교, 세대, 출신, 빈부 차이로 차별받고, 다름 자체가 존중되지 않는 문화는 사회적 리스크를 유발한다.

2021년 한국 사회는 LG와 SK 계열사, 네이버와 카카오 등 대기업의 성과급 배분 문제로 홍역을 치른 경험이 있다. 또한 유니클로 불매운동은 사회문제가 기업의 경영 성과에 영향을 미친 대표적인 사례다. 문제의 발단은 2019년 7월에 있었던 광고다. 13세 어린이가 98세의 할머니에게 당시엔 어떤 옷을 입었냐고 묻자 할머니는 너무 오래

전 일이라 기억하지 못한다고 답한다. 우리 국민에게는 마치 위안부 문제를 기억하지 못한다는 일본 정치인의 태도와 오버랩되면서 불매운동으로 확산되었다. 그 결과, 유니클로의 매출은 50% 줄고 매장은 195개에서 135개로 30% 축소되었다.[93] 이처럼 기업 경영에 있어 사회적 이슈는 경영 성과를 넘어 기업의 운명을 가르는 중요한 요인이다. 사회적 이슈는 국가와 영업 품목에 따라 상이할 수 있다. 선진국에서는 공정거래, 남녀평등과 같은 공정성 요인에 무게가 실린다. 개도국에서는 빈곤, 노동착취 등 인권 문제가 관심 사항이다.

빅테크 기업의 불공정 행위는 지속적으로 사회문제가 된다. 2022년 1월 《조선일보》는 〈구글이 훔쳐보고 있었다〉라는 제하의 기사에서, 구글이 정당한 방법으로 이익을 확대할 수 있다는 것을 보여주자며 내세운 행동강령인 '사악해지지 말자Don't be Evil'와는 전혀 다른 모습으로 인해 미국 검찰에 고발을 당했다고 보도했다. 또한 나이키의 파키스탄 아동노동 착취 사례는 인권 문제가 기업의 경영을 위태롭게 한 사례. 아이들에게 꿈을 주어야 할 축구공이 아동노동 착취를 통해 만들어졌다는 사실이 알려지면서 불매운동과 주가 하락으로 이어져 글로벌 기업 나이키의 이미지를 크게 손상시켰다.

■ 지속성장을 가능케 하는 사회적 가치 ■

사회적 가치를 중요시하는 기업은 지속성장이 가능하다. 애플은 세계 최초로 시가총액 1조 달러를 달성한 가장 가치 있는 기업으로 평가받고 있다. 가장 일하고 싶은 기업, 지역사회와 함께하는 기업, 혁신을 거듭하는 기업으로 인정받고 있기 때문이다. 애플은 비즈니스 네트워크 서비스인 링크트인Linkedin, 글라스도어Glassdoor 등의 기업평판 조사에서 지속적으로 가장 일하고 싶은 100대 기업에 이름을 올리고 있다. 애플은 직원에 대한 투자가 많다. 대기업임에도 스타트업과 같은 조직문화를 가지고 있으며 혁신적이고 긍정적인 아이디어를 공유한다. 외부 스타트업의 혁신기술 도입에도 적극적이다. 보안기술, 3D기술, 안면인식기술 보유 기업을 적극적으로 인수 합병하여 내적 혁신뿐만 아니라 외부로부터의 혁신을 수혈받는다.

애플은 지역사회와도 함께한다. 공급업체의 혁신을 위한 첨단 제조기술 기금을 조성하고 지원한다. 사회공헌 프로젝트인 프로덕트 레드Product Red를 통해 에이즈와 같은 난치병 환자를 돕는다. 애플의 이러한 사회적 책임 활동은 우수 인력 유치, 지속적 혁신 성장, 충성 고객을 확대하는 선순환구조를 만든다. 애플은 한때 세계 최고의 법인세 납부 기업으로 명성을 올리기도 했다.[94]

글로벌 시대의 사회적 이슈는 국경을 초월해 영향을 미친다. 한 예로, 부실한 안전관리에서 비롯된 쿠팡 물류센터 화재 사고는 회원 탈퇴와 불매운동으로 이어졌다. 영국 《파이낸셜타임스》는 포스코와 쿠팡에서 잇따라 발생한 노동자 사망 사고의 예를 들며 "한국과 외국투자기관들이 ESG 경영의 중요성만 강조할 뿐 위험한 노동환경 개선 요구에는 침묵하는 위선적 태도를 보이고 있다고 있다"고 비판했다.[95] 한편, 해외 대표적인 ESG 투자기업인 블랙록이 추후 인게이지먼트 engagement(주주관여)에 나설 것으로 예상된다.

| ESG와 기업의 사회적 책임CSR은 다르다 |

■ ESG는 의무, CSR은 선택 ■

기업의 사회적 책임은 이를 실현하기 위한 기업의 부가 활동이며 이미지 제고를 목표로 한다. 환경을 파괴하고 인권을 침해하거나 사회에 부정적인 기업 운영에 대한 반성적 고려에서 출발했다. 부가적으로는 기업이 축적한 부의 일부를 사회에 환원하는 개념이다. 이에 비해 ESG는 환경, 사회, 지배구조 등 비재무적 가치를 경영 목표로 설정하고 지속가능경영을 실천한다. 기업의 사회적 책임을 게을리하면 기업의 평판이 나빠지지만, ESG를 게을리하면 투자자들이 주식을 처분하고 소비자가 외면한다. ESG는 지속성장을 가능케 하고 경영 위험을 줄여주는 수단이다. 즉, 기업의 사회적 책임이 선택의 문제라면 ESG는 생존의 문제다.

ESG의 뿌리는 기업의 사회적 책임에서 찾을 수 있다. 세계적인 석

표 23 | ESG와 CSR

	ESG	CSR
관심 영역	친환경, 사회적 가치, 지배구조 개선	사회공헌
추진 방법	투자, 정도경영, 평가	자선, 윤리경영, 평판
바탕 이념	이해관계자 자본주의	주주 중심 자본주의
경제적 가치	지속가능경영	이미지 제고
공시의무	의무사항	선택사항

학 밀턴 프리드먼은 1970년 《뉴욕타임스》 칼럼에서 "기업의 사회적 책임은 이윤을 증가시키는 것이다"라고 주장했다. 그는 기업이 규칙을 지키고 속이지 않는다면 주주를 위한 이윤 극대화가 최우선 과제라고 생각했다. 이윤 추구가 먼저이고 사회적 가치는 그다음이라는 기업의 사회적 책임 관점에서 기업 경영을 바라봤다.[96]

경영학의 대가 피터 드러커는 1984년 《캘리포니아 매니지먼트 리뷰California Management Review》에서 "기업의 사회적 활동은 책임이 아니라 기회를 창출하는 것이다"라고 하면서 '기업의 사회적 기회Corporate Social Opportunity, CSO' 개념을 도입했다. 기업의 사회적 기회는 기업과 사회가 상생할 수 있는 계기를 만드는 것이다. 또한 1999년 마이클 포터는 《하버드 비즈니스 리뷰Harvard Business Review》에서 기업과 사회에 도움이 되는 활동, 즉 공유가치창출Creating Shared Value, CSV을 역설했다. 공유가치창출은 기업이 혁신을 통해 수익성을 높이면서 사회문제 해결에도 기여하는 패러다임이다. 기업의 사회적 책임은 결과를 나누는 것이고, 공유가치창출은 과정을 나누는 것이다.

ESG는 기업 경영 그 자체다. 연세대 조신 교수에 의하면, ESG의 특징은 투자자 주도와 수익률 중시에 있다. CSR의 동력이 정부 지침과 사회적 요구라면, ESG는 투자자와 자본시장에서 촉발된 만큼 수익률이 중요하다. 따라서 ESG 활동은 모든 조직의 핵심성과지표Key Performance Indicator, KPI에 반영되어야 한다. 기업활동이 사회문제 해결에 도움이 된다고 해도 수익률이 낮으면 지속가능하지 않다. 사회책임투자인 ESG 투자는 지속가능투자여야 한다. 기업이 장기 수익성을 확보하려면 ESG 이슈를 해결하는 투자를 해야 한다.

ESG 경영은 보여주기식 CSR에서 벗어나 기업의 전사전략, 혁신전략 내에 ESG 요소를 통합하여 디지털 전환, 기후변화, MZ세대 등장이라는 메가트렌드에 적합한 중장기적 기업가치를 제고하라는 명령이다. 경영 목표와 미션을 ESG에 맞춰야 한다.

■ CSR은 윤리경영, ESG는 정도경영 ■

네슬레가 인도에서 분유와 이유식 사업을 시작할 때 품질 좋은 제품을 생산하기 위해 인도 기업에게 소를 사육하는 방법을 교육하고 집유 장소에 냉장 설비를 설치했다. 이와 같은 방법으로 질 좋은 우유 생산량이 증가하여 사회와 기업의 가치가 모두 늘어나는 기회를 창출했다.

성공적인 기업의 사회적 책임을 위한 몇 가지 조건이 있다. 먼저 경쟁력 있는 전문 분야를 대상으로 해야 한다. 지원 대상은 전문 분야의 가치사슬 중 가장 취약한 부분에 도움을 줄 수 있는 사회를 선택한다. 필요 시 다른 기관과 협력하여 효율성을 제고할 수 있다.

기술의 발전은 필연적으로 사회문제를 동반한다. 자동차는 매연과 인명 사고를 발생시킨다. ESG는 이러한 문제를 해결하는 수단이 될 수 있다. 기업의 CSR은 윤리경영이고 ESG는 정도경영이다. 기업의 CSR은 선택의 문제이고, ESG는 생존을 위한 필요조건이다. 빌앤드멀린다게이츠재단Bill & Melinda Gates Foundation은 ESG 경영의 우수 사례다. 이 재단은 비용이 많이 들어 개별 기업이 할 수 없거나 정치적 부담으로 정부 지원이 힘든, 하지만 성공 시 인류에 대한 공헌이 매우 큰 프로젝트를 추진한다. 빈곤 퇴치, 감염병 예방, 정보기술 접근성 확대, 지구온난화 대책을 고민한다. 기후변화에 대응하고 취약계층을 구제하며 투명경영을 실천하고 있다.

| 지배구조(G), 이해관계자 자본주의 시대 |

■ ESG의 근간으로서 지배구조 ■

세계경제포럼은 ESG의 3대 항목 중 지배구조(G)를 가장 우선시한다. 환경(E)과 사회(S) 이슈를 해결하기 위한 조직과 인력의 뒷받침이 없으면 효과를 기대할 수 없기 때문이다. 국제 신용평가기관인 S&P는 거버넌스를 "주권자의 정책 결정에서부터 이사회, 관리자, 주주 및 이해관계자를 포함한 다양한 기업 참여자들의 권리와 책임 분배에 이르는 의사결정체"라고 정의한다. 거버넌스는 지배구조라기보다 의사결정체인 것이다.

표 24 | 블랙록의 투자 스튜어드십을 위한 주주관여 활동

	주제 항목	내용
환경(E)	2	기후 위기 관리, 환경영향 관리
사회(S)	2	인적자원 관리, 사회적 위험과 기회
지배구조(G)	5	이사회 구성과 효과성, 비즈니스 운영 및 위기관리, 리더십executive management, 기업전략, 인센티브

출처: 블랙록 2021 스튜어드십 요약 보고서

MSCI는 거버넌스를 기업 지배구조와 기업 행동으로 구분하고, 다시 지배구조는 이사회 다양성·지분구조·경영진 보수로 세분화하며, 기업 행동은 도덕성·투명성·반경쟁적 행위로 세분화했다. 이는 이사회 운영과 리스크 관리를 중요시한 평가체제다. 한편, 주주 활동이 가장 활발한 블랙록의 2021년 주주관여 활동 보고서에 의하면, 표 24에서 보는 바와 같이 핵심 항목은 환경(E) 2건, 사회(S) 2건, 지배구조(G) 5건으로 G가 가장 많다. 실제 활동 비중에서도 '지배구조'가 50%를 넘는다. 활동 건수도 2020년 3,043건에서 2021년 3,642건으로 20% 증가했다.

S&P, MSCI, 블랙록 등 유수의 ESG 평가기관은 의사결정기구로서 이사회의 기능을 거버넌스의 핵심 영역으로 평가하고 있다. 고려할 사항은 ESG 경영에 성공한 기업의 의사결정체가 이사회뿐만 아니라 경영자의 리더십, 평가와 보상, 정보공개, 이해관계자 참여 등 다양한 변수들이 결합되어 기업의 효능감을 제고한 결과라는 점이다.

■ 주주 자본주의와 이해관계자 자본주의 ■

최근 이해관계자 자본주의가 화두로 떠오르고 있다. 앞서 말한 것처럼, 밀턴 프리드먼은 '전통적인 기업 경영의 목적은 이윤을 극대화하는 것'이라고 기업의 사회적 책임을 정의했다. 그런데 2015년 유럽의회 법사위원회가 "기업의 주인은 주주가 아니며 주주는 채권자 또는 근로자와 같이 기업과 계약관계에 있다"라고 하며 주주 자본주의Shareholder Capitalism를 부정하면서 이해관계자 자본주의가 성장하기 시작했다. 같은 해 G20과 OECD도 기업지배구조 원칙Principals of

Corporate Governance을 개정하고 지배구조의 투명성과 책임을 강조했다. 이는 주주 자본주의 붕괴와 이해관계자 자본주의 탄생을 의미한다.[97]

이런 변화 속에서 JP모건 회장과 버크셔 해서웨이 회장은 새로운 기업지배구조 원칙을 만들기 위한 비즈니스라운드테이블Business Round Table, BRT을 13명의 CEO와 함께 2015년 출범시켰다.

> 기업의 역할을 주주에 국한하지 않고 소비자, 근로자, 납품업체, 지역 사회까지 확대하고 이들 이해관계자들에게 기대 이상의 가치를 제공 해야 한다.

2019년 아마존, 애플, GM, 블랙록, BOA, 보잉 등 미국 181개 대표 기업이 참여한 비즈니스라운드테이블에서 발표한 기업 목적에 대한 성명서Statement on the Purpose of a Corporation 내용의 일부다. 경영의 목 적을 주주뿐만 아니라 회사를 둘러싼 모든 이해관계자로 확대한다는 것이다.

다보스 포럼은 〈다보스 선언 2020〉을 통해 기업의 보편적인 목적 을 정의했다. 기업도 일반 시민처럼 개별적인 이해를 사회의 공유된 이해와 일치시켜야 하며 이를 위해 ESG 경영, 지속가능한 가치 추구, 데이터의 윤리적 사용, 공정경쟁 등을 실천할 것을 제안했다. 미국 바 이든 대통령도 2020년 후보 시절 펜실베이니아 연설에서 "기업이 오 로지 주주들의 이익을 대변하는 주주 자본주의 시대는 끝났습니다. 이제 기업은 근로자, 지역사회, 국가에 대해 책임을 보여야 합니다"라 고 역설했다.

| 대리인 문제의 함정 |

■ 경영자는 이해관계자의 대변인 ■

2008년 미국 리먼브라더스Lehman Brothers 사태는 지배구조 문제의 대표적인 사례다. 2000년대 초 버블닷컴 붕괴, 9·11테러 충격에서 경제를 재건하려는 미국 연방준비제도(이하 연준)의 저금리정책은 많은 사람이 주택을 구매할 수 있는 환경을 조성했다. 자기자본이 조금만 있어도 부동산을 구매할 수 있는 상황, 즉 레버리지 효과가 발생하자 더 많은 사람이 주택시장에 참가했다. 금융기관이 주택담보대출인 모지기론 시행 시 주택 가치나 차입자의 신용 상태 확인을 소홀히 하고 비우량 대출자인 서브프라임Subprime 등급[98]에도 대량의 대출을 일으켰다.

주택담보부증권CDO과 신용부도스와프CDS 같은 파생상품도 크게 성장했다. 하지만 연준의 초금리정책 종료 선언으로 서브프라임이 이자를 지불할 수 없는 상황이 되자 금융시장이 요동치기 시작했다. 이런 상황은 2015년 영화 〈빅쇼트The Big Shot〉에서 긴장감 있게 묘사되었다. 이 영화는 금융위기 경고에 반응하지 않는 금융기관과 기업의 임원들을 고발한다. 미국 4대 은행 중 하나였던 리먼브라더스는 채권 관리 부실로 경영이 매일매일 악화되는 상황에서도 이사회가 정상적인 역할을 하지 못했다.

리먼브라더스 사태는 대표적인 지배구조 실패 사례로 회자된다.[99] 2008년 회사가 파산 직전에 처했을 때도 리처드 펄드Richard Fuld 대표는 부실한 이사회 운영을 인정하지 않았다. 이처럼 이사회 운영은 대리인 문제Principal-Agency Problem가 발생할 수 있다. 회사 경영자는 주주 또는 소유주의 이익을 대변해야 하지만 기업 운영 과정에서 경영자 자신의 이익을 우선하는 오류를 범한다. 실적 기준으로 직원 보상이 이루어지기 때문에 주주가 아니라 자신의 이익을 위해 일하는 것이다. 이사회가 이러한 오류를 감시하고 관리하는 기능을 수행해야 하지만 전문성과 대리인 문제를 피할 수 없다. 이런 이유로 리먼브라더스는 6,700억 달러라는 사상 최대 규모의 파산 기업이란 오명을 남기고 역사 속으로 사라졌다.

■ 최고 의사결정기구로서 ESG위원회 ■

기업 이사회에 ESG 변화가 일어나고 있다. 이사회 내에 ESG 관련 최종 의사결정기구인 ESG위원회를 설치하는 것이다. 환경과 안전, 평등과 공정, 고객가치, 이해관계자 경영, 지배구조 개선 등 ESG 관련 정책을 심의하고 이사회에 보고하는 기능을 수행한다. 위원회 운영의 다양성, 형평성, 포용성을 추구하기 위해 여성과 소수민족을 이사로 임명하거나 사외이사로 영입하는 사례가 증가하고 있다.

지배구조 개선을 서둘러야 한다. ESG 항목 중 E(환경)와 S(사회)는 단시간에 개선하거나 변화를 주는 것이 쉽지 않다. G(지배구조)는 E와 S를 위한 기본이다. G가 없는 E와 S는 공허하다. G는 상대적으로 용이하다. 이사회 구성의 다양성, ESG위원회 설치, 성과보상위원회 구성만으로도 평가가 달라질 수 있다. 이사회의 다양한 기능 중 하나는 스튜어드십이다. 스튜어드십은 선한 관리자로서 책임을 다하기 위한 주주관여 활동이다. 스튜어드십 코드는 기관투자자가 투자 대상

기업의 경영활동에 적극적으로 참여하도록 유도하는 행동 지침이며, 경영 감시 활동을 활성화하는 역할을 한다.

글로벌 경제에서 한 나라의 문제는 더 이상 그 나라만의 문제가 아니다. 우리가 추구하는 FTA를 포함한 개방경제에서는 아무런 관련이 없을 것 같은 다른 나라와 기업의 위기가 우리의 위기로 다가온다. 미중 무역분쟁과 우크라이나 사태가 우리 경제에 부정적인 영향을 주고 있다. 나비효과가 발생하기 전에 이사회 운영과 ESG 경영에 더 많은 관심을 가져야 한다.

| 파이 키우기 |

■ 파이 쪼개기는 제로섬게임 ■

런던비즈니스스쿨의 알렉스 에드먼스 교수는 《ESG 파이코노믹스 ESG PieConomics》라는 책에서 사회적 가치와 이윤을 동시에 창출하는 전략으로 '파이 키우기'를 역설했다. 파이 키우기는 플러스섬plus sum이고 '파이 쪼개기'는 제로섬zero sum이다. 현실세계에서는 파이 쪼개기를 통해 이윤을 추구하려는 현상이 지배적이다. 파이 쪼개기는 무한 경쟁을 야기한다. 기후변화 대응은 구호만 무성하고 근로자의 임금인상을 최소화하여 이윤을 높이려 한다. 사회적 가치 제고와 고객 만족은 우선순위가 낮다. 파이 쪼개기식 경영의 결과다. 1978년 이후 CEO 보상은 940% 상승했지만 미국 근로자의 평균 임금인상률은 12% 증가에 그쳤다. 이는 잘못이다. '부가 아닌 일에 대해 보상할 때'

라는 바이든 대통령의 주장이 설득력을 얻고 있다. 이제 '기업의 유일한 사회적 책임은 이윤을 늘리는 것'이라는 노벨 경제학상 수상자 밀턴 프리드먼의 주장은 더 이상 지지를 얻지 못하고 있다.

폭스바겐의 배기가스 조작 사건도 좋지 않은 파이 쪼개기 사례다. 2015년 폭스바겐은 자동차 배기가스 조작 사기로 유럽에서 1천 명이 넘는 사망자가 발생하는 데 직간접인 영향을 미쳤지만, 2019년 매출은 884조 유로로 사상 최대를 기록했다. 그 열매는 기업과 투자자가 나누어 가졌다. 폭스바겐은 파이를 키운 사례도 가지고 있다. 1984년 중국 시장 진출 시 다른 자동차 회사들이 기술 유출을 우려할 때 폭스바겐은 중국 정부에 투자 제한 완화, 관세장벽 완화, 현지생산 차량 우선 구매 등 다양한 어젠다를 추가로 제시했다. 중국은 글로벌 자동차 회사의 기술을 이전받았고, 폭스바겐은 독점적 시장을 얻었다. 이처럼 파이 키우기는 모두에게 만족할 만한 결과를 가져온다.

■ 파이 키우기는 플러스섬 게임 ■

파이 키우기는 비즈니스를 제로섬에서 플러스섬으로 바꾸는 것이다. 다시 말해, 파이 쪼개기를 파이 키우기로 전환한다. 방법은 이윤과 사회적 가치를 동시에 추구하는 것이다. 사회적 가치를 목표로 한다면 장기적으로 지속가능한 성과를 달성하는 투자가 가능하다. 사회적 가치 창출을 통한 이윤 추구는 누구에게도 손해를 끼치지 않고 수익을 늘리는 방법이다. 리카도의 비교우위론에 근거한 교역이 모두에게 이익이 발생하는 것과 같은 원리다.

이제 변화를 추구할 때다. 파이를 키우는 것이다. 고객과 직원의

만족을 우선시하고 사회적 가치를 함께 창출해 가는 지속가능발전을 목표로 해야 한다. 그러기 위해서는 기업의 목적을 명확히 정의해야 한다. 전략적 자산을 중심으로 기업의 존재 이유와 창출하는 사회적 가치를 명시하고 사내외 이해관계자와 공감대를 형성해야 한다. 목표 달성을 위한 지표를 장단기로 나누어 설정하고 구체화한다. 목적 달성을 위한 조직 구성과 인력 양성 계획을 수립한다. 탁월성과 혁신에 기반하여 자산을 배분하고 직원, 고객, 이사회, 시민 등 이해관계자의 참여를 촉구한다. 이사회의 스튜어드십 기능과 직원의 에이전시 기능이 충분히 발휘되는 환경을 제공한다.

기업의 경영 목적은 이윤이 아니라 가치를 키우는 것이 되어야 한다. 기업이 이해관계자에게 이익을 주고 장기적으로 성과를 거두는 투자를 독려한다면 전체 이익이 커질 수 있다. ESG에 기반하여 파이를 키우는 것이다.

12
장

ESG 규범을 확산하라

| ESG 경영과 글로벌 스탠더드 |

■ 탄소중립을 촉진하는 RE100 ■

기업 단위의 친환경 에너지 사용을 목표로 하는 대표적인 글로벌 스탠더드가 RE100Renewable Energy 100%이다. 이는 기업에서 사용하는 에너지를 모두 친환경 에너지로 충당하는 것을 목표로 한다. 2014년 영국의 비영리단체 클라이미트 그룹The Climate Group이 캠페인을 시작한 이후, 글로벌 기업은 물론 국내의 LG, SK, 한화, KB 등 모두 370개 사 이상이 RE100을 선언했다.[100] 구글, 애플, 마이크로소프트 등 많은 빅테크 기업들은 이미 RE100을 실현했다. 애플은 2018년 RE100을 달성한 이후 2030년까지 청정에너지 프로그램을 통해 모든 협력사의 RE100 달성을 추진하고 있다. BMW는 100% 재생에너지를 통한 전력 조달을 완료하고 파트너 기업에게도 이를 요구하고 있다. RE100을 달성한 기업들은 넷제로를 향해 전열을 정비 중이다.

2022년 1월, 한국의 에너지·기반시설 컨설팅업체인 에너지이노베이션파트너스EIP는 미국 에너지 인프라 투자기업 다이오드벤처스Diode Ventures와 합작으로 더그린코리아The Green Korea를 설립했다. 더그린코리아는 국내 그린에너지와 디지털 인프라 사업을 개발해 세계적 빅테크 기업에 사업 참여 기회를 제공하는 금융 플랫폼 기업이다. 재생에너지 발전과 데이터센터 사업을 추진할 자회사를 세운 뒤, 해당 자회사를 통해 구글, 애플, 아마존 같은 글로벌 빅테크 기업에 사업 참여 기회를 제공할 계획이다.[101] 빅테크 기업은 지역 신재생에너지 사업 참여로 전지구적 RE100을 촉진한다. 빅테크와의 협업은 우리 기업이 글로벌 스탠더드에 접근하는 유용한 방법이다.

| 그림 37 | ESG의 선순환구조 |

글로벌 스탠더드를 목표로 해야 하는 이유는 글로벌 기업이 함께 하는 캠페인에 참여함으로써 평가기관과 투자자로부터 친환경 기업이라는 인지도를 쌓을 수 있기 때문이다. 글로벌 스탠더드에 의거한 ESG 경영은 ESG를 평가요소로 하는 투자기관으로부터 투자를 유치하는 데 유리하다. 또한 최근 MZ세대를 중심으로 ESG 소비가 증가하고 있어 기업의 매출 증대에도 기여한다. 그림 37과 같이 ESG 선순환구조에 올라타야 한다.

■ 국제표준화기구의 ESG 표준 제정 ■

ESG와 관련한 지속가능인증을 도입하여 기업이 추진하는 ESG를 객관화하려는 노력이 진행되고 있다. 국제표준화기구ISO는 ESG 실행 가이드라인으로서 중요한 국제 인증이다. 인증 도입은 자사뿐만 아니라 협력업체까지 확대하여 원료부터 완제품까지 ESG를 반영하고 이끌어가야 한다. 미국 월마트와 일본 이온그룹 등 글로벌 유통기업은 이미 인증 상품 매입을 확대해 나가고 있다. 국제회계기준재단IFRS은 ESG 국제표준을 정하기 위해 국제지속가능표준위원회

표 25 | ESG 관련 ISO 지속가능인증

환경	ISO 14001(환경경영 시스템), ISO 50001(에너지경영), ISO 14007(환경경영 비용 혜택)
사회	ISO 45001(안전보건경영), ISO 26000(사회적 책임), ISO 9001(품질경영)
지배구조	ISO 37001(반부패경영), ISO 37301(준법경영), ISO 27001(정보보안)

International Sustainability Standards Board, ISSB를 설립했다. 국제표준이 도입되면 영향력이 매우 클 것으로 예상된다.

기업은 ESG 경영을 통한 리스크 관리를 체계화하기 위해 ESG 핵심 지표를 관리해야 한다. 소비자, 투자자 등 이해관계자의 요구를 반영하고 글로벌 기업의 우수 사례를 조사하여 핵심성과지표KPI를 설계한다. 핵심성과지표는 유엔책임투자원칙UNPRI과 MSCI 등 외부 평가기관의 핵심 평가항목을 반영해야 하며, 무엇보다도 ESG 핵심성과지표는 기업의 핵심성과지표와 높은 상관관계를 가지고 있어야 한다.

ESG 경영이 투자와 매출 증대로 이어지는 선순환구조를 만들기 위해서는 ESG에 진정성을 담아야 한다. 단순한 구호나 명칭 변경은 긍정적인 효과보다 부정적 반응을 일으킬 수 있다. CSR 팀의 명칭을 ESG 팀으로 변경한다고 ESG가 추진되는 것은 아니다. 2021년 7월 그린피스 성명서에 의하면, RE100 완성 시점을 국가 목표인 2050년까지 길게 잡는 것은 진정성이 없다. 그룹사의 경우, 에너지 소비가 많은 사업을 제외하거나 구체적인 재생에너지 확대 및 탄소 저감 대책을 제시하지 않는 것도 비판의 대상이다. 자동차 산업도 내연기관 판매 중단과 수소전기차 등 친환경차 공급 계획이 RE100에 포함되어야 진정성 있는 계획이다.

ESG 경영은 평가점수를 잘 받는 것보다 기업의 경영전략에 환경과 사회적 가치를 반영하여 제품과 서비스에서 새로운 고객경험을 창출하는 것이 중요하다. 새로운 고객경험은 기존의 비즈니스 모델을 개선하여 환경 충격을 줄이는 방법도 가능하지만, 새로운 사업 포트폴리오로 새로운 사업 기회를 만드는 것이 더 바람직한 방안이다.

미래에는 어떤 제품을 생산하든지 ESG에 부합하는 제품을 공급하는 기업이 지속적으로 성장할 것이다. 투자기관뿐만 아니라 소비자도 ESG의 중요성을 이해하기 시작했기 때문이다.

| ESG 평가기준의 이해 |

■ ESG 평가제도의 바탕이 되는 MSCI ■

현재 전 세계적으로 600여 개의 평가기관이 있으며, 이 중 MSCI, 블룸버그, 톰슨 로이터, FTSE 러셀Financial Times Stock Exchange Russell, 다우존스 SIDow Jones Sustainability Indices, CDPCarbon Disclosure Project(영국의 비영리 글로벌 ESG 평가기구) 등의 영향력이 크다. ESG 기준은 평가기관마다 상이하지만 절차는 유사하다. 기업공시나 언론보도 등을 통해 수집하는 사전조사를 바탕으로 1차 평가 후 기업의 피드백을 받아 평가점수를 확정한다.

대표적인 평가기관인 MSCI 지수는 다른 평가기관의 벤치마크 지수로 널리 활용되고 있으며, 인덱스펀드나 상장지수펀드와 같은 투자상품의 근간이 된다. MSCI의 ESG 기준을 이해해야 좋은 평가를 받고, 다른 기관의 평가기준을 이해할 수 있다. MSCI는 기업의 지속가능 보고서, 정부나 언론보도 등의 공개 자료를 포괄적으로 검토하여 평가한다. 평가는 표 26과 같이 10개 주제 35개 항목으로 구성되어 있으며, 평가 대상 기업의 핵심 비즈니스를 중점적으로 평가하여 AAA부터 CCC까지 7단계로 등급을 부여한다. MSCI 평가의 특징은

표 26 | MSCI의 ESG 평가범위

구분	테마	평가항목
환경	기후변화	탄소 배출, 환경영향 투자, 제품 탄소발자국, 기후변화 취약성
	천연자원	수자원 활용, 원자재 수급, 생물다양성과 토지 이용
	오염과 폐기물	독성물질 배출과 폐기물, 전자제품 폐기물, 포장 재료와 폐기물
	친환경 기회	클린테크 기회, 재생에너지 기회, 그린빌딩 기회
사회	인적자원	노동 관행, 인력개발, 보건안전, 공급망 노동 기준
	생산자 책임	제품안전, 소비자금융, 개인정보, 책임투자
	이해관계자 관리	윤리적 자원 조달, 지역사회와의 관계
	사회적 기회	통신망 접근성, 금융 접근성, 의료 접근성,
지배구조	지배구조	이사회 구조, 경영진 보수 및 경영효율, 소유와 경영의 분리, 회계 공시 관행
	기업 행동	부패 관리, 경쟁 행위, 사업 환경 관리, 특수관계자 거래 투명성

출처: MSCI 홈페이지

지배구조를 중시한다는 것이다. "좋은 지배구조는 기업의 효율적인 자원배분과 의사결정을 위한 열쇠"라며 지배구조를 강조해 왔다. 기업은 평가등급 발표 6~8주 전에 평가근거를 확인하고 소명할 수 있다.

■ SASB와 TCFD ■

금융기관 등 투자자는 ESG 평가결과에만 의존하여 투자를 결정하지 않는다. 투자 리스크를 판단할 수 있는 다른 지표들, 즉 ESG를 실천하기 위한 기업전략과 관리방안을 필요로 한다. 지속가능회계기준위원회Sustainability Accounting Standards Board, SASB와 기후변화관련재무정보공개협의체Task force on Climate-related Financial Disclosures, TCFD가 그것이다. SASB는 산업별 ESG 이슈와 중요도를 파악할 수 있도록 총 11개 산업군과 77개 세부 산업별로 구성된 중대성 지도Materiality Map를 공개했다. 이 지도를 이용하여 각 이슈가 해당 산업군 내 세부 산업의 50% 이상 중요 이슈가 될 가능성이 있는지, 아니면 50% 이하 중요 이슈가 될 가능성이 있는지 나타내고, 이를 중심으로 다른 기업과 비교 가능한 방식으로 데이터를 공개하도록 한다.

예를 들면, 탄소 배출은 제철, 운송 산업군에서는 50% 이상 중요 이슈이지만 금융, 숙박 산업군에서는 중요 이슈가 될 가능성이 없다고 안내한다. 한편, TCFD는 기업이 기후변화와 관련해 직면한 리스크와 기회요인을 파악하고 예상되는 재무적 영향을 수치화해서 외부에 공개하도록 권고하고 있다.

그동안 기업들은 글로벌보고이니셔티브Global Reporting Initiative, GRI[102]를 기준으로 이해관계자 관점에서 중대성을 평가하고, 경제·사회·환경 활동을 전반적으로 기술했다. 반면 SASB와 TCFD는 금융기관이 주도가 되어 투자자 입장에서 기업이 직면할 수 있는 중요한 ESG 위험을 좀 더 구체적으로 설명한다. 많은 국내 기업이 글로벌보고이니셔티브 관점에서 SASB와 TCFD가 요구하는 보고서를 만들지만, 이는 지나치게 금융기관의 입장을 강조하게 되어 나중에는 ESG 자체가 금융기관이 원하는 방향으로 흘러갈 우려가 있다.

| ESG는 비용이 아니라 투자다 |

■ 투자 유치를 위한 ESG 투자 ■

ESG 투자 규모는 매년 큰 폭으로 증가하여 2020년에는 전체 운용 자산의 35.9%인 35.3조 달러를 기록했다. 글로벌지속가능투자연합 Global Sustainable Investment Alliance, GSIA의 2020년 지속성장 투자 보고서에 의하면 미국이 17.1조 달러로 가장 많고 유럽 12.0조 달러, 일본 2.8조 달러 순으로 미국과 유럽이 전체의 82.7%를 점유하여 미국과 유럽의 ESG에 대한 관심 정도를 그대로 보여준다. 이처럼 ESG 투자가 증가하는 원인은 글로벌 자산운용기관이 투자 대상 기업 선정 시 장기적인 관점에서 기업가치와 지속성장 가능성 등 ESG 요소를 반영

표 27 | 글로벌 자산운용기관의 ESG 투자정책

투자기관	투자정책
블랙록 BlackRock	· 액티브펀드에 ESG 요소 반영 · 지속가능회계 보고서 미제출 시 주주권 행사 · 여성 이사 2명 미만 기업에 대한 투자 중단
아문디 Amundi	· 대인지뢰, 생화학무기 제조 및 유통 기업 저평가 · 매출의 25%가 석탄 생산 또는 50%가 석탄발전인 기업에 대한 투자 철회 · 기업 내 인적 구성 및 인권 이슈 평가
노르웨이 연기금 GPFG	· 술, 도박 등 사회적 논란이 있는 기업에 대한 투자 제한 · 석탄, 원유 개발 및 탐사 기업에 대한 투자 제한 · 아동노동, 기후변화, 부정부패 중점 관리

출처: 《해외 기업의 ESG 대응 성공사례》, Global Market Report 21-026, kotra, 2021

하기 때문이다. 특히 수익을 목표로 적극적으로 투자하는 액티브펀드가 ESG를 투자 종목 선정기준으로 한다는 데 의의가 있다. 투자를 받기 위해서는 ESG에 투자해야 하는 것이다.

ESG를 비용으로 인식하는 경우가 많다. 실제로 환경(E) 측면에서 폐기물을 줄이고 탄소 배출을 줄이는 데는 많은 시간과 비용이 소요된다. 사회(S) 측면에서 지역사회에 공헌하고 공정성을 확보하는 데도 별도의 관심과 배려가 필요하다. 지배구조(G) 관점에서 경영 투명성을 제고하고 이사회의 책임을 강화하는 것을 투자로 인식하기는 쉽지 않다. 많은 기업이 ESG의 중요성은 인식하지만 당장 재무적 성과와 연결되지 않기 때문이다.

그런데 ESG와 자기자본이익률ROE을 연동해 보면 결과가 다르다. 2014년 일본 히토츠바시대학 교수가 ROE에 ESG 점수를 곱하는 방식으로 ROESG 지표를 개발했다. 일본 니케이225 지수는 ROESG 평가결과를 발표하고 있으며, 실제로 ROE와 ESG 평가결과가 높은 기업이 ROESG에서도 높은 순위를 차지했다. 한일경제협회는 ROESG를 재무 정보와 비재무 정보를 모두 고려한 ESG 투자에 최적화된 지표로 평가했다.[103]

ROESG의 의의는 ESG 활동을 재무 성과에 직접적으로 연동하여 상관관계를 밝힘으로써 ESG 활동이 비용이 아니라 투자라는 개념을 도출한 데 있다. ROESG에서는 교육훈련비, 연구개발비처럼 비용으로 처리하던 항목을 투자 항목으로 환원한다. 따라서 ESG EBITEarnings Before Interest and Taxes(이자 및 세금 전 이익)가 더 크다. ROESG 평가결과에 의하면 대체로 미국과 유럽 기업의 순위가 높다.

한국과 일본 기업은 모두 30위 밖에 있다. 미국과 유럽 ESG 평가기관의 평가점수를 반영하고 있기 때문이다. 아쉽다. 이미 서구가 ESG 전쟁에서 승리의 깃발을 움켜쥐고 있는 모습이다.

■ ESG 경영 법제화 ■

유럽에서는 ESG 경영을 법률로 강제하려는 움직임이 감지되고 있다. 여기에 대기업은 물론 중소기업, 외국 기업도 포함된다. 하청업체의 환경, 인권, 공정성 문제를 원청업체에게 묻겠다는 정책이 확산되고 있어 중소기업의 ESG 경영 역시 더 이상 선택의 문제가 아니다.

ESG 경영이 주는 기업 측면의 부가적인 이익은 다양하다. 먼저 기업 이미지 개선으로 시장 확대가 가능하다. 저렴한 비용으로 투자 유치도 가능하다. 우수 인재 유치도 가능하다. 실제로 미국 금융 당국은 ESG 경영을 잘하는 기업에게 투자가 집중되도록 금융제도를 바꾸고 있어 향후 투자 지형의 지각변동이 불가피하다. 코로나19로 인해 확장된 유동성이 ESG에 몰렸다. GAFAM 등 빅테크 기업의 주가가 지속적으로 상승하는 이유는 디지털 기술 기업이라는 측면도 있지만, ESG에서 높은 평가를 받고 있기 때문이다.

글로벌 산업계를 지배하던 규칙이 매출과 영업이익 등 재무 성과에서 ESG 중심으로 바뀌고 있다. ESG 측정 방법이 구체화되는 과정에 있으므로 우리도 적극적인 의견을 내야 한다. 재생에너지 발전 단가가 높은 미국은 RE100을 적극 추진하고, 자원 재활용에 경험이 많은 유럽은 플라스틱 재활용 규제를 도입 중이다. ESG란 명분으로 각국이 자국 산업을 보호하기 위한 장벽을 높이고 있는 것이다. 우리는

이제 ESG 도입 단계에 있다. 다가올 ESG 요구와 규제에 대한 준비를
서둘러야 한다.

| ESG 소비는 사회적 가치소비다 |

■ 사회적 가치를 소비하는 MZ세대 ■

MZ세대의 등장은 소비문화에 변화를 가져왔다. MZ세대는 가성
비가 아니라 가심비, 즉 가격 대비 심리적 만족도를 기준으로 소비한
다. 파타고니아Patagonia와 러쉬Rush 제품에 열광하는 이유는 가격도
성능도 아닌 기업의 사회적 가치 때문이다. 파타고니아는 친환경 의
류 제조회사로 매월 유행을 창조하는 패스트패션fast fashion에 대항하
여 오래 입는 슬로패션slow fashion을 리드하고 수익의 1%를 지구환
경 보호에 투자하는 ESG 기업이다. 러쉬는 친환경 화장품 회사다.
100% 식물성 원료를 사용하는 비건 화장품 기업으로 재활용이 가능
한 보자기 포장knot wrap, 재활용 플라스틱 용기인 블랙팟black pot 등
으로 ESG 경영을 실천하고 있다.

글로벌 아이돌그룹 BTS는 인종차별에 반대한다고 밝혔다. MZ세
대는 정치, 경제, 문화 등 사회 전반에 걸쳐 자신의 의견을 표출하는
데 거침이 없다. 미닝아웃meaning out이라고 한다. 불편하지만 일회
용 컵 대신 텀블러를 사용하는 것도 같은 맥락이다. 소비에 대한 기준
이 바뀌고 있다. 대학내일의 〈2021 MZ세대 친환경 실천과 소비 트렌
드〉 조사에 의하면, 74%가 '기업의 꾸준한 성장을 위해 친환경정책이

필수'라고 응답했다. 71%는 '제품 구매 시 가격과 조건이 같다면 친환경 활동 기업을 고를 의향'이 있다고 했다. 국내 인구 중 34%의 구매력을 갖고 있으며, 미래 소비시장의 주력인 MZ세대의 소비 기준이 '제품 브랜드'가 아닌 '사회적 가치'로 변화하고 있다는 의미다.

■ ESG 소비보다 중요한 5R ■

2021년 〈KB 트렌드 보고서〉에 의하면, 일반 소비자는 대기오염 (38.3%)과 기후변화(37.8%)를 가장 심각한 환경문제로 인식한다. 소비자의 55.6%가 소비를 통해 친환경을 실천할 수 있다고 응답했는데, 그 방법은 '일회용 물품 사용 안 하기'와 '재활용 동참하기'였다. 또한 제품 구매 시 친환경 제품 구매 선호도가 31.6%였다. 흥미로운 것은 친환경 제품 구매를 위해 가격의 10%를 더 지불할 의사가 있다는 것이다. 소비자가 선택한 친환경 키워드는 제로웨이스트zero waste(쓰레기 없애기)와 친환경 배송이다. 라벨 프리 생수병, 종이 빨대, 장바구니, 다회용 컵 사용하기 캠페인이 진행되고 있다.

ESG 소비보다 중요한 것은 자원 순환이다. 거절하고Reject, 줄이고 Reduce, 재사용하고Reuse, 재활용하고Recycling, 그리고 썩히는Rot 5R 캠페인에 참여해야 한다. 처음부터 쓰레기를 만들지 않도록 불필요한 선물은 거절한다. 누구나 선물 받은 에코백이나 텀블러가 서너 개는 있을 것이다. 불필요한 소비를 줄이고 가능하면 오래 사용하고 퇴비화하는 것이 진정한 ESG 소비일 것이다.

에너지 소비에도 관심이 필요하다. 매년 4월 22일은 지구의 날이다. 1969년 캘리포니아 해상 기름 유출 사고를 계기로 당일 저녁 8시에 전등 끄기 운동을 한다. 우리나라에서도 10분 소등의 효과는 30년생 소나무 7,900그루가 연간 흡수하는 이산화탄소 52톤과 맞먹는다고 한다.[104] 에너지 절약을 위해 LED 사용을 권장하고, 내연기관의 연비를 개선하며, 나아가 전기차로의 전환을 서둘러야 한다.

자산운용회사 마이다스에셋의 신진호 대표는 ESG에서 E보다 S에 주목하라고 주문한다. MZ세대는 공정성, 환경, 인권 등에 기반하여 소셜미디어를 통해 정보를 공유하고 소비하기 때문이다. 소셜미디어로 전해지는 제품에 대한 평판은 기업 매출에 그대로 연결된다. 가치 소비는 유행이 아닌 새로운 자본주의의 시작이다. 소비자는 ESG에 기반하여 새로운 가치를 제공하는 기업을 눈여겨본다.

| ESG 실천과 새로운 비즈니스 기회 |

■ 저성장 시대의 전략은 지속성장 ■

코로나19 팬데믹 이후 세계경제를 지배하는 규칙은 ESG가 될 것이다. 1347년 유럽을 강타한 흑사병이 르네상스를 낳았듯이, 이번 팬데믹은 디지털 기반의 ESG 경제를 창출했다. 팬데믹 극복을 위해 재정지출을 급속히 증가시킴으로써 전 세계 부채 규모는 GDP 규모를 초과했다. 고도성장이 부채 증가에 따른 부작용보다 더 큰 가치를 창출할 것이라는 믿음 때문이다.

그러나 인류는 고도성장을 멈추고 저성장 시대로 접어들 전망이다. 다국적 회계감사 기업인 PwCPricewaterhouseCoopers의 2050년 세

표 28 | 2050년 세계경제 전망

	2010년대	2020년대	2030년대	2040년대
평균성장률	3.5%	2.7%	2.5%	2.4%

출처: PwC

계경제 전망 보고서에 의하면, 2050년까지 세계경제는 연평균 2.5%
의 성장률을 기록한다. 국가별로는 신흥국 성장률(3.5%)이 선진국 성
장률(1.6%)을 앞지르고 전체 GDP의 50%를 차지한다. 저성장 시대가
도래하고 있다.

저성장 시대의 전략은 지속가능경영이다. 재무적 성과보다 비재
무적 성과가 더 큰 가치를 창출한다. 그래서 어떤 기업은 더 많은 투
자를 받고 더 많은 매출을 실현하기 위해 ESG를 가장한 마케팅을 한
다. 이를 그린워싱green washing이라고 한다. 그린워싱은 기업의 친환
경 노력을 사실보다 과장하거나 사실과 다르게 왜곡하는 행위다. 그
린워싱은 '그린green'과 '화이트워싱whitewashing(꾸밈)'의 합성어이며,
'위장 환경주의'라고도 불린다. 상품이나 서비스의 환경적 속성 및 효
능을 허위 혹은 과장 광고해 친환경 이미지로 경제적 이익을 얻는 행
태다.

■ 경계해야 할 그린워싱 ■

캐나다의 친환경 컨설팅 기업인 테라초이스Terra Choice는 그린워
싱의 유형을 7가지로 구분하고 있다. 상충효과 은폐, 증거 불충분, 모

호한 주장, 관련성 없는 주장, 유해 상품 정당화, 거짓말, 부적절한 인증 라벨이 그것이다.[105] 이처럼 다양한 위장 환경주의가 소비자와 투자자에게 오해를 불러일으킬 수 있다.

그린워싱이 발생하는 이유는 ESG 이미지를 내세울 경우 자금조달은 용이하지만 자금 집행에서 관리가 소홀하기 때문이다. 녹색채권으로 자금을 조달하고 친환경과 관련이 없는 분야에 투자하는 것이다. 예를 들어, 탄소포집저장 기술에 투자하면서 탄소 배출 저감에 투자하지 않는 행위다. 국내에서 탈탄소를 주장하며 화력발전소를 폐쇄하고는 해외에서 화력발전 프로젝트를 수주하는 행위 역시 그린워싱이다. 이처럼 그린워싱은 다양한 유형의 친환경을 내세워 소비자들의 오해를 불러일으킬 수 있다.

표 29 | 석유화학 기업의 넷제로 스코프scope

스코프 1	스코프 2	스코프 3
석유회사가 보유한 시설과 설비에서 직접적으로 배출되는 온실가스(연료 연소, 차량 및 장비 등)	석유회사가 공장 가동 등을 위해 구매하는 전기를 생산하는 과정에서 배출되는 온실가스(전기, 증기, 냉난방 등)	기업이 통제하지 않는 가치사슬 전체에서 발생하는 온실가스(수송, 출장, 출퇴근, 원료 구매, 폐기물 처리 등)
셰브론		
코노코필립스, 엑슨모빌		
BP, 에니, 에퀴노르, 토탈, 로열더치셸		

출처: 윤지로, 〈기업의 넷제로 선언… 그린워싱에 안 속으려면〉, 《세계일보》, 2021.1.24,
https://www.segye.com/newsView/20210118514875 (2022.1.20. 접속); 기후경제변화, 〈온실가스 분류 기준〉, 2021,
https://thecce.kr/807 (2022.3.19. 접속)

석유화학 기업의 넷제로 선언도 좀 더 들여다볼 필요가 있다. 화석연료를 태워 에너지가 발생할 때 이산화탄소($C+O_2=CO_2$)가 생기기 때문에 넷제로 실현이 쉽지 않다. 실제로 탄소정보공개프로젝트Carbon Disclosure Project, CDP에 의하면, 온실가스의 73%가 에너지 부분에서 나온다.[106] 따라서 석유화학 기업의 넷제로는 스코프scope가 어느 수준인지 확인해야 하며, 특히 3수준의 경우 그린워싱을 의심해야 한다. 표 29에서 스코프 1은 석유회사가 나프타를 이용하여 합성수지(플라스틱), 합성고무(타이어), 합성섬유(나일론)를 생산하는 공장에서 직접 발생하는 배출량이다. 스코프 2는 공장을 가동하기 위해 사용하는 전기의 발전과 송전 과정에서 나오는 배출량이다. 스코프 3은 석유화학 기업이 생산한 제품을 사용하면서 발생하는 온실가스 배출량이다. 스코프 3은 스코프 2와 겹치는 부분이 있어 진정성을 살펴봐야 한다. 그린워싱일 수 있기 때문이다. 탄소정보공개프로젝트는 다양한 정보를 바탕으로 기업과 도시의 환경영향을 분석·평가하고 웹페이지(www.cdp.net)를 통해 공개한다. 기업과 도시는 평가결과를 향후 진정한 의미의 지속가능한 경제를 건설하는 유의미한 데이터로 활용할 수 있다.

저성장 시대의 새로운 비즈니스 기회는 ESG의 진정성에서 비롯된다. 우리나라의 대표적인 먹거리 생산 기업인 풀무원의 ESG 전략은 LOHASLifestyle of Healthy and Sustainability로 '건강과 지속가능한 발전을 생각하며 사는 의식 있는 생활양식'이다. 친환경 경영과 '바른 먹거리' 제공을 위해 육류 대체 고단백 '두부면' 개발, 패시브 공장 운영,[107] 친환경 포장기술을 사용하고 있다. 이러한 성과로 한국기업지배구조원 평가에서 5년 연속 A$^+$를 받으며 팬데믹 시대에도 성장을 지속하고 있다.

ESG는 위험요인이자 동시에 기회요인이다. 환경 대응, 사회적 책임, 투명경영 등 ESG 과제를 적극 추진함으로써 우리는 글로벌 경쟁력을 확보하고 새로운 시장을 개척할 수 있다.

13
장

ESG는 선택이 아닌 생존전략

| ESG 규범을 만드는 유럽연합 |

■ 지속적인 ESG 규범 발표 ■

2021년 2월《파이낸셜타임스》보도에 의하면, 전 세계 ESG 펀드 시장으로 흘러드는 자금 가운데 80%가 유럽 시장을 향하고 있다. 유럽이 ESG의 중심지 역할을 하는 것은 ESG 관련 정책을 가장 발 빠르게 추진하고 있기 때문이다. 2018년 이후 ESG에 관한 정책들을 매년 발표하고 있다. 많은 정책이 지속가능개발과 연계되어 발표되고 있는데, 이는 EU 내에서 ESG가 '지속가능sustainable'과 같은 의미로 통용되고 있기 때문이다.

2019년 12월 그린딜, 디지털 시대의 유럽

2020년 3월 신산업전략 패키지

2020년 7월 녹색분류체계Taxonomy 규정

2021년 2월 신통상전략

2021년 3월 유럽기후법

2021년 5월 개정 신산업전략

2021년 7월 핏 포 55 패키지Fit for 55 Package

2022년 3월 배터리법Battery Regulation

2022년 3월 탄소국경조정제도CBAM

2022년 3월 ESG 실사법Directive on corporative sustainability Due Diligence

　

2020년 3월 EU집행위원회는 친환경, 디지털 전환을 통한 산업의 경쟁력 강화를 목표로 신산업전략 패키지New Industrial Strategy Package를 발표했다. 쌍둥이 전환Twin Transition으로 불리는 이 전략은 유럽단일시장 기능 강화, 클린 에너지·인공지능·빅데이터·5G 분야의 기술 개발과 협력 확대, 그리고 글로벌 경쟁력 강화를 목표로 한다. 이 패키지는 2020년 3월 10일에 발표되었지만, 다음 날 WHO가 코로나19 팬데믹을 선언하는 이변이 발생하는 바람에 정책 추진이 순탄치 못했다. 특히 최우선 과제로 선정한 유럽단일시장 기능 강화 프로그램은 팬데믹 확산 방지를 위한 국경통제, 방역물품 수출통제로 교착상태에 빠지고 말았다.

■ 그린 전환을 위한 신통상전략 2021 ■

EU는 팬데믹으로 인해 국경이 봉쇄되고 수출이 통제되는 글로벌 교역 환경 속에서 EU 회원국의 이익을 보호하고 대변하기 위해 신통상전략EU Trade Policy을 2021년 2월에 발표했다. 이 신통상전략은 팬데믹으로 무너진 공급망 회복을 위한 개방형 전략적 자율성Open Strategic Autonomy 강화를 핵심 개념으로 한다. 신통상전략의 6대 중점 분야는 1) WTO 개혁, 2) 그린 전환과 지속가능한 공급망 구축, 3) 디지털 전환과 디지털 통상, 4) EU 표준 및 규제 영향력 강화, 5) 대외 협력 강화, 6) FTA 강화 및 공정경쟁 환경 조성 등이다.[108] 이 중 ESG 와 관련이 있는 두 번째 정책을 살펴보기로 하자.

먼저 '그린 전환'은 2050년 탄소중립이라는 그린딜을 목표로 하며, 이를 위해 클린 에너지 투자를 확대하고 탄소국경조정제도의 2023년 도입을 목표로 한다. EU가 추진하는 친환경 제품 및 서비스 활성화 를 위해 향후 체결하는 모든 협정에 파리협정을 명시하고, 식품안전전략Farm to Fork Strategy(농장에서 식탁까지 식품의 생산, 유통, 소비의 전 과정을 의미함)에 의거 2030년까지 농경지의 50% 이상을 유기농 재배로 전환 한다는 것이다. '지속가능한 공급'은 공급망 전반에 걸쳐 인권과 환경 실사를 의무화하고 지속가능한 거버넌스 확립을 목표로 한다. 기업 이 공급망에서 사회적 책임과 환경 및 거버넌스(인권, 사회, 노동권, 부정부 패 등)에 대한 확인, 평가, 처리, 시정 및 예방 조치를 취하고 관련 자료 를 공개하도록 법제화했다. 이는 모든 상장기업을 대상으로 하며 역 외 국가를 포함한다. 신통상정책은 ESG를 역내는 물론 역외까지 확 대하여 적용하겠다는 의지를 담고 있다.

표 30 | 2021년 개정 신산업전략 중 ESG 관련 내용

	추진전략
개방형 전략적 자율성 강화	• 코로나19로 야기된 보건 용품과, 반도체 등 핵심부품 수급 대책 수립 • 대외의존도가 높은 137개 품목에 대한 공급선 다변화 • 공정경쟁 환경 조성 및 규제표준 협력 강화
친환경 전환	• 전환경로transition pathway 조성, 예산 및 연구개발 지원 • 탈탄소 에너지 생산 및 거래 촉진 • 신재생에너지 생산 촉진을 위한 에너지 및 산업지리 연구개발
단일시장 탄력성 강화	• 응급 상황에서 인적·물적 이동을 보장하기 위한 단일시장 비상수단 제안 • 서비스 시장 통합 및 확대를 위한 표준 통합 • 14개 산업*에 대한 단일시장 생태계 연간 분석 및 데이터 수집 감시

* 건설, 디지털 산업, 보건, 농식품, 재생에너지, 에너지 집약 산업, 운송 및 자동차, 전자, 섬유, 항공우주 및 국방, 문화 사업, 관광, 사회적 경제, 소매

출처: 주벨기에 유럽연합 대사관

한편, EU는 2021년 5월 유럽 회복을 위한 강력한 단일시장 구축을 목표로 하는 개정된 신산업전략New Industrial Strategy for Europe을 발표했다. 이 전략은 2020년 3월 발표한 신산업전략 패키지에 대해 코로나19로 제기된 문제점을 해결하고 변화된 산업환경 반영을 목적으로 한다. 신산업전략 중 ESG 관련 내용은 표 30과 같다.

| 유럽연합, ESG를 법제화하다 |

■ 녹색분류체계, 택소노미 ■

EU는 다양한 정책목표 달성과 공정경쟁 환경 조성을 위해 ESG 법제화를 추진하고 있다. 궁극적인 목적은 ESG 가이드라인을 제시하는 한편, 글로벌 이슈 이니셔티브 추진을 통해 국제사회에서 주도권을 확보하는 데 있다. 관련 정책으로는 지속가능금융공시규정 Sustainable Finance Disclosure Regulation, SFDR, 기업지속가능성보고지침Corporate Sustainability Reporting Directive, CSRD, 비재무보고지침Non-Financial Reporting Directive, NFRD, 녹색분류체계Taxonomy, 공급망 실사제도Due Diligence for Supply Chain 등이 있다. [109]

- 지속가능금융공시규정SFDR은 금융기관이 투자하는 기업과 상품의 지속가능성 정보공개를 의무화한다. 향후 기업이 시장에서 금융 조달을 위해서는 ESG 준수가 필수조건이 되고 ESG 경영이 기업가치에 직접적인 영향을 미칠 것이다.
- 기업지속가능성보고지침CSRD·비재무보고지침NFRD은 종업원 500명 이상 기업 경영활동의 사회·환경적 영향을 비재무제표로 공개하는 것을 의무화한다. 공시 내용에는 환경과 인권보호, 사회적 책임, 반부패, 뇌물, 이사진 다양성, 기업 경영활동의 부정적 영향 예방을 위한 공급망 실사 등이 포함된다. 이와 같은 비재무적 정보의 공개 법제화는 ESG 경영이 중시되는 환경을 촉진할 것이다.

- 녹색분류체계Taxonomy는 환경적으로 지속가능한 경제활동을 정의하고 판단기준을 제시한다. 즉, 개별 기업활동이 지속가능한 경제활동인지 여부를 6대 환경목표(기후변화 완화, 기후변화 적응, 해양 자원의 지속가능한 이용, 순환경제로의 전환, 오염 방지 및 관리, 생물다양성 및 생태계 보호)와 4대 판단조건(하나 이상의 환경목표 달성에 상당한 기여, 다른 환경목표에 중대한 영향을 주지 않을 것, 최소한의 사회적 안전장치 준수, 기술 선별기준에 부합)에 근거해서 판별하고 기업의 친환경 경제활동과 금융기관의 친환경 투자를 촉진한다. 우크라이나 사태로 에너지 위기에 직면한 유럽의회는 2022년 7월 천연가스와 원자력발전을 녹색분류체계에 포함키로 의결했다. 환경단체는 진정한 탄소중립을 저해한다고 비판을 쏟아냈다.
- 공급망 실사제도Due Dilgence는 기업에게 전체 공급망의 환경과 인권보호 현황에 대한 실사 의무를 부여한다. EU는 2022년 3월 기후변화 대응과 노동·인권보호를 위해 산업 전반에 걸쳐 기업의 공급망 실사를 의무화하고, 역외 공급망에서 발생한 ESG 위반 사례에 대해서도 EU 사법기관에 제소할 수 있는 방안을 마련했다. 따라서 향후에는 비EU 기업도 EU 공급망 실사기준을 준수해야 한다. 그렇지 않을 경우 공급망에서 제외될 위험이 있다.

그림 38에서 녹색분류체계Taxonomy는 기업활동의 지속가능성 여부를 규정하고, 보고서 작성 시 경제활동의 친환경 여부에 대한 판단기준을 제공한다. 종업원 500명 이상 기업은 비재무보고지침NFRD에 의거 환경보호, 사회적 책임 등 비재무 정보를 공시해야 한다. 비재무

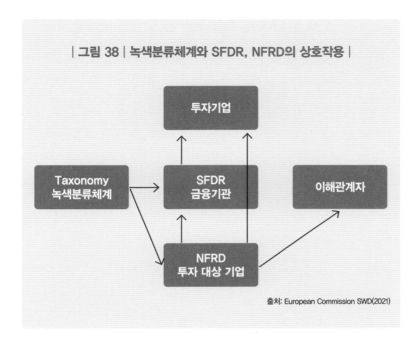

| 그림 38 | 녹색분류체계와 SFDR, NFRD의 상호작용 |

출처: European Commission SWD(2021)

보고지침은 기업의 ESG 정보를 포함하고 있어 금융기관, 투자기업, 이해관계자(소비자 등)에게 의미 있는 정보를 제공한다. 금융기관은 지속가능금융공시규정SFDR에 근거해 투자수익에 부정적인 영향을 미칠 수 있는 ESG 문제를 지속가능위험sustainability risks으로, 그리고 인권·반부패와 관련된 ESG 현안을 지속가능요인sustainability factors으로 구분 공시하여 투자금이 지속가능경영 기업에게 흐르도록 한다. 비재무보고지침과 지속가능금융공시규정은 이처럼 금융위험과 지속가능위험을 관리하도록 하는 한편, 기업과 금융기관의 수입과 지출을 녹색분류체계에 따라 구분하여 공시토록 의무화하고 있다.

■ 탄소 배출 55% 감축을 위한 핏 포 55 패키지 ■

2021년 7월 EU집행위원회는 2030년까지 탄소 배출량을 1990년 대비 55% 감축하기 위한 기후 대응 법안인 '핏 포 55 패키지Fit for 55 Package'를 발표했다. 배출권거래제, 탄소국경조정제도, 사회기후기금, 에너지 노력 분담, 자동차 온실가스 배출 규정 등을 포함하고 있다.

- 배출권거래제는 전력, 철강, 화학, 해상운송, 육상운송, 건축물 등을 대상으로 온실가스를 많이 감축한 기업과 그렇지 못한 기업 사이에 배출권 매매를 허락하는 제도다.
- 탄소국경조정제도는 EU 역외 제품의 생산과정에서 발생한 온실가스에 배출 비용을 지불하도록 하여 탄소유출 위험을 막기 위한 제도다.
- 사회기후기금은 배출권거래제 도입으로 인한 에너지 빈곤층의 어려움을 거래제도의 수익 일부를 활용하여 해소하려는 제도다.
- 에너지 노력 분담은 배출권거래제에 포함되지 않은 농업, 폐기물, 기타 일반 기업 등 EU 전체 온실가스의 60%를 차지하는 부분에 대한 감축 노력을 분담시키려는 규정이다.
- 자동차 온실가스 배출 규정은 2030년까지 승용차의 탄소 감축 목표를 37%에서 55%로 상향하고 2035년부터 내연기관 자동차 출시를 금지하는 규정이다.

2022년 들어 EU는 ESG 실사법, EU 배터리법, 탄소국경조정제도 등을 잇달아 입법화하며 지속가능성 확보를 위한 ESG를 강하게 추진하고 있다. 기업의 ESG 준수 의무 법제화는 EU 시장 진출의 진입장벽이자 기회다. EU ESG 규정 준수는 EU 수출 및 EU 기업의 공급망 선정 전제조건이 될 것으로 예상되므로, 이에 대한 한국 기업의 신속한 대응책 마련이 필요하다. 글로벌 금융시장에서 ESG의 중요성이 높아짐에 따라 ESG 경영은 한국 기업의 해외투자 유치를 위해 반드시 필요하다.[110]

■ 유럽의 ESG 사례 ■

영국 아스트라제네카Astrazeneca는 스웨덴의 아스트라AB와 영국의 제네카가 합병하여 설립된 다국적기업이다. 코로나19 백신을 원가에 판매하기로 공약하고 개도국에 25억 도스 이상의 백신접종을 추진하고 있어 우리에게도 익숙한 기업이다. 통계에 의하면 암, 당뇨, 호흡기질환, 심장질환 등 비감염성 질환이 전체 사망자의 71%에 달한다. 아스트라제네카는 이와 같은 비감염성 질환 청소년의 건강관리 프로그램Young Health Program을 인도네시아, 세르비아에서 운영하고 있다. 기후변화에 대응하여 2015년 대비 2021년 기준 온실가스 배출 50%, 물 사용량 20%를 감축했고 2025년 넷제로를 선언했다. FTSE의 ESG 평가에서 1위를 차지했다.

또 다른 사례로 독일 BMW를 들 수 있다. BMW는 2004년부터 UN 글로벌보고이니셔티브GRI 기준을 적용하여 지속가능 보고서를 발간하고 있다. BMW코리아에 의하면, BMW는 2020년부터 모든 사업장에 100% 재생에너지를 공급하고 있으며, 2022년부터 모든 생산라인에서 전기차를 생산하고 2025년 전기차 판매 비중을 25%까지 확대할 예정이다. 2030년까지 차량 1대당 탄소 배출량을 80% 감축하고 2050년 넷제로를 달성할 계획이다. 2025년까지는 여성 임원 비중을 25% 이상 확대하고, 해외 현지 교육 강화를 위해 기업시민corporate citizenship 과정을 도입했다. 또한 EU 투명성 등록 행동강령 협약EU Transparency Register Code of Conduct에 따라 EU 내에서 이루어진 모든 논의를 공개한다.

| 미국, ESG로 다양성과 공정성을 추구하다 |

■ 대통령 관심 사항인 ESG ■

ESG가 기업 경영의 새로운 표준으로 부상하고 있다. 미국의 ESG 정책의 특징은 자발적 시장 주도형 대응이라는 것과 조 바이든 대통령의 주요 관심 대상이라는 점이다. 먼저 시장에서는 코로나19 팬데믹, 대형 산불과 허리케인을 겪으면서 기후변화에 대한 관심이 증가했다. 인종 갈등, 지역 갈등에서 비롯된 다양성과 공정성 문제를 이슈화했다. 나아가 주주, 투자자 등 이해관계자의 적극적인 참여와 정부의 관심 증가가 ESG 경영을 앞당겼다. 바이든 행정부의 ESG 정책은 과거 트럼프 대통령 시절보다 적극적이다. 먼저 파리협정에 재가입하고, 블랙록의 ESG 총괄이었던 브라이언 디즈Brian Deese 같은 유능한 인재를 영입했으며, 2조 달러 수준의 투자를 계획 중이다.

다음은 유연한 기후변화 대응이다. 자동차, 오일가스, 농업, 건설 등 각 산업별로 필요한 촉진 및 규제정책을 도입하고 추진한다. 예를 들면 전기차 공급을 늘리고, 오일가스의 넷제로를 2035년까지 달성하도록 하는 것이다. 연장선상에서 ESG 우수 기업에게는 상응하는 수익성을 보장하는 방안도 검토 중이다. ESG 평가가 우수한 기업이 더 많은 정부 지원과 금융투자를 받도록 제도를 마련하는 것이다. 퇴직연금 운영에서도 ESG 요소를 반영할 예정이다. 자연스럽게 ESG 기업에게 퇴직연금 투자가 이루어지는 구조다. 마지막으로 투명성 담보를 위해 ESG 공시를 강화하고 글로벌 ESG 표준을 마련한다. 미국 ESG 컨설팅 회사 리드 스미스Reed Smith에 의하면 ESG 표준은 ISO 14001(환경경영 시스템), ISO 26000(사회적 책임), 그리고 ISO 37001(반부패 경영)로 구성될 전망이다.

ESG 정책기관은 증권거래위원회SEC, 노동부DOL, 환경보호청EPA 등이다. 증권거래위원회는 기후변화와 ESG 문제에 초점을 맞춘 태스크포스팀을 구성하고, 그린워싱 등 ESG 관련 부정행위를 사전에 식별하며 투자자 보호정책을 개발한다. 노동부는 ESG 투자에 대응하는 복리후생제도 참가자와 수혜자의 이익을 보호하는 새로운 규칙을 마련한다. 환경보호청은 환경공시제도 등 환경보호를 위한 규제조치를 개선하고, 우수 친환경 제품을 선정하고 포상한다.

미국 SIFSocial Investment Forum(사회적·환경적 책임을 실천하는 투자 목적의 비영리조직) 자료에 의하면, 2020년 미국의 ESG 투자는 1995년에 비해 25배 증가한 17조 달러를 기록했다. 특히 2010년 이후의 성장이 두드러진다. 미국의 정치 전문매체《시큐롤콜CQ Roll Call》에 의하면 코로나19 팬데믹 이후 ESG에 대한 소비자의 관심이 증가했고, ESG 경영 기업의 성과도 많게는 3배 이상 증가했다. 이해관계자로서 소비자는 주주총회 등을 통해 기후변화, 다양성, 포용성, 로비 활동비, 경영층 보수 등에 관한 많은 정보를 요구하고 있다.

미국 증권거래위원회는 ESG 공시를 권고사항에서 의무사항으로 법제화하는 작업을 진행하고 있다. ESG 공시는 다른 법령에 의거 공시가 의무화되어 있지만 지속가능경영에 영향을 주는 요소들을 공개하도록 하는 게 효과적이다. 법안이 통과되면 기후변화와 관련한 경영위험을 어떻게 경영전략에 반영하고 있는지 공시해야 한다. 예를 들면, 넷제로를 언제까지 어떤 일정과 방법으로 구현할 것인지 설명하고, 공급망에 포함된 협력업체(스코프 3)에 대한 온실가스 배출량 저감 대책을 고민해야 한다. 이는 미국 상장기업과 거래하는 우리 기업도 미국 ESG 공시가 요구하는 정보를 공개해야 한다는 의미다. 다행스러운 것은 법제화가 평가기관별로 상이한 ESG 평가항목과 공개기준을 개선하는 효과를 가져와 선택과 집중이 가능하게 된다는 점이다.

■ 미국의 ESG 정책 ■

환경(E) 측면에서 미국은 2050년까지 탄소중립 실현을 목표로 한다. 이러한 실천을 구체화하기 위해 백악관 내 국가기후정책실Office of Domestic Climate Policy을 신설하고 기후변화 보고서 제출을 의무화했다. 파리협정 재가입을 계기로 2030년까지 온실가스 배출량 50% 감축을 선언했다. 이를 위해 오일가스 분야의 메탄가스 배출 감축, 자동차 연비 개선, 가전 에너지 절약기준 강화, 공기오염물질 배출기준 정비를 추진 중이다. 기업이 우선적으로 고려하는 저감 대책은 생산활동에서 발생하는 탄소의 포집 및 저장CCS이다. 또한 2021년 7월 상원은 탄소유출 방지를 위해 2024년 시행을 목표로 탄소국경세 도입 법안을 발의했으며 석유, 천연가스, 석탄, 철강, 시멘트 등에 12%의 세금을 부과할 것으로 예상된다. 또한 환경 규정 위반 국가를 제재하는 법안을 WTO에 상정할 예정이다.

사회(S) 측면에서 다양성은 미국 사회에 커다란 의미를 부여한다. 미국은 성별과 인종은 물론 국적, 종교, 소득, 결혼, 동성애 등 매우 다층적이고 다면적인 사람들이 공존하는 사회다. ESG 평가에서 좋은 점수를 받기 위해서가 아니라 다양성을 지향하는 기업이 진정으로 인력의 다양성을 지향하도록 유도하고 있다. 특정한 상황을 짧은 시간에 경험하고 이해하는 것은 쉽지 않기 때문이다.

사회 측면의 또 다른 주안점은 인권 중심의 통상정책 강화다. 강제노동과 노동착취, 그리고 불공정무역 관행에 대응하기 위해 가용한 무역 조치를 사용할 예정이다. 그 예로 중국 신장웨이우얼자치구에서 생산된 제품의 수입 및 거래를 중단했다. 반도체, 배터리, 핵심 광물, 의약품 등 공급망 관련 4대 핵심 품목 관련 기업의 불법 노동을 금지하고 공정한 노동환경 제공을 강조한다. 2020년 인종공정투자RJI 연합은 120개 이상의 투자자와 기관이 서명한 조직적 인종차별 반대 성명서를 발표했다. 이 성명은 경찰에 의한 흑인 살해를 비판하고 코로나19로 인한 흑인과 소수민족에 대한 불공정을 개선하려는 투자자의 책임을 요구한다.

지배구조(G) 측면에서는 이사회 구성의 다양성을 강조한다. 향후 소수계층 이사를 2명 이상 임명해야 한다. 지배구조 개선 측면에서 캘리포니아를 포함한 12개 주에서 이사회의 다양성을 강화하기 위한 요건을 만들고 있으며, 작업환경 개선에도 변화를 추구하고 있다. PwC의 조사에 의하면, 미국 기업인의 92%는 ESG가 기업의 지속가능성을 결정하는 요인으로 생각하고 있다. 소비자의 80%는 ESG 경영 여부가 제품 구매 의사결정에 영향을 준다고 평가했다. 하지만 기업 입장에서는 투자와 ESG 간 균형, ESG에 대한 정부의 가이드라인 부족으로 어려움을 겪고 있다.

■ 미국 기업의 ESG 사례 ■

크로락스Clorox는 표백제 및 청소용품 분야에서 미국 시장점유율 1위의 소비재 제조기업이다. 소비재 기업으로서 포장재와 제품 자체의 지속가능성에 대한 대내외 압력에 직면하여 2019년부터 폐기물 축소, 재생에너지 사용, 수질관리 등 ESG의 환경(E) 개선 목표를 본격적으로 제시하고 있다.

먼저 플라스틱 등 폐기물 감축과 관련해 2030년까지 플라스틱 및 섬유 포장재 50% 감축, 2050년에는 100% 재활용 또는 퇴비화를 목표로 한다. 재생에너지 사용을 위해 텍사스 소재 에넬Enel사의 로드러너Roadrunner 태양광발전소로부터 12년간 70메가와트의 전력을 구입하고, 가상전력구매계약VPPA[111] 및 신재생에너지공급인증서Renewable Energy Certificate, REC 구매를 통해 신재생에너지 목표를 달성할 계획이다. 2021년 지속가능 보고서에 따르면, 용기 재사용 및 재활용률 76%, 탄소 발생 11% 감축, 재생에너지 사용률 100%를 달성했다. 젠더 다양성을 위해 여성 임원 비율을 2018년 30.4%에서 39.1%로 확대하고, 인종 다양성을 위해 백인 임원을 2018년 69.2%에서 66.7%

로 감소시켰다. 영업 성과 면에서 매출은 10% 증가한 73억 4,100만 달러, EBIT는 17.3%를 기록했다.[112]

또 다른 미국 기업의 ESG 사례로 아마존을 들 수 있다. 아마존은 2019년 기후 선언을 통해 2040년까지 넷제로 달성을 약속하고, 공급망 기업의 참여를 요청하고 있다. 아마존의 이러한 기후협약은 사회적으로 좋은 반응을 얻고 있으며 다양한 의미를 부여한다. 첫째, 탄소 배출이 많은 기업에 중점을 두고 넷제로를 추진한다. 둘째는 협력이다. 공급망에 참여하는 모든 기업의 협력을 통해서만 탈탄소가 가능하다고 주장한다. 셋째는 넷제로 조기 달성이다. 파리협정의 목표 연도인 2050년보다 10년 앞당겨 2040년을 목표로 하고 있다. 아마존은 2030년까지 모든 배달 차량을 전기차로 전환할 것이라고 선언했다. 20억 달러를 투자하여 탈탄소 기술과 서비스 개발을 추진할 계획이다. 조직 운영에서는 인력의 다양성, 형평성, 포용성을 위해 다층적·다면적인 직원들을 채용하고 있다.

중국, 녹색산업으로 ESG를 실현하다

■ 탄소중립정책 3060 로드맵 ■

중국은 금융자본시장 개방정책에 따라 외국자본과 기술을 유치하기 위해 정부, 기관, 기업 모두 ESG에 대한 관심이 커지고 있다. ESG 도입으로 기업의 재무적 및 비재무적 가치를 평가하고 지속가능발전의 판단기준을 마련하여 글로벌 자본의 유입을 촉진하는 계기가 될 것으로 예상하고 있다. 중국의 ESG 정책은 녹색산업 지원 강화, A주[113] 상장기업의 ESG 공시 의무화, ESG 투자상품 공급 확대, 국부펀드 유치를 위한 ESG 투자표준 도입 등으로 집약된다. 이러한 정책에서 볼 수 있듯이, 중국의 ESG 투자는 녹색산업, 탄소중립, 코로나19 회복에 집중되어 있다. 중국 사회주의 특성상 사회(S)와 지배구조(G) 차원의 변화는 쉽지 않기 때문에 환경(E)에 집중하는 모습이다.

2020년 9월 유엔총회에서 시진핑 주석이 2060년 중국의 탄소중립 달성 계획을 발표함에 따라 중국 기업의 ESG 추진 토대를 마련했다. 그러나 현실은 그리 녹록하지 않다. 대외경제정책연구원KIEP의 2022년 1월 보고서에 의하면, 중국은 세계 최대의 탄소 배출국으로 기후변화로 인한 자연재해가 지속적으로 증가하고 있다. 2020년 환경파괴로 인한 경제적 손실이 세계 평균의 7배에 달한다.

중국의 탄소중립정책은 '3060 로드맵'이다. 2030년까지 탄소 배출 정점을 달성하고 2060년에 탄소중립을 이루겠다는 것이다. 로드맵 달성을 위해 2025년까지 친환경 에너지 비중을 20%로 확대하고 탄소 배출량을 2020년 대비 18% 감축하며, 2030년까지 친환경 에너지 비중을 25%로 확대해 탄소 배출량의 정점 목표를 달성할 계획이다. 2021년 7월에는 전국 통합 탄소배출권거래소를 출범시켰다. 2014년 부터 상하이 등에서 시범적으로 운영해 오던 탄소배출권 시범 거래를 2021년 2월에 규범화했다. 초기에는 전력산업을 중심으로 운영하고 향후 5년 내에 석유, 화학, 건축, 철강, 금속, 제지, 민항 등 에너지 소비가 많은 7대 산업으로 확대할 계획이다.

2020년 중국은행업감독관리위원회CBRC는 기후변화 대응 투자 및 금융 가이드를 발표했다. 이는 중국 정부가 2060년까지 탄소중립 계획을 발표한 이후 첫 번째 정부 차원의 정책이다. 이 가이드는 2025년까지의 정책 도입 일정과 기후 및 녹색금융상품, 프로젝트 지원 필요성을 담고 있다. 2021년 전국적 탄소배출권거래체제 출범은 저탄소 투자로의 전환을 촉진할 것으로 기대된다. 현재는 발전사업에만 참여가 가능하지만 향후에는 철강, 시멘트, 석유, 화학, 건설, 항공까지 확대될 전망이다.

자산 운영과 관련해서는 중국자산운영협회AMAC가 2018년 중국 최초 녹색투자 자산관리 분야의 자율규제 기준인 녹색투자 가이드를 공포했다. 녹색투자와 지속성장 경제발전이 기대되는 부분이다. 중국인민은행은 2015년 녹색금융본드(채권의 일종으로 재생에너지, 탄소 저감 같은 환경적 이익을 창출하는 프로젝트에 투자함)를 출시하고 그린 프로젝트를 지원하기 시작했다. 2020년 말 기준, 본드 발생 금액 1.2조 위안, 잔고 8,132억 위안으로 세계 2위의 본드시장으로 성장했다.

중국의 주요 ESG 평가기관은 화정지수, 하비스트 펀드Harvest Fund, 사회가치투자연맹, 샹다오룽뤼SynTao Green Finance 등이 있으며, 주로 중국 상장기업들의 ESG 경영을 평가해 이를 투자자들에게 공개한다. 2020년 10월 기준, 상하이거래소의 34.7% 상장기업과 선전거래소의 17.1% 상장기업이 ESG 관련 내용을 자발적으로 공시했다. 2020년 6월 A주(상하이, 선전) 상장기업이 발표한 ESG 보고 수량은 2019년의 371건에서 1,021건으로 증가했다. 특히 국유기업의 사회적 책임 보고서에 대한 공시율이 상대적으로 높은 편이다.

■ 중국식 ESG 모델 ■

글로벌 ESG 평가기관이 특정 국가의 ESG 제도에 초점이 맞춰져 있듯이 중국 평가기관의 기준도 중국적인 요소를 많이 포함하고 있다. 따라서 평가요소가 다양하고 평가항목도 많이 다르다. 중국식 ESG의 특징은 산업별 ESG 추진 정도가 다르다는 것이다. 예를 들어 건설·부동산의 경우 에너지 관리, 폐기물 처리 등은 수준이 높은 반면, 하수처리, 오염 방지 등은 개선할 점이 많다. ESG 투자에도 중국식 모델이 등장하고 있다. ESG 평가를 위한 기준을 글로벌 ESG 가이드라인과 사회문제, 정부 요구 사항을 반영해 설정하는 것이다. 실제 평가 시에는 인공지능을 이용해 정형 데이터와 비정형 데이터를 함께 활용하고 있다는 점이 특징이다.

표 31에서 보는 것처럼 중국은 자체적인 ESG 평가기준인 CN-ESG를 만들어 중국 상황을 반영하고 중국 기업이 정당하게 평가받도록 정책적으로 지원하고 있다. 서양의 나인 투 파이브9 to 5 근무, 여성 이사 비율 20%, 화석에너지 배제 등은 중국 실정에 맞지 않는다. 국민소득 3만 달러 국가의 ESG 기준을 1만 달러 수준의 중국에 적용하는 것은 맞지 않다는 게 중국의 입장이다. 그런데 최근 중국 A주 상장기업이 MSCI, FTSE 등 글로벌 지수 평가에 포함되고, 중국 감독기관이 ESG 전략과 정책을 시행하면서 중국 금융시장의 자원배분에 영향을 미치고 있다. ESG 평가는 중국 정부가 녹색에너지와 기후변화 관련 개발을 촉진하고 있어 중국 투자 관심 기업에게 좋은 지표를 제공한다.[114] 더욱이 자발적인 ESG와 기업의 사회적 책임 보고서를 공시하는 사례가 증가하고 있으며, 자본시장의 국제화가 지속되고 관련 정

표 31 | 중국식 ESG 평가 특징

구분	세부 평가 내용
환경(E)	글로벌 평가기관은 화석에너지를 배제하지만, 중국은 축소를 지향한다. 절약과 효율성 제고 등 질적 변화를 추구하는 것이 녹색 프로젝트에 해당한다. 환경 위험 노출계수, 에너지 절감지표, 오염 방지, 친환경 업무 등이 주요 평가기준이다.
사회(S)	글로벌은 인권, 평등, 안전, 공정거래 등 사회 전반에 영향을 미치는 요인에 무게중심이 있다. 중국은 기업의 사회자원 보유와 사회 서비스 제공이 중요하다. 특히 농민공의 임금체불 여부를 중시한다. 이해관계자에 대해서는 신용, 재무 건전성을 중시하며, 일반 소비자에게는 서비스 품질, 공익 지출(자선, 구제), 고객만족도 등의 지표를 중시한다.
지배구조(G)	글로벌은 주주 다양성, 이사회 운영, 임원 급여 등을 강조하 하는 반면, 중국은 기업의 성장성을 중시한다. 거시전략, 자본수익률, 증자 및 감자 현황 등이 차이점이며, 소액주주에 대한 관심은 약하다.

출처: 김종원, 〈중국판 ESG 평가체계 구축 가속화〉, Kotra 해외시장뉴스, 2021.8.31

책과 제도가 개선됨에 따라 ESG 투자와 경영도 빠르게 정착할 것으로 예상된다.

한국 기업이 중국에서 성장하려면 글로벌과 중국을 아우르는 ESG 전략이 필요하다. 중국 ESG는 환경(E)과 사회(S)에 대한 가중치가 크다. 최근 개정된 '환경보호법'에서도 기업의 환경 책임을 중요하게 다루고 있다. 실례로 양쯔강 인근의 화학업체가 강제 이전 조치된 바 있지만, 환경보호 상품 및 솔루션 기업은 다양한 지원을 받고 있다. ESG 개념이 이미 중국에 뿌리를 내리고 있다. 중국 시장에서 우위를 점하기 위해서는 상품의 우수성뿐만 아니라 ESG 경영을 실천해야 한다. 지속경영 측면에서는 소비의 중심인 MZ세대를 겨냥하여 가격경쟁력이 아닌 가치경쟁력을 제고해야 한다. 중국에서도 사회공헌, 환경보호, 상품 안전 등의 부가적인 가치를 지속적으로 소비자에게 제공할 수 있어야 한다.

■ 중국 기업의 ESG 사례 ■

흥업은행은 중국 최초로 적도원칙Equator Principles(1천만 달러 이상 개발 프로젝트가 환경파괴를 일으키거나 인권을 침해할 경우 투자자금을 지급하지 않겠다는 금융기관의 자발적 행동준칙)에 가입하고 ESG 경영을 도입했으며, 11년간 ESG 보고서를 공시하고 있다. ESG 상품인 '흥업 ESG 아름다운 중국'을 출품하고 기업의 CEO가 자발적으로 사회적 책임을 다하는 ESG 경영을 하도록 유도하여 장기적 투자 성과를 도출했다. 흥업은행은 ESG 재테크 상품을 출시하여 중국의 금융 트렌드를 선도하고 있으며, 녹색대출, 녹색임대, 녹색기금, 녹색 재테크 같은 금융상품을 운영하여 연간 8,454만 톤의 이산화탄소 절감과 4만 1,026톤의 물 절약 효과를 거둬 MSCI로부터 2년 연속 A평가를 받은 ESG 경영 선도은행이다.

중국 전기차 제조기업 비야디BYD는 친환경(E) 관리체계 수립 및 환경오염 방지 생산공정 도입으로 배기가스 내 질소 함유량을 감축했다. 오염방지시설 건설과 보일러 개조로 질소 배출과 고정 폐기물 발생을 효과적으로 줄이고 있다. 비야디는 사회(S) 분야에서 아동, 청소년, 여성 권익에 맞춰 교육 및 건강 증진 프로젝트를 운영하고, 빈곤퇴치 활동을 전개하고 있다. 지배구조(G)의 투명성을 높이기 위해 우리사주, 이익공유 같은 제도를 도입하여 지속가능하고 건전한 발전을 실현한 공로를 인정받아 2021년 환경 및 지배구조 분야 중국 최

고책임상을 수상했다.[115]

| 일본, 국민적 참여를 권고하다 |

■ 가이드 중심의 ESG 모델 ■

일본의 ESG 정책은 EU와 미국의 규제 또는 의무화 조치와는 다르게 가이드 혹은 사례집을 중심으로 정책 홍보와 기업 참여 유인을 목적으로 한다. 환경(E) 측면에서는 경제산업성과 환경성의 〈기후변화 관련재무정보공개협의체TCFD 가이던스〉 발행이 대표적이다. 사회(S) 측면에서는 경제산업성이 〈다양성 2.0 행동 가이드라인〉을 발행했고, 지배구조(G) 측면에서는 금융청이 〈스튜어드십 코드〉를, 경제산업성이 〈지배구조 시스템 가이드라인〉과 〈사외이사 가이드라인〉을 발행한 바 있다.

일본의 ESG 투자는 2020년 2.8조 달러로 미국이나 EU와 규모 면에서는 작지만 성장률 면에서는 매년 100%의 괄목할 만한 발전을 기록하고 있다. 특히 〈스튜어드십 코드〉 발행 이후 투자자와 기업 간의 상호작용이 증가하고 있다. 실례로 도쿄증권거래소 상장기업의 70% 이상이 투자자에게 기업 이념을 설명하고 장기 비전을 제시하고 있다.

■ ESG 저변 확대를 위한 노력 강화 ■

일본의 ESG 환경정책은 G20의 '기후변화관련재무정보공개협의체'가 2017년 발표한 'TCFD 권고안'에 기반한다. 이 권고안에 의거하여 2019년 환경성에서 〈TCFD 실천 가이드〉를 발표했다. 이 실천 가이드는 공시 방법과 업종별 공시 관점을 설명한다. 예를 들면, 화학의 경우 환경 공헌 제품을 통한 탄소 감축 계획, 연구개발 계획, 공급망 관리 계획 등을 어떻게 기술할 것인가 하는 과제의 가이드를 제시한다.

사회 분야는 2018년 개정한 〈다양성 2.0 행동 가이드라인〉을 근간으로 다양성 경영 구축을 지원한다. 다양성 경영이란 성별과 인종을 초월해 다양한 인재를 채용하고 능력을 극대화할 수 있는 환경을 제공하여 혁신을 창출하고 가치 창조로 연결되도록 하는 경영이다. 실천 방안으로 여성 활약 우수기업 선정(나데시코 종목), 지속성장을 추구하는 건강 경영도 조사 등을 실시하고 있다.

지배구조 분야는 서구 국가가 위험회피risk-aversion에 중점을 두는 반면, 일본은 자본생산성ROE 향상에 중점을 두고 있다. 글로벌 경쟁에서 우위를 점하기 위해 지배구조와 이사회의 역할 강화를 강조한 것이다. 이러한 기조는 2020년 이후 변화가 생겨 2021년 개정한 〈기업지배구조 코드〉에서는 3분 1 이상 독립 사외이사 선임, TCFD 등 국제기준 요구 사항 준수 등을 명시하고 있다. 경제산업성의 〈가치협력 창조 가이드〉는 기업 경영자의 경영이념과 전략을 적극적으로 투자자에게 전달할 것과, 투자자는 지속가능 관점에서 기업을 평가하고 적극적인 스튜어드십 활동을 할 것을 요구한다.

최근의 ESG 정책은 ESG 정보공개, 지역 금융 차원의 ESG 실천, ESG 저변 확대 등 3가지다. 먼저 정보공개는 투자자인 금융기관과 투자를 받는 기업이 글로벌 정보공개 가이드라인에 따라 정보를 공개하고 상호작용을 확대하는 것이다. ESG 실천은 지역 과제 해결과

지역 금융 활성화를 위해 ESG 투자를 확대한다. 실례로 2017년 도쿄도는 '도쿄그린본드'를 발행한 바 있다. 마지막으로 ESG 저변 확대는 포지티브 임팩트 파이낸스Positive Impact Finance(경제, 사회, 환경에 긍정적인 효과를 주는 지속가능개발 금융) 보급을 통해 임팩트 투자를 확대함으로써 ESG 투자의 성과를 제고하는 것이다.

이와 같은 정부 정책에 따라 기업의 ESG 경영과 ESG 통합 보고서 작성이 지속적으로 확대되고 있다. 특히 코로나19 이후 기업의 ESG 경영이 확대되었다. 근로자의 업무 방식에 있어 재택근무와 디지털화가 확산되고, 코로나 대응형 제품 혁신, 고객과의 대화 채널 다양화 등 ESG 실천에 대한 관심이 증가하고 있다.

■ 일본 기업의 ESG 사례 ■

미쓰비시 상사는 2017년부터 ESG 통합 보고서를 발간하고 있다. 2020년부터는 유엔 지속가능 보고서와 통합하여 표 32의 항목을 중

표 32 | 미쓰비시 상사의 ESG 통합 보고서 기재 항목

	내용
환경(E)	기후변화, 환경 관리, 수자원, 생물다양성, 오염 방지, 자원 유효 활용(재활용·순환형 비즈니스 대응)
사회(S)	인권, 노동 관행, 다양성 관리, 노동안전·위생, 인력개발, 고객 책임, 커뮤니티, 공급망 관리
지배구조(G)	기업지배구조(사외이사·사외감사·사외거버넌스 위원), 법령·규정·규범 준수compliance, 위험관리

출처: 김은지·이형근, 《일본의 ESG 대응전략 분석과 시사점》, Global Market Report 21-028, kotra, 2021

심으로 홈페이지에 게재하고 있다. 환경(E)의 기본 방향은 저탄소사회로의 이행이며, 사회(S)는 다양성 추구를 통한 변화 관리, 지배구조(G)는 건전·투명·효율적 조직 운영에 중점을 두고 있다. 환경과 사회는 위험인 동시에 기회라는 인식 아래 경제적 성과와 사회적 가치를 동시에 창출하는 것을 지속성장을 위해 필요 불가결한 요소로 평가한다. 이를 위해 지속가능성 7대 중대 과제materiality를 설정하고 ESG와 지속가능발전목표SDGs에도 공헌하고 있다. 중대 과제에는 저탄소사회로의 이행, 지속가능한 조달, 지역 과제 대응, 차세대 사업을 통한 사회문제 해결, 환경보호, 지역공동체와의 공생, 매력적인 직장 실현 등이 있다.

　스미토모화학은 2050년 탄소중립 목표 달성을 위해 세부 실천 계획을 추진 중이다. 기후변화 대응 및 자원 재활용에 기여하는 54개 제품군을 '스미카 지속가능 솔루션Sumika Sustainable Solutions'으로 지정하여 2020년 온실가스 6,200톤, 유기용매 10만 톤, 물 사용량 1,420만 톤을 각각 삭감했다. 2035년까지 에너지 비중을 석탄 20%, 가스 50%, 재생에너지 30%로 조정하고, 2035년 탄소 배출량을 60% 감축하며, 2040년 모든 석탄발전을 중지할 계획이다. 스미토모는 공급망에 있는 협력사의 탄소중립 이니셔티브에 참여하여 사회 전체의 탄소중립을 추진하고 있다.[116] 스미토모화학은 MSCI로부터 AAA등급을 받은 ESG 평가 우수 기업이며, 탄소 배출 관리 우수등급 기업이다.

| ESG 시장의 패권을 잡아라 |

■ 자금이 몰리는 ESG 펀드와 ETF ■

2030년 글로벌 ESG 투자 규모는 130조 달러를 초과할 것이라는 전망이 나왔다. 도이치뱅크Deutsche Bank가 2020년 11월에 발표한 내용이다. 금융투자 자산의 ESG 투자 비중은 2015년 25%에서, 2020년 50%로 증가했다. 2030년에는 95%까지 증가할 전망이다. 미국 금융기술 기업 브로드리지Broadridge 보고서에 의하면, 2021년 ESG 뮤추얼펀드와 ETF가 사상 최고치를 기록했다.

ESG 분야 중 가장 자금이 몰리는 분야는 환경이다. 환경은 인류의 지속가능성 확보를 위한 기후변화 대응과 생태계 보존과 직결되어 있다. 유엔기후변화협약 당사국총회에서 195개국 당사자가 파리협정에 서명한 이유다. 전 세계 147개국이 탄소중립을 선언했다. 미국, EU, 일본 등 주요 선진국은 2050년을 탄소중립의 해로 선언했고 중국, 러시아는 2060년을 목표로 한다. 우리나라는 2020년 11월에 2050년을 탄소중립 달성 원년으로 선언했다.

탄소중립을 위해서는 많은 투자와 변화가 필요하다. 먼저 화석연료를 그린에너지로 전환하고 탄소포집저장기술CCUS을 활용하여 전력 부분의 탄소중립을 실현해야 한다. 철강, 석유화학 등 전통 산업은 신기술을 적용하여 탄소 발생을 줄이고 스마트팩토리 추진으로 에너지 효율을 높여야 한다. 수송 부분의 친환경차 도입, 건물의 열효율 제고, 폐기물 관리, 스마트 농법 도입 등 많은 과제가 병렬적으로 추진되어야 한다.

이러한 변화를 추진하는 기술을 C-테크C-tec라고 한다. C-테크는 탄소 발생을 줄이는 것을 넘어 연료 등으로 재사용하는 것을 목표로 한다. 또한 우주 태양광발전과 같은 새로운 친환경 에너지 원천을 찾아내는 것을 포함한다. 2022년 3월 개최된 매경포럼에서 장대환 매경 회장은 C-테크는 탄소중립뿐만 아니라 새로운 미래 먹거리와 일자리를 창출하는 원천이라고 주장하며 모든 기업과 국민의 관심을 요청했다.

ESG 중 사회(S)가 요구하는 다양성과, 지배구조(G)가 요구하는 투명성을 실현하기 위해서도 환경(E)과 유사한 수준의 노력이 필요하다. ESG는 위험이자 기회다. ESG 경영은 기업에게 올바른 의사결정에 필요한 정보를 제공하고 위험을 사전에 탐지할 수 있게 한다. 투자자는 ESG 경영에 충실한 기업에 투자를 늘리고, 소비자는 그런 기업의 제품과 서비스 구매를 선호한다. ESG 경영에 충실하지 않는 기업은 투자를 회수당하거나 소비자로부터 외면당할 수 있다. ESG는 선택이 아닌 기업의 미래이며 생존전략이다.

■ 유럽식 ESG의 시장 지배 ■

환경과 인권 문제에 민감한 유럽과 미국은 오래전부터 ESG 연구를 해왔다. 당연한 결과로 유럽과 미국은 자신이 ESG 시장에 주도권을 가지고 있다고 생각한다. 중국 입장에서는 글로벌 금융시장이 ESG 중심으로 재편되는 과정에 위기감을 느끼고 시급히 탄소중립과 ESG 추진 계획을 발표할 수밖에 없었다. 중국은 탄소중립을 위해 100조 위안을 투자하고 2060년 재생에너지 비중을 100% 달성할 계획이다. 중국은 중국식 ESG 평가체계를 도입하고 미국식 평가체계에 대한 대응 논리를 만들어가는 한편, 더 많은 중국 기업이 ESG 공시에 참여하도록 독려하고 있다. 사회주의 국가의 특성상 환경 평가 점수를 올리는 것은 가능하지만, 사회와 지배구조 점수는 취약하여 서구 선진국에게 글로벌 금융시장을 잠식당할 위험을 안고 있다.

유럽, 미국, 중국 이외의 다른 나라에서도 글로벌 금융투자기관이 투자 결정요인으로 ESG를 고려함에 따라 ESG 경영을 서두르는 모양새다. 코로나19 팬데믹은 ESG 투자를 확대하는 계기가 되었다. 일부 투자은행은 기관의 성과를 ESG 투자 성과와 연동하려는 움직임을 보이고 있다.

러시아의 상황은 좀 다르다. ESG 투자는 정부 주도로 금융과 자원개발, 중공업 분야에 한정되어 진행되고 있다. 유럽의 공급망에 들어가기 위해서 유럽과 미국식 ESG를 추구하고 있지만, 국제표준이 없는 상황에서 방향을 설정하기가 쉽지 않아 보인다. 최근에 벌어진 우크라이나-러시아 전쟁이 글로벌 ESG 경영을 위협하고 있다. 유럽은 탄소중립 실현을 위해 희귀금속이 필요하지만 러시아의 니켈 수출 중단과 독일의 과도한 러시아산 에너지 의존이 전쟁의 조기 해결과 ESG 경영을 어렵게 하는 요인으로 지적되고 있다. 일부에서는 ESG 도입이 늦어져 러시아에 대한 평가를 제대로 하지 못한 것이 전쟁이라는 참사를 불러왔다고 주장하기도 한다. ESG를 좀 더 빨리 도입했다면 러시아에 대한 ESG 평가가 낮아 글로벌 기업의 러시아 투자가 부진했을 것이고 결과적으로 경제 악화로 이어져 전쟁 여력을 확보하지 못했을 것이라는 논리다.

표 33 | 국가별 ESG 공시제도 현황

국가	내용
유럽	· 지속가능금융공시규정SFDR – 금융기관 대상(2021년) 시행 · 비재무보고지침NFRD – 직원 500명 이상 대기업 1만 1,700개사 대상(2018년) 시행 · 기업지속가능성보고지침CSRD – 대기업 4만 9천 개사 대상(2024년) 시행
미국	· ESG 공시 간소화법ESG Disclosure Simplification Act 하원 통과(2021.6) – 증권거래위원회에서 ESG 공시 법제화 추진 중(2022년 목표)
일본	· ESG 중 환경 분야 공시 촉진을 위해 경제산업성 <TCFD 가이던스> 발표(2020.7) – 도쿄거래소는 기업지배구조 강령을 개정하고 ESG 정보 공시 강화(2021.6) · 사회(S)는 <다양성 2.0 행동 가이드라인>을 통해 권장
중국	· 증권법 개정(2020년) 및 상장기업 보고서 지침 개정(2021년)에 의거 공시 의무화 – 상하이거래소 상장기업의 35%가 자발적 공시 중
한국	· 2021년 1월 한국거래소가 <ESG 정보공개 가이던스>를 제정하고 공시 의무화 – 2025년 코스피 상장기업 중 자산 규모 2조 원 이상, 2030년 모든 상장기업

표 33과 같이 ESG 경영의 도입과 확산을 위해 많은 국가들이 ESG 공시제도를 적극적으로 추진하고 있다. EU는 법제화했으며, 미국은 2022년 중 법제화가 예상된다. 일본 도쿄증권거래소는 ESG 정보 공시를 강화하고 있으며, 중국도 2021년 상장기업 보고서 지침 개정을 통해 ESG 공시를 의무화했다.

우리나라는 모든 상장기업의 ESG 공시가 2030년이 돼야 의무화된다. 그때까지 기다리는 것은 너무 늦다. 전경련 ESG 백서에 의하면, 우리나라 30대 그룹은 2030년까지 153조 원을 투자할 전망이다. 우리 기업의 대표적인 투자 방식은 인수합병이다. 환경과 기술 변화가 빠른 만큼 기술개발과 표준경쟁 또한 치열하여 보다 적극적인 투자와 노력이 아쉽다. 세계적인 표준을 선점하는 것은 국제경쟁력을 높이는 가장 효율적인 방법이다. 중소기업의 ESG 인식은 매우 낮은 편이다. 2022년 4월 중소기업중앙회가 발표한 통계에 의하면 중소기업의 70.0%가 ESG에 대해 모른다고 답했다. 준비 정도에 대한 질문에는 24.4%만이 준비 중이라고 응답했다. 중소기업에 ESG 교육, 컨설팅, 시설 지원 등을 확대해야 한다.

2022년 1월 유명희 경제통상대사는 코트라kotra 직원을 대상으로 한 강연에서, 각국이 주장하는 ESG 내면에는 자국 우선주의가 숨어 있으므로 특정 국가를 지지하는 ESG는 경계해야 한다고 지적했다. 우리 정부도 지난해 K-ESG 표준 마련을 위한 검토를 시작했다. 국내 표준 마련은 국제표준 설정 참여의 초석이 된다. 우리 표준이 국제표준에 반영되도록 표준화 국제기구의 전문가 네트워크를 통해 영향력을 확대해야 한다. 국제표준은 홀로서기보다는 생각을 같이하는 국가와 연대하는 접근방법이 필요하다. 미래 먹거리 ESG 패권경쟁에 서둘러 참여해야 한다.

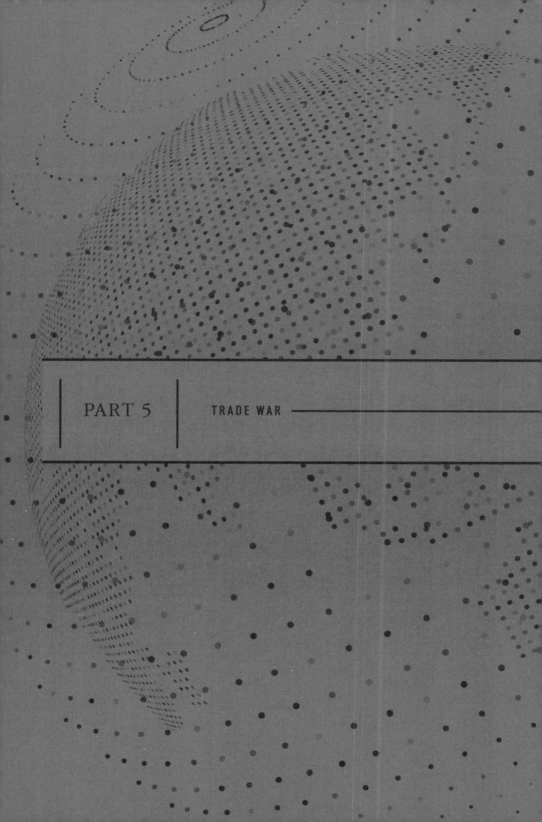

PART 5 | TRADE WAR

글로벌 무역전쟁의 미래

문제는 무엇을 디지털화하고 ESG와 접목할 것인가다.
인력과 예산이 상대적으로 풍부한 대기업도 모든 분야에
투자할 수 없고 모든 분야를 잘할 수 없다. 잘할 수 있는
분야에 집중해야 한다. 전략자산strategic asset에 집중하는
것이다. 전략자산은 기업이 보유한 배타적이고 확장성
있는 자산이다.

ESG와 디지털 전환

| 경계가 허물어지는 세상 |

■ 디지털 기술을 활용한 ESG ■

우리는 경계가 무너지는 세상에 살고 있다. FTA는 국경을 허물고, IT 기술은 산업 간 경계를 무너트렸다. 코로나19는 학교와 가정과 직장의 경계를 무너트렸다. 디지털 기술은 마지막 남은 경계로 생각했던 현실세계와 가상세계의 경계를 무너트리는 메타버스를 탄생시켰다. 우리는 메타버스 속의 또 다른 '나'인 아바타를 통해 무한한 확장성을 가진 경계가 없는 세상을 경험한다. 2022년 국제가전박람회CES를 통해 산업 간 경계뿐만 아니라 현실과 가상의 경계가 사라지고 있음을 실감한다. 현대자동차는 로봇을 전시하고, 소니는 자동차를 전시했다. 롯데는 메타버스 쇼핑을 선보였고, 보쉬는 디지털 트윈을 통해 우주정거장을 모니터링하는 모습을 연출했다. 기술의 발전이 산업 간 경계를 무너트리고 있는 것이다.

기술의 발전은 필연적으로 환경문제를 동반한다. 기계를 돌리기 위해 에너지가 필요하고 에너지를 생산하기 위해 석탄이나 석유 같은 화석연료를 사용한다. 메타버스 플랫폼을 만드는 데 필요한 반도체를 생산하고, 메타버스를 운영하는 데 필요한 데이터를 생산하기 위해 많은 양의 에너지를 소비한다. 한편 메타버스, 반도체, 데이터를 소유한 사람의 자산은 그렇지 못한 사람의 자산보다 빠른 속도로 증가하여 부의 불평등을 야기한다. 때로는 정당하지 못한 방법으로 부를 축적하기도 한다. 코로나19는 환경에 대한 관심을 모든 사람에게로 확장시켰다. 이러한 환경문제, 불평등, 불공정을 해소하기 위해 기업의 사회적 책임을 강조한 ESG가 더 많이 주목받기 시작했다.

디지털과 ESG의 경계가 무너지는 세상이 왔다. ESG 디지털 전환이란 용어가 주목받고 있다. 표 34의 예시와 같이 ESG 혁신과 디지털 혁신을 동시에 추구하는 다양한 모델을 생각해 볼 수 있다. 첫 번째 모델은 디지털 전환 자체를 ESG 관점에서 생각하는 것이다. 회사 업무를 디지털화하여 플라스틱이나 종이 사용을 억제하고 에너지 낭비를 없애는 것이다. 회의 시 전자문서를 사용하고 음료는 재활용 컵을 쓴다. 비대면 원격회의는 교통수단 이동에 따른 탄소 발생을 억제할 수 있다. 데이터 기반의 경영은 의사결정을 신속하게 하고 시행착오를 줄이는 효과가 있다.

두 번째는 디지털 기술을 활용하여 ESG 정보를 분석하는 것이다. 은행의 경우 수많은 고객의 방대한 정보를 디지털 기술을 활용하여 ESG 관점에서 수집하고 분석하여 리스크를 줄일 수 있다. ESG 평가기관의 경우 평가대상 기업이 수백 개에 이르고 평가항목이 수천 개를 넘어 빅데이터와 인공지능 같은 디지털 기술을 활용한 정보수집과 분석이 필요하다.

세 번째 모델은 디지털 기술을 이용하여 ESG를 추진하는 것이다. 예를 들면, 제품 생산에 있어 탄소발자국을 확인하기 위해 메타버스상에서 제품 디자인부터 생산, 유통, 폐기 등 전 과정을 시뮬레이션해 볼 수 있다. 작업공정 효율화 방안을 메타버스상에서 자원의 제한 없이 반복 실행함으로써 실제 작업 시 탄소 배출량을 최소화할 수 있다. 건설 현장에서도 인공지능과 사물인터넷 기술을 활용해 투입 인력을 축소하고 공기를 단축할 수 있다면 에너지 절감, 먼지 발생 감소, 소

표 34 | ESG 디지털 전환 방안

방안	사례
디지털 전환 자체를 ESG 관점에서 시작한다.	생활 속에서 일회용기나 플라스틱 사용을 줄이고, 원격회의 활성화로 교통에 따른 탄소 발생과 에너지 소비를 억제한다.
디지털 기술을 이용하여 ESG 정보를 분석한다.	ESG 평가를 위한 방대한 정보수집과 분석에 디지털 기술을 이용하고, 디지털 파일 제작으로 종이 사용을 줄인다.
디지털 기술을 활용하여 ESG를 추진한다.	메타버스를 활용한 시뮬레이션을 통해 시제품 제작의 효율성을 높이고, 클라우드 활용으로 에너지 소비를 낮춘다.

출처: Mobile World Daily 2022

음 해소 등 환경(E) 측면에서 획기적인 변화를 가져올 수 있다. 사회(S) 측면에서 위험한 작업을 로봇이나 기계가 대신하여 근로자의 작업환경을 개선할 수 있다. 지배구조(G)는 경영의 투명성이다. 일하는 방식이 디지털 기술과 데이터 기반이기 때문에 투명하다. 부정부패가 감소한다.

■ 탄소중립 해결자로서 디지털 ■

지금까지 디지털 전환과 ESG 경영이 별개의 영역으로 발전하여 왔으나, ESG 경영이 심화될수록 디지털 기술과의 접목 필요성이 높아지고 있다. 삼성SDS에서는 디지털 ESG 서비스를 출시했다. 이 서비스는 디지털 ESG 컨설팅, ESG 디지털 전환, ESG 플랫폼 구축 등을 포함한다. SaaS Software as a Service 형태로 서비스를 제공하고 MSCI 등 평가기관에 적극 대응한다. 글로벌 경영컨설팅 기업 액센추어 Accenture 보고서에 따르면, 디지털 전환과 ESG 경영을 동시에 추진하는 경우 사업 성과가 20% 이상 증가한다. 이는 디지털 ESG를 추진할 때 효율이 증가하기 때문이다.

디지털은 탄소 발생의 원인이자 해결책이다. 디지털화 없이는 ESG도 없다. 시장조사업체 가트너Gartner의 2021년 11월 발표에 따르면, 기업의 지속가능전략에 디지털을 어떻게 적용하느냐가 ESG 목표의 핵심이다.[117] 예를 들면, 스마트빌딩은 건물의 환경문제에 대한 기술적 솔루션을 제공한다. 기술적 솔루션 요소인 사물인터넷과 인공지능이 건물의 탄소발자국을 줄이는 데 도움을 주기 때문이다. 디지털 지속가능성digital sustainability과 접목하기 위해서는, 즉 이를 실현하기 위해서는 먼저 목표의 우선순위를 정해야 한다. 목표는 기후변화, 생물다양성, 인권, 건강, 윤리 등 다양하다. 각각의 요소들이 이해관계자와 비즈니스에 어떻게 영향을 미치는지 분석하고 우선순위를 정하는 것이다. 한편 디지털 지속가능성은 기술적 측면과 정서적 측면의 합작품이다. 기술은 기업이 어떻게 친환경 제품을 생산하고 친환경적으로 배달하느냐 하는 문제에 집중된다. 정서는 소비자에게 어떻게 친환경 제품을 사용하고 재활용하게 하느냐는 문제와 관련된다. 결국 기술과 정서의 경계를 허물어야 한다.

| 전략자산에 집중하라 |

■ 전략자산의 배타성과 확장성 ■

문제는 무엇을 디지털화하고 ESG와 접목할 것인가다. 인력과 예산이 상대적으로 풍부한 대기업도 모든 분야에 투자할 수 없고 모든 분야를 잘할 수 없다. 잘할 수 있는 분야에 집중해야 한다. 전략자산 strategic asset에 집중하는 것이다. 전략자산은 기업이 보유한 배타적이고 확장성 있는 자산이다. 군사적으로는 전쟁의 승패를 결정할 만큼 적군에게 큰 영향을 주는 무기체계로 전략폭격기, 핵추진 항공모함 등을 의미한다. 비즈니스에서 전략자산은 제품과 같은 유형자산이나 지식재산권과 같은 무형자산을 의미한다. 전략자산에 집중해야 하는 이유는 자원의 유한성 때문이다.

기업의 전략자산 선정기준은 무엇일까? 배타성, 확장성, 공익성이다. 배타성은 남들이 쉽게 따라오지 못하며 보호받을 수 있는 자산이다. 쉽게 따라올 수 있는 자산이라면 지식재산권 등록을 통해 보호받을 수 있어야 한다. CES에 출품된 수면 보조 램프는 어떨까? 독창적인 아이디어를 특허로 등록한다면 보호를 통해 배타성을 확보할 수 있다.

확장성은 자산을 증식하고 시장을 확대해 나가는 힘이며, 변화하는 환경에 유연하게 대처하는 동태적인 능력이다. 동태적인 능력은 VUCA로 일컫는 변동성, 불확실성, 복잡성, 모호성의 환경에서 어떻게 비즈니스를 확장하고 수익을 증대할 것인가의 답을 찾는 것이다. 확장성을 가진 상품은 파이 쪼개기가 아닌 파이 키우기 전략이 가능하다. 수면 보조 램프는 사용하는 기체의 종류에 따라 기상 보조 램프가 될 수도 있고 학습 보조 램프가 될 수도 있다. 무엇보다도 플러스섬 시장을 형성하는 제품이다.

공익성은 기업의 사회적 책임을 다하는 것이다. 자칫 기업이 수익성 비중을 높이다 보면 환경을 훼손하고 형평성이나 투명성을 해쳐 ESG 경영 목표를 달성하지 못할 수 있다. 수면 보조 램프가 잘못 사용될 경우 인체뿐만 아니라 환경에도 부정적인 영향을 준다. 따라서 사회적 책임을 다하기 위해서는 보다 세심한 배려가 필요하다.

■ 동태적 포트폴리오 관리 ■

경영전략은 전략자산과 기업 역량을 어떻게 레버리지로 사용해 핵심사업에 반영할 것인가가 중요하다. 전략자산은 핵심사업의 근간이며, 핵심사업의 성공 없이는 기업의 성장도 없다. 핵심사업의 첫 번째 성공 요인은 고객경험 향상이다. 고객을 핵심고객, 예상고객, 잠재고객으로 구분하고, 핵심고객의 충성도를 높이기 위한 브랜드 전략으로 성공 사례를 만들어서 이를 바탕으로 예상고객과 잠재고객을 위한 차별화된 고객경험을 제시해야 한다. 좋은 경험을 주는 제품이 좋은 상품이다. 핵심고객에게 제공하는 좋은 경험을 예상고객과 잠재고객에게도 전달하는 것이다. 고객을 확장해 나가는 전략은 제품의 수명주기를 늘려가는 전략이다.

비즈니스 범위를 넓히는 사업 확장은 전략자산을 이용하여 차별화된 시장에 접근하는 것이다. 성공한 핵심사업을 기초로 하되 이와는 독립된 상품과 고객 포트폴리오를 구성해야 한다. 예를 들면, 향수 제조기업이 향기를 바탕으로 향기비누 시장에 진출하는 것이다. 전략자산을 활용한 파괴적인 혁신을 통해 시장질서 재편을 목표로 해야 한다. 전략자산을 활용한 핵심사업 선택 시 경계해야 하는 것은 현재 중심 또는 근시안적 접근방법이다. 모든 제품에는 수명이 있고 언제

표 35 | 전략자산을 활용한 제품 및 시장전략

	핵심고객	예상고객	잠재고객
제품전략	핵심제품을 통해 지속적으로 새로운 경험 제공	성공 사례 전파 및 차별화 전략	상품과 서비스의 우수성, 차별성, 필요성 강조
브랜드전략	레거시 브랜드의 신뢰성 강화	레거시 브랜드의 새로운 가치 창출	신규 고객의 가치 제고에 적합한 신규 브랜드
유통전략	국내 핵심고객을 위한 차별화된 유통망 구축	전국적 유통망 제공	국내 MZ세대 대응과 해외시장 진출을 위한 전략

든지 경쟁 상황이 발생할 수 있다. 고객가치와 미래가치를 고려한 동태적 포트폴리오 관리가 필요하다.

데이터는 기업의 전략자산이 배타성, 확장성, 공익성을 달성하기 위해 필요한 지식과 정보를 제공한다. 또한 제품의 수명주기와 고객의 니즈 변화를 인지하는 데 필요한 정보를 제공한다. 데이터에 기반한 전략자산 관리는 기업의 디지털 전환의 핵심 요소이기도 하다. 《독점의 기술Monopoly Rules》의 저자 밀렌드 M. 레레Milind Lere는 시장을 지배하길 원한다면 "고객, 경쟁자, 산업 변화에 민감하게 반응하라"고 조언한다. 데이터로 가능하다. 데이터를 통해 국내뿐만 아니라 해외 고객, 해외 경쟁자, 해외 산업 변화를 모니터링할 수 있다. 국내 시장에서 성공한 제품이 해외시장에서도 성공할 가능성은, 소재부품을 제외하면 그리 많지 않다. B2C 제품이라면 스토리텔링과 친환경 등 요즘 MZ세대가 추구하는 가치를 입혀야 한다. 해외시장을 목표로 한다면 현지시장의 특성에 따라 스토리텔링을 새롭게 해야 한다.

그렇다면 전략자산을 확보하는 방법은 무엇일까? 그것은 시장을 보는 눈과 창의력이다. 시장을 보는 눈은 고객이 필요로 하는 것이 무엇인지 파악하는 능력이다. 문제를 정의하는 것이다. 디자인 싱킹 Design Thinking에서 인간 중심의 공감을 바탕으로 진짜 문제를 정하는 것과 같다. 문제를 이해하는 것이 해결책을 찾는 과정의 출발점이며 핵심이다. 문제를 모르면 해답도 모르기 때문이다. 창의력은 문제를 해결하는 능력이다. 문제를 푼다는 것은 다양한 아이디어를 바탕으로 최선의 해결책을 찾는 과정이다.

| 생태계를 구축하고 참여하라 |

■ 시장을 키우고 생명을 연장시키는 생태계 ■

생태계는 지구에 존재하는 생명체들이 살아가는 방식이다. 적자생존과 약육강식이라는 자연의 규칙이 존재한다. 인류는 언젠가부터 같은 생태계에 살고 있다는 공감대를 형성하기 시작했다. 지구온난화의 영향이다. 지구 온도가 올라가고 지구촌의 많은 지역에서 폭우, 폭설 같은 이상기후를 경험한다. 이상기후는 곡물 가격과 상품 물류에 영향을 준다. 이를 반영한 미국 주가는 다음 날 한국의 주식시장에 영향을 준다.

비즈니스에서 생태계는 시장을 키우고 생명을 연장한다. 기업에게는 더 많은 고객과 이윤을 가져다준다. 전통적인 생태계는 지역 또는 국가 단위로 존재했지만 디지털 경제가 확산되면서 생태계도 국경을 넘어 글로벌 단위로 탄생하고 성장한다. 특히 인터넷 기반의 비즈니스 플랫폼은 생태계의 범위, 속도, 편의, 효율을 증가시켜 시장을 글로벌로 확장했다. 규칙이 잘 정비된 플랫폼에는 자연스럽게 생산자와 소비자가 참여하여 플랫폼을 강하게 만든다.

런던경영대학원의 마이클 자코비데즈 교수는 《하버드 비즈니스 리뷰》의 〈생태계 경제 시대에 당신의 전략은?In the Ecosystem Economy, What's Your Strategy?〉이라는 기사에서 규제완화, 디지털 기술의 발전, 서비스 방식의 변화 등 구조적 변화로 인해 생태계 경제가 중요해졌다고 설명한다. 생태계 경제에서 성공하기 위해서는 몇 가지 전제가 필요하다.

첫째, 생태계 참여 기업은 다른 기업의 가치 창출을 도와줄 수 있어야 한다. 애플이 소스코드source code 공개를 통해 개발자라면 누구나 애플의 OS 위에서 작동되는 애플리케이션을 만들 수 있고 애플 스토어를 통해 유통되도록 돕는 것과 같다. 생태계 구축 기업이 아니라면 지식재산권을 보호받는 조건으로 전략자산을 공개하여 생태계를 튼튼하게 할 수 있다. 자체적인 생태계를 구축하는 것보다 더 많은 매출을 확보할 수 있다.

둘째, 생태계 변화에 민첩하게 반응해야 한다. 구축 기업뿐만 아니라 참여 기업도 변화에 민첩해야 한다. 애플은 당초 모든 앱을 내부에서 개발할 계획이었지만, 생태계 확장을 위해 애플 스토어를 오픈했다. 그리고 앱, 고객, 수익 등 많은 것을 얻었다. 애플 브랜드는 하나이지만 앱 개발자는 200만 명이고, 고객은 16억 명에 달한다. 자체 플랫폼이 없는 게임 개발자라면 효율성이 높은 엔진이 제공되고 이용자가 많은 플랫폼에서 게임을 제작할 수 있다.

셋째, 생태계가 개방형인가 또는 폐쇄형인가를 결정해야 한다. 개방형은 참여가 자유로운 만큼 품질이 나쁜 상품이 제공될 가능성이 있다. 폐쇄형은 안전과 보안에 대한 요구가 높은 시장에 적합하다. 공유 택시의 경우 치안이 좋은 국가에서는 개방형이 좋고, 치안이 나쁜 국가에서 폐쇄형이 바람직하다. 거버넌스 측면에서 보면, 규제가 많은 애플 플랫폼과 개방된 안드로이드 플랫폼은 각기 다른 시장이다.

■ 플랫폼 비즈니스 생태계를 구축하는 방법 ■

플랫폼 생태계를 구축하기 위해 가장 먼저 해야 할 일은 플랫폼의 목적을 정의하는 것이다. 생태계 운영자가 전략자산을 기반으로 생태계를 설계하고 양면 시장으로서 수요자와 공급자, 생산자와 소비자를 정의한다. 모든 플랫폼 참여자에게 적용되는 규칙과 표준을 설정한다. 규칙과 표준에 따라 참여 기업의 역할과 수익을 배분한다. 플랫폼 참여 기업은 규칙과 표준을 따라야 한다. 삼류 기업은 제품을 만들고 이류 기업은 기술을 만들지만, 일류 기업은 표준을 만든다는 말처럼 플랫폼 기업이 만든 표준과 규칙이 생태계를 지배한다.

플랫폼 생태계 구축 방안

1) 비즈니스와 참가자(생산자, 공급자, 유통자, 소비자)를 정의한다.

2) 사람을 모으고 생태계의 네트워크 효과를 디자인한다.

3) 내가 할 일과 파트너가 할 일을 구분한다(portfolio of capability).

4) 수입과 지출을 분석하고 수익모델을 구체화한다.

5) 이해관계자를 정의하고 대응책을 마련한다.

출처: 메타비경영연구원

디지털 생태계에는 네트워크 효과가 존재한다. 생태계에 참여하는 기업이 많을수록 생태계의 경쟁력이 증가하는 것이다. 생태계 경제ecosystem economy에서는 개별 기업보다 플랫폼의 경쟁력이 중요하다. 규모의 경제와 범위의 경제가 발생하기 때문이다. 플랫폼 확장은 표준 간의 충돌을 야기하기도 한다. 삼성의 예를 들어보자. 기존 가전과 통신 표준에 따라 제품을 생산하고 서비스를 했다. 이제 제품이 자동차에 탑재되기 시작하면서 자동차 표준까지 고려해야 한다.

플랫폼의 궁극적인 지향점은 시장 독점이다. 이해관계자와 평판 관리를 전담하는 조직을 운영해야 한다. 경쟁 플랫폼을 견제하기 위해 지속적인 연구개발과 필요에 따라 인수합병을 수행해야 한다. 그런데 모든 기업이 플랫폼 기업이 될 수 없고 될 필요도 없다. 경쟁력 있는 플랫폼을 구축할 수 없다면 경쟁력 있는 플랫폼을 판별하는 눈이 필요하다. 내가 가장 잘하는 분야, 전략자산을 가지고 플랫폼에 참여하면 된다. 나의 경쟁력은 같은 생태계에 존재하는 기업과의 협업으로 더 강력해진다.

| 기술 중심으로 재편되는 글로벌 경제 |

■ 심화되는 동맹국 중심의 협력 ■

WTO를 중심으로 경제 국경을 허무는 FTA가 급진전되어 왔지만, 미중 기술패권 경쟁과 디지털 통상 확대를 계기로 지역주의 내지는 보호무역주의가 확산되고 있다. 《아시아경제》의 보도에 의하면 코로나19 이후 세계경제에서 나타날 가장 큰 변화는 보호무역주의 확대, 즉 글로벌화의 후퇴다.[118] 코로나19 확산과 미중 무역분쟁으로 보호무역주의가 확대될 것이므로 글로벌 공급망 변화에 대한 대응책 마련이 시급하다는 것이다.

향후 세계는 신뢰성, 유연성, 안정성 중심으로 움직일 것이다. 신뢰성은 배타적으로 동맹 중심의 공급망을 형성하는 동조화를 의미한다. 유연성은 생산 지역과 공급선을 다변화하는 것이다. 생산지를 수요자의 소재지로 이동하는 것도 포함된다. 안전성은 공급망 관리를 효율 중심에서 지속가능성 중심으로 전환하는 것이다. 지금과 같은 가격 중심의 공급망 구성은 필연적으로 불안정을 일으킨다.

인터넷과 디지털 기술을 기반으로 하는 세계 디지털 경제 규모는 전체 GDP의 15% 수준이다.[119] 매년 10% 이상의 성장률을 기록하여 명목 GDP 성장률 3.5%를 훨씬 앞선다. 디지털 기술은 경제와 안보에 직접적인 영향을 미친다. 2020년 OECD 조사에 의하면 37개 회원국 중 34개국이 디지털 전략National Digital Strategy을 수립할 만큼 글로벌 이슈로 부상하고 있다. 미국은 인공지능, 클라우드, 5G 등의 우위를 바탕으로 자국 중심의 공급망으로 재편하고, 디지털 분야에

표 36 | 미중 디지털 패권경쟁 현황

	미국	중국
동맹 결성	DEPA와 협력, 인도태평양경제프레임워크IPEF 회원국 확대	일대일로 연선국가 협력, 포괄적·점진적환태평양경제동반자협정CPTPP 참가 추진
개발정책	백악관 과학기술정책국 강화, 과학기술 외교 강화 및 협력 확대	전국 표준화 작업 요점 발표, 선개발 후규제, 규제 샌드박스
역점 기술	인공지능, 양자컴퓨팅, 생명공학, 반도체, 배터리, 로봇, 차세대 통신, 사이버안보	인공지능, 양자컴퓨팅, 집적회로, 뇌과학, 바이오, 임상의학, 우주탐사, 지능형 로봇
정보보호	틱톡, 텐센트, 바이두 등 개인정보 식별 가능 중국 사이트의 주요 미국 기업 플랫폼 접근 차단	사이버안국은 안보를 이유로 자국 플랫폼 기업의 데이터 반출 금지, 자국 기업의 해외 상장 규정 강화

출처: 미국 USICA; 중국 〈14.5 규획〉

서 환태평양 지역 동맹국이 추진 중인 디지털경제동반자협정Digital Economy Partnership Agreement, DEPA[120]과의 협력을 확대하고자 한다. DEPA는 2020년 6월 싱가포르, 뉴질랜드, 칠레 등 3국이 체결한 무역협정으로 한국과 캐나다가 가입을 신청한 상태다. DEPA는 무역 업무 전 과정의 디지털화, 신뢰성 있는 데이터 생산 및 활용도 제고, 디지털 기술의 신뢰성 제고를 통한 디지털 경제 촉진을 목적으로 한다.

■ 심화되는 미국과 중국의 패권전쟁 ■

《월스트리트저널》은 2021년 7월 미국이 아시아·태평양 지역에서 중국의 영향력을 견제하기 위해 '디지털 무역협정' 체결을 준비 중이라고 보도했다. 한국과 일본 등 동맹국 간 디지털 정보의 자유로운 교환과 인공지능 사용 표준 등을 골자로 한다.

2017년 미국은 환태평양경제동반자협정TPP에서 탈퇴했지만 자신이 구축해 놓은 '데이터의 자유로운 이동'이라는 디지털 무역규범의 기본 방향은 2018년 결성된 포괄적·점진적환태평양경제동반자협정 CPTPP에서도 그대로 이어가도록 했다. 또한 NAFTA를 대체하기 위해 2019년에 체결된 미국멕시코캐나다협정USMCA, 미일디지털무역협정 USJDTA, 디지털경제동반자협정DEPA, 싱가포르호주디지털협정DEA 등도 TPP 규정을 이어가고 있다. 미국 중심의 경제 규칙을 만들고 중국이 이에 동조하지 않으면 배제한다는 전략이다. 한편으론 아시아 지역에서의 패권을 도모하는 것이다.

참고로 TPP는 미국이 탈퇴하면서 CPTPP로 명칭이 변경되었다. 미국은 인도태평양 지역의 패권을 확보하고 디지털 경제 확산과 공급망 회복탄력성 확보를 목적으로 하는 인도태평양경제프레임워크IPEF를 주도적으로 추진하고 있다. 중국은 IPEF에 대항하여 CPTPP, BRICS와의 협력을 강화하는 한편, 역내포괄적경제동반자협정RCEP을 통해 디지털 경제와 기술표준 등의 기술 분야와 친환경·노동 표준의 ESG 확대를 추구한다. 양 진영의 대립이 확대되고 있다.

미국은 2021년 6월 미국혁신경쟁법USICA을 제정하여 인공지능, 양자컴퓨팅 등 10대 전략기술에 2022년부터 5년간 2천억 달러를 투자할 계획이다. 이 법안은 기술, 무역, 외교, 안보 차원의 경쟁력을 강화하고 동맹국과의 협력을 확대하여 중국의 글로벌 영향력 확대에 대응하기 위한 것이다.

중국은 2021년 양회에서 〈국민경제와 사회발전 제14차 5개년 계획과 2025년 장기목표 요강〉을 통해 디지털 경제를 독립적으로 다룰 정도로 중요한 사안으로 여기고 있다. 기존의 생산요소인 토지, 노동, 자본, 기술에 데이터를 추가할 만큼 디지털 경제로의 전환에 적극적이다. 중국은 CPTPP 가입을 추진 중이지만 중국의 데이터 해외 이전 금지정책과는 배치되는 측면이 있고, CPTPP 회원국의 동의를 얻을 수 있을지도 미지수다. 중국은 매년 '전국 표준화 업무 요점'을 발표하고 사물인터넷, 클라우드, 빅데이터, 5G, 인공지능 등 차세대 기술의 국제표준 제정에 공을 들이고 있다. 일대일로 연선국가와 함께 국제표준 제정을 시도하기도 한다.

2022년 5월에 출범한 한국의 새 정부도 디지털 기술과 디지털 무역의 중요성을 인식하고 디지털 통상 협력을 적극 추진한다는 계획을 발표했다. '한-아세안 ABCD 전략'을 통해 디지털 아시아를 구현하겠다는 전략이다. 한국은 지난 2021년 12월 싱가포르와 디지털 동반자 협정을 체결했다. 디지털 규칙과 표준을 개발하고 인공지능 및 데이터 혁신을 위한 협력을 증진하는 데 목적이 있다.

향후 미국과 중국의 디지털 패권경쟁이 더욱 치열해질 전망이다. 디지털 분야의 기술규범도 강화될 것으로 예상된다. 디지털 시대의 패권은 잘하는 것이 아니라 앞서가는 것이다. 그러기 위해 디지털 규범 변화에 신속히 대처하고, 나아가 규범을 설정할 수 있는 체계 정비가 필요하다.

| 규범전쟁을 준비하라 |

■ 빨라지는 디지털 무역협정 제정 ■

디지털 기술의 발달과 코로나19로 인해 디지털 경제 규모가 확장되었다. 디지털 경제의 확장은 필연적으로 탄소 발생 증가로 인한 환경문제와 개인정보보호와 같은 새로운 사회문제를 일으키고 있다. 새로운 무역규범과 사회규범이 태동하고 있다.

새로운 무역규범은 디지털 무역규범이다. 보스턴컨설팅 자료에 의하면 디지털 무역 규모는 전체 교역량의 6% 수준이며, 매년 빠르게 성장하고 있다. 그러나 세계 무역규범을 총괄하는 WTO 차원의 규범이 아직 마련되지 않았다. 이로 인해 미국과 중국뿐만 아니라 EU도 디지털 무역정책을 내놓고 있다. EU는 데이터 보호와 개인정보보호 차원에서 개인 관련 데이터에 대한 국경 간 이동을 제한하는 일반데

표 37 | WTO 디지털 무역 협상 주제

주제	주요 내용
가능한 디지털 무역	전자(디지털)거래의 정의·인증·서명·계약·송장·대금 지불, 종이 없는 무역, 통관 절차, 물류 지원 등
개방과 디지털 무역	무차별 대우, 양방향 컴퓨터 서비스, 정보 흐름, 인터넷과 데이터에 대한 접근, 정부 정보 공개
신뢰와 디지털 무역	소비자 보호, 개인정보보호, 비즈니스 신뢰, 소스코드, 디지털 상품
공통 사항	투명성, 무역 정보 전자적 유용성, 협력체계, 사이버보안, 역량 강화
통신과 시장접근	WTO 관련 서비스 현행화, 네트워크 장비와 상품, 서비스 시장접근, 상품 시장접근

출처: WTO, INF/ECOM/52/Rev1

이터보호규칙General Data Protection Regulation, GDPR(2016년 제정되어 2018년에 시행된 개인정보보호법)을 2016년 제정하고, 디지털 기업의 매출에 대한 디지털세 도입을 2023년부터 시행한다. 미국은 디지털 무역을 규정하는 별도의 협정을 체결하고 있으며, 일부 국가에서는 FTA 협정에 디지털 무역규범을 반영하고 있다.

이와 같은 혼란을 막기 위해 2019년 WTO 회원국 76개국이 참여한 가운데 전자상거래(디지털 무역) 협상이 시작되었다. 2020년 코로나19로 인해 협상은 화상으로 전환되었지만, 참여국이 84개국으로 늘어났고 토의 주제를 표 37과 같이 5개로 압축하는 성과를 거두었다. 가능한 디지털 무역, 개방과 디지털 무역, 신뢰와 디지털 무역, 공통 이슈 그리고 통신과 시장접근이다. 대외경제정책연구원의 김흥종 원장은 아직 전자(디지털)거래에 관한 정의조차 합의하지 못한 상태에서 갈 길이 멀다며 부진한 WTO 협상에 대해 우려를 표명했다.[121]

■ 패권전쟁의 도구, ESG ■

WTO를 통한 다자 합의는 요원하지만 양자·지역 간 협력은 활발하다. 우리나라가 가입을 추진 중인 디지털경제동반자협정DEPA, 포괄적·점진적환태평양경제동반자협정CPTPP이 요구하는 수준의 디지털 무역규범을 마련해야 한다. 디지털 전환과 디지털 경제, 디지털 무역은 동일한 항로를 운행하고 있다. 따라갈 것인가, 아니면 앞서갈 것인가?

디지털 기술과 디지털 교역은 필연적으로 환경, 보안, 인권 문제를 동반한다. EU가 데이터 유출을 제한하는 것은 개인정보보호 때문이고, 중국은 안보를 목적으로 한다. 모두 ESG 관련 사항이다. ESG는 지속성장을 위한 규범이다. 미국 입장에서 ESG는 중국의 고립을 겨냥한 새로운 카드다. 바이든 대통령은 2021년 1월 취임 후 처음 이루어진 중국 국가주석과의 전화 통화에서 홍콩, 신장, 티베트, 대만의 인권 문제와 민주적 통치를 이슈화했다. 전임 정부가 탈퇴한 파리협정에도 재가입했다. 모든 것이 ESG 규범을 지향한 정책이다.

ESG의 확산은 친환경, 사회적 책임, 지배구조의 투명성이라는 본래의 가치를 추구함에 따라 얻는 사회적 편익도 있지만, 중국과의 패권전쟁에서 우위를 점하기 위한 수단이기도 한다. 글로벌 투자기업의 ESG 평가는 수출 주도에서 내수와 투자 주도로 전환하려는 중국의 쌍순환정책을 어렵게 한다. 중국은 코로나19 회복과 전략산업 육성을 위해 글로벌 자본이 필요한 상황인데, ESG가 글로벌 자본 유치에 걸림돌이 되고 있는 것이다.

바이든 정부의 패권전쟁은 트럼프 정부와 다르다. 느닷없이 관세 장벽을 치는 일방적 미국 우선주의가 아니라, 국제적 합의를 통한 다자주의 색채가 짙은 ESG 규범으로 패권전쟁을 하려는 것이다. 우리의 상황은 어떤가? 미국과 중국의 패권전쟁이 한층 격렬해지고 있는 상황에서 미국 편도 아니고 중국 편도 아닌 우리는 상당히 고차원적인 방정식을 풀어야 한다.

| ESG를 디지털 전환하라 |

■ 동일한 목표를 추구하는 ESG와 디지털 전환 ■

ESG와 디지털 전환은 지속가능이라는 같은 목표를 추구한다. ESG는 친환경, 사회적 책임, 투명경영을 통해 지속가능을 추구한다. 디지털 전환은 데이터와 디지털 기술을 활용하여 자원의 효율성을 제고하고 지속가능발전을 이루고자 한다. 예를 들어, 기업이 업무 효율성과 생산성 증대를 위해 레거시 시스템을 클라우드로 전환한다면 그 자체가 ESG 경영이 된다. 클라우드 전환은 유휴자원을 공유하여 에너지 절감과 탄소 배출 감소에 기여하기 때문이다. 데이터센터가 냉각수를 직접 생산하는 프리쿨링free cooling 시스템을 갖추고 있다면 그 효과가 더욱 증가하는 것이다.

마이크로소프트는 디지털 기술을 활용하여 ESG를 실현한 대표적 사례다. MSCI는 물론 니케이 ROESG, 다우존스 지속가능인덱스,

FTSE4Good 지수 등에서도 모두 높은 점수를 받았다. 마이크로소프트가 ESG 평가에서 좋은 점수를 받는 것은 적극적인 정보통신기술 활용과 무관치 않다. 마이크로소프트의 ESG 전략은 탄소 네거티브, 수자원 포지티브, 폐기물 제로 등으로 다양하다. 탄소 네거티브는 탄소 발생량보다 탄소 제거량이 더 많아지도록 하겠다는 것으로 탄소 중립보다 적극적인 목표다. 2020년에는 탄소 발생량을 6% 저감했으며, 2025년까지 RE100을, 2030년까지 탄소 네거티브를 달성한다는 목표를 가지고 있다.

마이크로소프트는 사내에 탄소요금제를 운영한다. 부서 활동과 출장 등으로 발생한 탄소에 요금을 부과한다. 공급업체가 배출한 탄소에도 요금을 부과하고, 소비자가 발생시킨 탄소에 대해서도 관련 사업 팀에 요금을 부과한다. 탄소 발생이 많은 소재부품을 사용하지 말고 생산과 유통도 하지 말자는 것이다. 수자원 포지티브는 수돗물 사용을 줄이고 빗물이나 재생수의 활용을 증가시키는 시스템이다. 에어컨 냉각수를 재활용하거나 아예 데이터센터를 공랭식으로 전환하는 것이다. 좀 더 획기적인 방법으로는 수중 클라우드 데이터센터의 장단점을 확인하기 위한 나틱 프로젝트Project Natick를 통해 100% 친환경 에너지를 활용한 해저 데이터센터를 구축한 것이다.

마이크로소프트의 '지구를 위한 인공지능'은 정보통신기술과 ESG를 접목한 대표적인 친환경 프로젝트다. 이 프로젝트에는 세계 각국의 생태학자, 환경기관들이 참여하여 세계 천연자원 모니터링 시스템을 운영한다. 인공지능이 강수량, 지표 유출량, 식물 성장 등을 분석하여 수자원 수급 상황을 예측한다. '접근성을 위한 인공지능'은 장애인의 사회활동을 지원하는 ESG 사업이다. 자사 기술을 바탕으로 시각, 청각, 언어 장애뿐만 아니라 자폐 등 많은 장애인을 위한 지속 가능성 데이터 시스템을 구축하도록 인공지능 도구를 제공한다. 이와 같은 활동을 통해 환경, 사회 관련 데이터와 정보를 모으고 이를 표준화하여 장애인이 장애를 느끼지 않는 환경을 만드는 것이 최종 목표다.[122]

■ 디지털 기반의 ESG 추진 ■

마이크로소프트 사례가 주는 시사점은 다양하다. 마이크로소프트가 글로벌 ICT 기업이기에 ESG를 디지털 전환하는 데 유리한 점이 있지만, 그 점을 제외해도 생각해 볼 만한 요소들이 많다. 마이크로소프트의 성공 사례를 기초로 ESG를 디지털 전환하고자 한다면 다음 사항을 고려해야 한다.

첫째, 핵심성과지표KPI를 명확히 해야 한다. 마이크로소프트는 2025년까지 RE100 달성, 2030년까지 넷제로 달성과 같은 구체적인 실천 목표가 있다. 정성적인 목표보다는 정량적인 목표가 좋다. 그리고 전사적으로 목표 달성을 위한 추진 체계를 마련하고 정기적으로 점검하고 수정해야 한다.

둘째, 데이터 기반으로 전환해야 한다. ESG를 실천하거나 평가하기 위해서는 수많은 데이터를 수집하고 분석해야 한다. ESG 평가항목은 다양하고 기업 내부를 넘어 외부 데이터까지 요구한다. 데이터를 수집, 저장, 분석, 활용하기 위한 시스템을 구축하고 전문가를 양성해야 한다. 조직원의 디지털 리터러시 수준을 올려야 한다.

셋째, 혁신적인 방법을 도입해야 한다. 마이크로소프트는 출장 등으로 탄소를 발생시킨 부서에 요금을 부과하고, 탄소 발생이 많은 부품은 사용하지 않는다는 정책을 수립했다. 회사 내부부터 혁신적인 방법으로 ESG를 실천하고 외부로 전파한다.

넷째, 사회에 공헌해야 한다. 마이크로소프트는 '지구를 위한 인공지능' 프로젝트를 통해 농민과 장애인을 돕는다. 기업이 보유하고 있는 자원과 역량을 활용하여 지역사회에 공헌하는 프로젝트를 발굴하고 지속적으로 발전시켜 나가야 한다.

다섯째, 디지털 기반으로 ESG를 실천해야 한다. ESG 경영과 ESG 활동을 디지털 기술로 추진하는 것이 효과적이다. 빅데이터와 인공지능 기술을 활용하여 더 많은 데이터를 수집하고 분석하여 시장을 예측하거나 자연재해를 예방하는 것이 가능하다.

디지털도 ESG도 우리 주변에 있다. 글로벌 패권전쟁이 격화되고 있는 환경에서 이를 어떻게 활용하느냐는 우리의 과제다. 우주를 배경으로 한 영화 〈인터스텔라〉의 대사가 생각난다. "우리는 답을 찾을 것이다. 언제나 그랬듯이."

새로운 무역 패러다임의 등장

| 동맹 중심의 무역질서 |

■ 저성장시대가 온다 ■

IMF는 2022년 4월에 발표한 2022년 및 2023년 세계 경제전망치를 당초보다 낮게 수정했다. 1월 전망치 4.4%를 3.6%로 대폭 축소한 것이다. 우크라이나 전쟁, 코로나19, 미중 무역전쟁으로 인한 글로벌 공급망 붕괴, 그리고 물가안정을 위한 이자율 인상, 재정 안정을 위한 긴축정책 등이 향후 경기전망을 어둡게 하고 있다. 경기 하향세는 북미, 유럽, 아시아 지역에서 두드러질 전망이며 글로벌 공급망 위기에서 다소 멀리 있는 중남미와 아프리카 지역에 대한 영향은 상대적으로 크지 않을 것으로 전망했다.

표 38에서 보는 바와 같이 OECD의 경제전망은 IMF보다 비관적이다. 우크라이나 사태 장기화와 미중 무역전쟁 확산으로 원유, 가스 등 에너지 위기와 공급망 차질은 향후 글로벌 성장률 전망을 어둡게 한다. 유럽, 미국, 일본 등 주요 선진국의 경제성장률은 2~3% 수준에 머물고 중국도 과거처럼 7% 이상의 고도성장을 멈추고 장기적으로 5% 이하에 머물 것이라는 전망이 지배적이다. 고도성장 시대에는 파이 자체가 커지기 때문에 저절로 사회적 편익이 증가하는 효과가 있다. 저성장시대는 다르다. '파이 키우기'가 녹록치 않으므로 '파이 나누기'를 해야 한다. 저성장은 분쟁의 시작이다.

표 38 | 연도별 전 세계 경제성장률(%)

	2021년	2022년	2023년
세계	5.8	3.0	2.8
유럽	5.3	2.6	1.6
미국	5.7	2.5	1.2
중국	8.1	4.4	4.9
일본	1.7	1.7	1.8
한국	4.1	2.7	2.5

출처: OECD, 2022.6

■ 신냉전시대가 온다 ■

우크라이나-러시아 전쟁은 신냉전시대의 서막이다. 1991년 해체된 냉전체제의 부활이며 미국 주도의 국제질서에 대한 도전이다. 미래의 지구촌은 현재의 국제질서를 유지하려는 미국과 그 우방국, 새로운 변화를 시도하려는 러시아와 암묵적 파트너인 중국으로 양분될 것이다. 2017년 출범한 트럼프 정권은 미국의 리더십을 포기하고 우방국에게 더 많은 국방비 분담과, 미국산 상품 구매와 소비를 요구했다. 우방국과의 불화가 시작되었다. 2021년에 취임한 바이든 대통령은 무너진 신뢰를 회복하고 미국 중심의 국제질서 구축을 도모하는 중이다. 이런 와중에 전쟁이 일어났다.

우크라이나-러시아 전쟁은 민주주의와 권위주의 간의 대립이며, 가치관과 세계관이 다른 미국과 러시아의 충돌이다. 이번 사태로 중국과 러시아의 연대가 강화되고 경제 블록화가 확대되며 달러 패권이 위협받을 수 있다. 중·러 연대는 현재 가장 강력한 러시아 제재 수단인 국제금융결제망SWIFT 퇴출 효과를 약화시킬 수 있다. 신냉전체제는 안보와 경제 전반에 걸친 진영 대결로 발전하고 있다. 어느 진영에 가담할 것인지는 이념과 가치의 문제다.

2022년 3월 미국은 러시아에 대해 항구적 정상무역관계PNTR를 종료한다고 밝혔다. EU와 G7 국가의 경제제재 참여로 러시아는 세계경제의 절반 이상 되는 국가와의 무역에 어려움을 겪게 되었다. IMF와 세계은행도 러시아 퇴출을 추진 중이다. 러시아의 국가신용등급은 정크(투자부적격) 수준으로 추락했으며 지난 6월 외화표시 채권 이자 1억 달러를 지불할 수 없어 디폴트에 빠졌다. OECD가 발표한

2022년 러시아의 경제성장률 전망치는 -10%다.

극단으로 치달은 러시아에 대한 제재에 중국이 중재자 역할을 선언했지만 지지부진한 상황이다. 러시아의 시각에서 중재를 추진하고 있기 때문이다. 이러한 중국의 미미한 역할과 미중 무역전쟁은 글로벌 시장에서 중국의 위상을 약화시킬 것이다. 그동안 글로벌 시대의 최대 수혜자였던 중국의 입지가 좁아진다. 중국은 과거보다 낮은 비중으로 세계의 제조공장 역할을 하게 될 것이다.

▪ 자유무역은 가고 동맹무역이 온다 ▪

2022년 5월 20일 바이든 대통령이 한국을 전격 방문했다. 한국의 신정부가 구성된 지 10일 만의 일이다. 역대 한국 대통령 취임 이후 최단기간 내 한미 양국 정상회담이 이루어졌다. 미국 입장에서는 바이든 대통령 취임 이후 첫 인도태평양 지역 국가 중 한국을 선택했다는 상징성이 있다. 신냉전시대에 대비해 군사동맹을 강화하고 경제동맹과 기술동맹을 형성하기 위해서다. 삼성전자 반도체 공장에서 이루어진 정상 간 만남은 또 다른 의미를 부여한다. 지금까지의 각자도생 발전전략을 공급망 중심으로 전환하는 전기를 마련한 것이다. 바이든 대통령은 인사말을 통해 "가치를 공유하지 않는 국가와는 공급망을 공유하지 않겠다"라고 언급하며 동맹 위주의 반도체 공급망 구성을 시사했다.

2022년 5월 23일에는 미국 중심의 새로운 통상전략인 인도태평양 경제프레임워크IPEF가 출범했다. 공급망 탄력성, 디지털 경제, 청정 에너지, 넷제로, 지역 안보와 번영을 중심으로 한 IPEF는 미국의 환태평양경제동반자협정TPP 탈퇴에 따른 공백을 메우고 중국 중심의 역내포괄적경제동반자협정RCEP에 대응하는 동맹 체제로 진화하고 있다. 유럽에서는 북대서양조약기구NATO를 무역동맹NATO for Trade으로 전환하려는 움직임이 일어나고 있다. 우크라이나 전쟁으로 러시아가 유럽에 대한 가스와 곡물 수출을 중단하면서 많은 국가들이 어려움을 겪고 있다. 러시아의 비이성적인 행동이 동맹 중심의 무역 패러다임 필요성을 자극한다. 이제부터 무역 파트너를 선정할 때 동맹 여부가 그 기준이 되는 것이다.

| 무역전쟁과 전략자산 |

■ 자원 패권 시대가 온다 ■

세계 각국이 전략자원 확보를 위해 사활을 걸고 치열하게 경쟁한다. 자원의 범위도 과거 원유와 광물 등 천연자원에서 반도체, 배터리 등 소재부품으로 확대되고 있다. 코로나19로 인한 물류 대란은 무엇이든 치명적인 영향력이 있음을 증명했다. 마스크, 식용유, 계란, 곡물과 같은 일반 상품도 전략자산이 될 수 있다.

중국은 전 세계 희토류 생산량의 80%를 점유하고 있으며, 미국은 희토류의 80%를 중국에서 수입한다. 미중 반도체 분쟁이 격화되고 있는 상황에서 중국은 희토류 카드를 만지작거리고 있다. 2010년 센카쿠열도 영유권 분쟁에서 일본이 중국의 희토류 수출금지 조치에 힘없이 항복한 것처럼 그 파장은 치명적이다. "중동은 석유를 보유하고 있고, 중국은 희토류를 보유하고 있다"고 언급하며 1987년 덩샤오핑은 희토류를 안보자산화했다. 안보자산 확대를 위해 일대일로를 앞세워 아프리카와 중남미 자원개발에 엄청난 힘을 쏟고 있다. 환경 기준이 낮고 인건비가 싸며 규제가 적은 지역을 대상으로 희토류 사냥에 나선 것이다. 베네수엘라(니켈), 칠레(구리), 볼리비아(리튬), 콩고(코발트) 광산을 확보했다. 중국은 희토류 생산, 추출 및 정제 분야에서 세계 최고의 기술을 보유하고 있다. 내몽골, 미얀마 등에서 생산되는 희토류는 대부분 중국 기업의 기술에 의존한다.

위기 극복을 위한 새로운 패러다임이 필요하다. 미국은 호주, EU 등과 전략적 파트너십을 강화하고 공급망 다변화, 대체재 발굴, 주요 광물 재활용, 자원의 효율성 제고 등 다양한 전략을 구사하고 있다. 우리는 단기적으로 수출 중지 등의 조치에 대비하여 해외공장 설립을 통한 주요 자원의 현지 조달과 부가가치가 높은 완제품의 국내 생산을 높여야 한다. 한국적 리쇼어링이 적극 추진되어야 한다.

■ 우주개발에서 답을 찾아야 한다 ■

인류는 기후변화, 자원 부족 등 많은 어려움에 직면해 있다. 이미 오염된 지구에서 그 해결책을 찾기란 쉽지 않다. 미지의 세계인 우주에 관심을 가져야 하는 이유다. 우주개발은 다양한 의미를 부여한다. 천연자원 탐사, 기후변화 대응, 관광자원 개발, 기술 혜택 공유 등등.

우주탐사는 중국이 지배적인 영향력을 행사하고 있는 희귀 자원 문제에서 벗어나는 방법이다. 우리나라의 소행성 아포피스 탐사 계획은 취소되었지만, 한국형 우주발사체 누리호의 지구 저궤도 진입과 미국의 유인 달 탐사 프로젝트인 아르테미스 계획Artemis Program 참여는 긍정적인 효과가 기대된다. 고갈되는 화석연료의 대체에너지 개발과, 글로벌 공급망의 핵심 요소인 반도체와 배터리 생산에 필요한 자원을 확보할 수 있기 때문이다. 또 다른 기대효과는 새로운 원소의 발견이다. 헬륨 3과 같은 신물질은 새로운 전략자산을 의미한다. 또한 인공위성은 국방, 통신, 기상 산업의 기반이 된다. 위성을 통해 지구에서 일어나는 오존층 파괴, 북극 빙하의 해빙 등을 관찰할 수 있다. 인간의 생활이 가능한 행성을 발견하고 거주 환경을 조사하는 것은 또 다른 목적이다. 단기적으로는 우주 관광과, 위성을 통한 통신 취약 지역에 대한 인터넷 서비스 제공이 확대되는 효과가 있다.

이처럼 우주개발은 장단기적으로 다양한 효과가 기대된다. 과거 미국, 중국, 러시아 3국 간 경쟁이 이제는 일본, 영국, UAE, 인도, 호주 등 다국 간 경쟁으로 확대되었다. 달을 포함한 우주 자원은 먼저 깃발을 꽂는 사람이 주인이다. 우주개발을 서둘러야 하는 이유다.

■ 누구도 범할 수 없는 전략자산을 보유해야 한다 ■

바이든 대통령이 인도태평양 국가 중 한국을 제일 먼저 방한한 이유는 한국이 필요하기 때문이다. 한국은 반도체, 배터리, 무선통신, 디스플레이, 수소에너지 등에서 세계적인 우위를 점하고 있으며, 미국의 관심 분야인 바이오, 인공지능, 양자컴퓨팅, 우주산업, 원자력, 로봇공학 등에서도 충분한 경쟁력을 보유하고 있다. 미국은 동맹 중심의 공급망을 구성하기 위해 한국의 기술과 노하우가 절대적으로 필요하다.

미국은 반도체, 배터리, 핵심 광물 등의 공동 개발과 공동 대응을 주문했다. 기술의 변화가 빠르고 불확실성과 변동성이 증가하는 상황에서 어떤 국가도 독립적으로 완전한 공급망을 구축할 수 없다. 글로벌 공급망의 회복력과 다양성을 강화하기 위해 동맹 중심의 공급망 구축 프로그램에 참여해야 한다. 공급망동맹은 경제안보동맹이다. 동맹과의 기술개발은 글로벌 스탠더드로 가는 길이다.

한미 양국이 협의한 글로벌 포괄적 전략동맹에 대해 중국은 지역 안보를 위협하고 국제질서를 저해하는 조치라고 반발한다. 중국은 2022년 6월 한국 등 IPEF 국가의 나토 회의 참가에 대해 '중국과의 전략적 신뢰를 훼손하는 행위'라며 한중 양국 관계의 디커플링을 우려했다. 중국도 한국이 필요하다는 방증이다. 동맹 공급망 안에서 한국이 역할을 지속적으로 확대하기 위해서는 더 많은 연구개발 투자가 필요하다. 지폐는 구겨져도 일부가 훼손되어도 그 가치에는 변함이 없다. 전략자산을 강화해야 하는 이유다. 문제는 동맹 선택이 아니라 기술 경쟁력이다.

| 끝없이 경계를 넘는 기술 |

■ 로봇과 공생하는 세상이 온다 ■

테슬라가 휴머노이드 테슬라 봇Tesla Bot을 개발한다는 소식은 관심을 끌기에 충분하다. 테슬라는 이미 자율주행차를 통해 경쟁사와 완전히 차별화된 기술로 세상에 새로운 경험을 선사한 바 있다. 미래 사회에서 로봇은 사람들의 일상에 주요한 역할을 담당하게 된다. 과거 공장에 있던 로봇이 이제는 밖에서 걸어 다니며 인간 생활의 한 부분을 차지하고 있다. 청소는 물론이고 서빙, 방역, 안내를 담당한다. 재난구조 활동과 심해탐사 등 난이도가 높은 작업에서는 사람보다 우수한 능력을 발휘한다. 영화에서 보던 인간형 로봇 휴머노이드가 현실화된다. 사람들과 같이 생활하며 기억과 판단을 도와주고 있다. 자율주행차는 이미 완전자율주행의 전 단계인 4단계까지 발전했다. 향후 5년 이내에 상용화가 예상된다. 미래의 교통체계는 도심항공교통 UAM을 중심으로 발전할 것이다. 소형 드론을 타고 도심의 환승 거점에서 공유 자율주행차로 갈아타고 최종 목적지로 이동한다.

디지털 기술의 발전은 스마트한 세상을 선사한다. 5G 통신과 결합한 모빌리티와 로봇공학은 스마트홈, 스마트시티, 스마트팩토리의 성능을 한층 높일 것이다. 집에서는 모든 가전제품이 연결된 개인 맞춤형 공간을 제공하고, 도시의 효율을 향상시키며, 공장의 생산성을 증가시킬 것이다. 스마트한 세상에서 스마트하게 살아가는 방법을 고민해야 한다.

인공지능을 활용한 살상용 로봇과 공격용 드론 개발을 경계해야 한다. 14억 인구를 보유한 중국은 빅데이터를 기반으로 인공지능을 학습시키고 있으며, 이미 일부 영역에서는 미국보다 앞선 것으로 평가되고 있다. 인공지능을 활용한 안면인식과 시민 감시를 경계해야 한다. 기술이 사람을 통제하는 수단으로 발전하지 않도록 가이드라인을 만들고, 기술이 인간을 위해 존재하도록 개발해야 한다.

■ 탈중앙화의 가속화 ■

디지털 기술의 발전은 국가와 산업 간 경계뿐만 아니라, 현실세계와 가상세계의 경계를 무너트리고 있다. 5G 통신과 데이터로 연결된 플랫폼 경제는 국경을 초월하여 존재한다. 구글, 아마존, 텐센트, 알리바바 등 플랫폼 기업이 세계경제를 지배한다. 애플과 마이크로소프트는 플랫폼 기업으로의 변신을 통해 글로벌 시가총액 선두를 다투는 기업으로 성장했다. 이윤을 추구하는 모든 기업은 플랫폼을 운영하거나 이용해야 한다. 플랫폼은 국경을 초월하여 존재하며 경쟁한다. 검색엔진 플랫폼 구글은 텐센트와 경쟁하고, 전자상거래 플랫폼 아마존은 알리바바와 경쟁한다. 플랫폼 경제의 특징은 권한과 이윤이 플랫폼에 집중되며 무한 경쟁 구조를 이룬다는 것이다.

5G 통신과 빅데이터는 새로운 인터넷 세상인 메타버스를 탄생시켰다. 메타버스는 현실세계와 가상세계를 연결하는 수단이며, 창조적 디지털 자산인 NFT가 가상화폐로 거래되는 가상 세상이다. 블록체인, NFT, 메타버스는 웹 3Web 3로의 진화를 가능케 한다. 웹 3는 탈중앙화를 추구하기 때문에 웹 2와는 다르게 개인이 생산한 데이터와 콘텐츠의 소유권이 해당 개인에 있으며, 웹상에서의 거래가 가능하다. 웹 3는 누구나 참여가 가능하고 이윤 분배가 공정한, 새로운 미래 시장으로 인식되고 있다. 실패를 거듭하는 정부의 통화정책과 재정정책의 대안으로 부상하고 있다.

■ 디지털 전환에 ESG를 입히다 ■

지역 위기인 공급망 위기 대응이 정리되면 지구 위기 대응에 관한 관심이 증가할 것이다. 지구촌은 환경, 인권 등 인류의 지속가능성을 위협하는 다양한 과제를 안고 있다. 기후변화는 식량과 건강에 부정적인 영향을 미치며, 그 영향은 취약계층에 상대적으로 심각한 영향을 미친다.

ESG가 미래 패권경쟁의 중심으로 부상한다. ESG를 디지털 전환해야 한다. ESG는 정책뿐만 아니라 투자자와 소비자의 요구로 인해 선택이 아닌 생존의 문제로 부상했다. ESG는 친환경, 사회적 책임, 지배구조 개선 등 다양한 과제를 수행한다. 많은 과제를 효율적이고 효과적으로 해결하기 위해 인공지능, 빅데이터, 사물인터넷과 같은 디지털 기술을 접목해야 한다. 디지털 전환에도 ESG를 도입해야 한다. 디지털 전환 계획 수립 시 처음부터 ESG 실천 계획이 반영되어야 한다. 예를 들어 플랫폼 구축 시 저전력 소재부품으로 시스템을 구성하고 클라우드를 활용하여 자원의 효율성을 높이며, 친환경 에너지를 사용하여 플랫폼을 운영하는 것이다. 플랫폼은 사회적 약자의 참여를 권장하고 플랫폼에서 발생한 이윤 배분에 공정을 기해야 한다. 프로토콜 경제로의 전환을 의미한다.

생산과 소비 패러다임의 변화가 온다. ESG 기준에 따라 생산된 제품만이 시장에서 유통되고 소비된다. 기업가치의 평가기준도 바뀐다. ESG 기업은 투자와 판매가 증가하고 기업가치도 상승한다. 포스트코로나는 ESG다. 글로벌 표준에 적합한 ESG 경영을 서둘러야 한다.

■ 협상과 경쟁을 지속하는 글로벌 무역전쟁 ■

미국은 '시진핑 정권하에서 중국공산당은 국내에서는 더욱 억압적이고, 해외에서는 더욱 공격적이다'라고 현재의 중국을 평가한다. 우크라이나 전쟁 발발 직전 중국과 러시아는 우의를 다졌으며, 전쟁 발발 후 중국은 국제사회에서 러시아의 입장을 두둔했다. 이러한 일련의 사건은 미국이 동맹국 중심의 새로운 국제질서인 인도태평양경제프레임워크IPEF 구축을 앞당기는 결과를 초래했다. 향후 미국은 이를 중심으로 글로벌 공급망, 기술패권, 공정무역 회복을 위해 노력하고, 중국 내 인권 문제와 대만 문제에 대해 더 단호하게 접근할 것이다.

양국 관계가 경쟁으로만 치닫는 것은 아니다. 중국이 국제사회에서 정치적, 경제적으로 상당한 영향력을 확보하고 있어 지구촌의 지속가능발전을 위해 협력도 필요하다. 코로나19 팬데믹과 기후변화 대응은 일국의 노력으로 성취할 수 있는 영역이 아니다. 특히 북한 핵 문제에서는 중국과의 협력이 절실하다. 핵확산 방지와 북한의 비핵화는 미국의 안보와 직결되는 사안이기 때문이다.

우크라이나-러시아 전쟁이 지속되는 상황 속에서 미국은 전쟁 중재보다 중국과의 새로운 관계 설정에 더 많은 관심을 보이고 있다. 패권전쟁은 많은 기회비용을 요구한다. 세상에 영원한 것은 없다. 오늘의 친구도 내일의 적으로 변할 수 있다. 글로벌 협력 구도 속에서 나만의 경쟁력을 키워야 한다. 그 경쟁력은 바로 배타적이며 지속성장이 가능한 우리만의 초격차 전략자산이다.

에
필
로
그

더해지는 투명성,
깊어지는 불확실성

    이 책을 통해 우리는 글로벌 무역전쟁의 과거, 현재 그리고 미래를 예측해 보고 한국이 나아갈 방향을 제시하고자 했다. 그럼에도 불확실성이 더욱 깊어지고 있다는 느낌이 강하게 들었다. 미국과 유럽이 주도하는 WTO의 자유시장경제, 민주주의 체제하에서는 누구나 어디서나 투명하고 공정하게 무역할 자유를 추구했다. 현실적인 제약과 복잡함에서 다소 벗어나거나 지연되더라도 미국이 만들고 세계가 동의한 자유무역이 확산되면서 무역의 방향은 투명해지는 듯했다.

    원고를 마감할 즈음인 2022년 8월 16일, 바이든 대통령이 '인플레이션감축법Inflation Reduction Act, IRA'에 서명했다. IRA는 기후변화 대응과 에너지 공급망 안정을 목적으로 한다. 방법론에서는 최저법인세율 도입으로 세수를 확보하고, 의료보험 확대와 친환경 제품의 미국 내 생산을 촉진하겠다는 것이다. 그러나 이면에는 역외산域外産, 특히 중국산 광물이나 부품을 사용한 배터리 등 전략품목의 수입을 제한하겠다는 의도가 숨어 있다. 미국은 중국의 기술굴기를 원천적으로 차단하고 세상의 신기술이 미국에 집중되기를 원한다. 이 때문에 글로벌 교역시장의 변동성이 매우 커지면서 불확실성 또한 확대되고 있다.

이런 와중에 ESG는 기업들에게 또 다른 어려움을 던져주고 있다. ESG는 분명하게 선언된 성문법이 아닌, 애매하지만 정당성 있는 불문법이다. 미국은 환경문제와 탄소세에 대한 분명한 거절 의사를 보이기도 했다. 그 주도권은 미국, 중국, 유럽이나 어떤 나라도 갖고 있지 않으며, 시민단체가 처벌할 수 있는 수단을 가지고 있다. 그것은 바로 기업에 대한 비난과 구매 거절이다.

지금 글로벌 무역은 두 가지의 커다란 장벽을 마주하고 있다. 미국 주도의 자유 자본주의 국가와 중국·러시아 주도의 권위주의 국가 간에 분명하게 보이는 무역 갈등과, 지구환경과 평등한 인류애를 기본으로 시민단체가 이끄는 보이지 않는 ESG 갈등.

변동성과 불확실성이 상존하는 시대에 지속성장전략은 전략자산 확보와 글로벌 협력이다. 누구도 따라 할 수 없는 기술 경쟁력을 확보하고 이를 토대로 글로벌 협력을 확대해 나가야 한다. 때로는 철학자 니체의 말처럼 위험하게 살아야 한다. 지금은 변화를 추구할 때다. 국가, 기업 그리고 개인은 어떻게 미래를 준비해야 할까 생각해 보자.

국가는 기업과 국민이 디지털 시대의 글로벌 무역전쟁을 잘 이겨

내고 행복을 지속할 수 있도록 미래 지향적인 방향성을 제시해야 한다. 먼저 신냉전주의에 대한 대응이다. 미국 중심의 인도태평양경제프레임워크IPEF와 중국 중심의 역내포괄적경제동반자협정RCEP으로 양분되는 글로벌 구도에서 누구도 함부로 하지 못하는 기술 경쟁력 확보를 가능케 하는 연구개발 전략이 필요하다. 반도체, 배터리를 넘어 바이오, 우주탐사를 위한 신소재, 신기술 개발이 필요하다.

공급망 확보에 보다 적극적으로 대처해야 한다. 자원이 부족하고 해외의존도가 높은 한국 경제는 작은 공급망 문제에도 크게 영향을 받는다. 글로벌 공급망 협력체제에 적극 참여하고, 독립적인 공급망 구축을 위해 국내 산업 육성과 외국 기업 유치를 위한 규제를 개선해야 한다. 공급망 문제는 광물, 곡물과 같은 전략품목뿐 아니라 마스크나 식용유 같은 일반품목에서도 발생할 수 있다. 전략품목은 위기 발생 시기를 예측하는 시스템이 필요하고, 일반품목은 위기 발생 가능 품목 예측 시스템 구축이 필요하다.

기업은 불확실성 시대에 혁신을 통한 지속성장을 위해 기업가정신을 강화해야 한다. 변화는 위기이자 기회다. 불확실성 시대에는 변화를 쫓기보다는 변화를 창조해야 한다. 도전적인 기업가정신이 필요한 이유다. 신기술, 신상품 개발을 통해 직원들이 성장하고 성취감을 느낄 수 있도록 사내 생태계를 구축해야 한다. 신시장 개척에도 도전해야 한다. 미국, 중국, 베트남 등 주변국 중심에서 중동, 아프리카, 중남미 등 새로운 시장에 대한 관심을 확대해야 한다. 시장 다변화는 위험 분산과 더불어 미래 고객을 발굴하는 것이다.

새로운 국제규범으로 등장하는 ESG 경영에 충실해야 한다. ESG

는 비용이 아니라 미래 투자다. ESG 경영을 하지 않는 기업은 성장할 수 없다. ESG에 기반한 기술은 새로운 표준을 형성할 것이다. 표준 확보를 위해 국내외 기업과의 협력을 확대해야 한다.

개인도 디지털 시대에 대한 적응 능력을 향상시켜야 한다. 디지털 시대의 핵심 역량은 공감 능력과 창의력이다. 기후변화 등 환경 변화, 인공지능 등 기술 발전에 대한 공감 능력 향상을 위해 지식과 경험을 축적해야 한다. 지식과 경험은 불안정한 사회에 대한 이해도를 높이고 부드럽게 대처하는 방법을 알려준다. 창의성을 높여야 한다. 창의성은 문제를 파악하는 능력에서 비롯된다. 문제에 대해 끊임없이 '왜' 라는 질문을 던져야 한다.

실패를 두려워하지 말아야 한다. 메타플랫폼스 창업자 마크 저커버그는 실패를 통해 배우려는 사람은 성공한다고 조언한다. 데이터 리터러시data literacy를 향상해야 한다. 데이터는 실패와 성공의 연결 고리이다. 미래에는 데이터를 이해하는 사람만이 새로운 가치를 창출하고 새로운 경험을 제공할 수 있다. 새로운 경험은 환경적응적이고 100세 시대에 적합해야 한다. 건강과 행복을 추구하려고 노력해야 한다. 건강하고 행복한 사람만이 불확실성 시대에도 공감력과 창의력을 바탕으로 경쟁력을 키우고 유지할 수 있다.

주

PART 1

1. 나무위키, 〈싱가포르군〉, https://namu.wiki/w/싱가포르군

2. 레이 커즈와일, 김명남·장시형 옮김, 《특이점이 온다》, 김영사, 2007, 24쪽.

3. 심재우, 〈4차 산업혁명과 ICT 트렌드〉, 브런치 매거진, https://brunch.co.kr/magazine/m2mbiz

4. 멜린다 데이비스, 박윤식 옮김, 《욕망의 진화》, 21세기북스, 2003, 39쪽.

5. 〈글로벌 밸류체인에 기반한 주요 국가별 산업 특성 분석과 우리의 대응 전략〉, KIET 정책자료, 2014.

6. 《조선비즈》, 2017. 2. 14.

7. 박병광, 〈미중 무역전쟁의 배경과 시사점〉, 국가안보전략연구원, 2018.

8. 과학기술정보통신부, 〈2017년도 기술무역 통계조사보고서〉, 2018.

9. 이태영·성수영, 〈中의 美 수출 막히면 韓·日 연쇄 타격…… '동북아 밸류체인' 무너지나〉, 《한국경제신문》, 2019. 8. 16.

10. 위의 글.

PART 2

11. 최윤식, 《앞으로 5년 미중전쟁 시나리오》, 지식노마드, 2018, 58-59쪽.

12. Dr. John Lee, 〈당, 무역전쟁의 근본 원인〉, 허드슨연구소, 2019. 9. 29.

13. 손정욱, 〈미중 무역전쟁은 패권전쟁으로 이어질 것인가?〉, 제주평화연구원, 2019. 10. 2.

14. 배정원, 〈1년 넘긴 미중 무역전쟁…… 경제는 미국 승, 중국은 장기전 태세〉, 《중앙일보》, 2019. 9. 14.

15. 《서울평양뉴스》, 2019. 8. 23.

16. 한광수, 《미중 패권전쟁은 없다》, 한겨레출판, 2019, 176쪽.

17. 외교부, 《WTO 이해하기》, 2011.

18. https://static1.squarespace.com/static/5537b2fbe4b0e49a1e30c01c/t/568f7bc51c1210296715af19/1452243910341/The+10+WTO+Committments+of+China.pdf

19. 김윤구, 〈트럼프 "중국 무역 관행은 불공정…… 남용의 시대 끝났다"〉, 《연합뉴스》, 2019. 9. 25.

20. 마이클 필스버리, 한정은 옮김, 《백년의 마라톤》, 영림카디널, 2016, 36쪽.

21. 장성민, 《중국의 밀어내기 미국의 버티기》, 퓨리탄출판사, 2016, 196쪽.

22. 유상철, 〈미 이어 영 "코로나 중국 책임"…… 중국이 발끈한 '잡음' 세 가지〉, 《중앙일보》, 2020. 3. 31.

23. 구본우, 〈미중 무역분쟁과 지구적 가치사슬: 지적재산권 체제의 동요〉, 《경제와사회》 통권 제125호, 비판사회학회, 2020, 초록.

24. 위의 글, 초록.

25. 최병일, 《미중전쟁의 승자, 누가 세계를 지배할 것인가?: 미국편》, 책들의정원, 2020, 216쪽.

26. 구본우, 앞의 글.

27. CNN Business, 2020. 7. 11.

28. 김태연·강상규·이경혜, 〈중국제조 2025〉, 국가나노기술정책센터, 2015.

29. 〈중국제조 2025 달성 물건너가…… 中, 2025년 반도체 생산 점유율 19.4% 전망〉, KITA 무역통상정보, 2021. 1. 8.

30. 강동균·주용석, 〈'제조 2025' 무력화 벼르는 트럼프…… 中 "기술패권 양보 못해" 험로 예상〉, 《한국경제신문》, 2018. 12. 2.

31. 최병일, 앞의 책, 28쪽.

32. 김상배, 《미중 디지털 패권 경쟁》, 한울아카데미, 2022, 14쪽.

33. 위의 책, 16쪽.

34. 왕윤종, 〈미중 경제전쟁의 전개와 전망〉, 《미래성장연구》 5권 2호, 고려대학교 미래성장연구소, 2019.

35. 한국민족문화대백과사전, 〈관세關稅〉, http://encykorea.aks.ac.kr/Contents/SearchNavi?keyword=관세&ridx=0&tot=36

36. 김장민, 〈중미 100년 대결전…… 최종 승자는? ⑦〉, 《오마이뉴스》, 2021. 9. 6.

37. 피터슨 인스티튜트, 2021. 3. 16.

38. 정성우, 〈경제대공황의 숨겨진 진실: 스무트-홀리 법〉, 자유기업원, 2020. 1. 20.

39. 왕윤종, 앞의 글.

40. 하영선·손열, 〈미중경쟁 2050: 단계별 확대와 타협의 모색〉, EAI 스페셜 리포트, 동아시아연구원, 2021. 7. 12.

41. 김상배, 앞의 책, 217쪽.

42. 김상배, 앞의 책, 228쪽.

43. 박형수, 〈베이징 올림픽 와중에…… 美, 중국기관 33곳 무더기 수출통제〉, 《중앙일보》, 2022. 2. 8.

44. 유준구, 〈주요국 신흥 기술Emerging Technology 수출통제법 개정의 의미와 대응 방안〉, 외교안보연구소, 2022. 1. 7.

45. 위의 글.

46. 〈중국 반도체 시장 동향: 자국 공급망 강화 추세〉, kotra 해외시장뉴스, 2022. 2.9.

47. 가와시마 신·모리 사토루, 이용빈 옮김, 《미중 신냉전?》, 한울아카데미, 2021, 203쪽.

48. 김영우, 〈미국 반도체 굴기: 미 vs 중, 탈세계화 시대의 도래〉, 국가미래연구원, 2021. 6. 26.

49. 미국 WABC-TV, 2020. 4. 15.

50. 김동호, 〈미국 제조업의 탈중국 속도 더욱 빨라진다〉, 《중앙일보》, 2020. 3. 16.

51. 박중현, 〈코로나 리쇼어링〉, 《동아일보》, 2020. 4. 21.

52. 임은진, 〈유엔 "코로나19로 외국인직접투자 최대 15% 하락"〉, 《연합뉴스》, 2020. 3. 9.

53. 〈포스트코로나 시대 미중 관계의 향방〉, KITA 통상리포트, 2020. 4. 10.

54. 김재덕, 〈미중 무역분쟁의 장기화와 거시적 영향〉, 《월간 KIET 산업경제》 2019년 10월호.

55. 〈포스트코로나 시대 미중 관계의 향방〉, KITA 통상리포트, 2020. 4. 10.

56. 방호경 외 〈글로벌 가치사슬을 활용한 한국과 개발도상국 간 개발협력 방안〉, KDI 국제개발협력
센터, 2018.

57. 정희철·강내영·김건우, 〈글로벌 가치사슬GVC의 패러다임 변화와 한국 무역의 미래〉, KITA 국제무
역연구원, 2020. 1. 18.

58. NY Times, 2022. 4. 30.

59. 딜로이트 인사이트 편집국, 〈전염병과 전쟁의 세계경제 여파〉, 《Deloitte Insights: 불확실성의 시대
를 항해하다》 No. 21, Deloitte, 2022.

60. 위의 글.

61. 박병광, 〈최근의 미중 분쟁과 우리의 대응 방향〉, 《서울평양뉴스》, 2019. 8. 23.

62. 대한상공회의소, 〈주요국의 리쇼어링 동향과 정책 시사점 연구〉, 2017.

63. 홍재화, 《글로벌 경제는 어떻게 움직이는가?》, 좋은책만들기, 2018.

PART 3

64. 이항·김준환, 〈구독 서비스에서 개인화 서비스 vs. 맞춤화 서비스가 고객만족과 구매 의도에 미치
는 영향〉, 《융복합지식학회논문지The Society of Convergence Knowledge Transactions》 제9권 제1호, 융복합지식
학회, 2021.

65. 페이스북은 2021년 10월에 사명을 메타플랫폼스Meta Platforms로 변경했다.

66. 기존 통신사가 아닌 일반 기업이 필요에 따라 주파수 할당을 받아 공장, 병원 등 제한된 구역에서
운영하는 소규모 네트워크.

67. 과학기술정보통신부·한국방송통신전파진흥원, 〈5G 특화망 가이드라인〉, 2021.

68. 이윤정, 〈GPT3 충격 가시기도 전, GPT4 논란 점화〉, 《Ai타임스》, 2020. 8. 12. http://www.aitimes.

com/news/articleView.html?idxno=131416 (2022.2.27. 접속).

69. 정보통신기획평가원, 〈2022 ICT 10대 이슈〉, 2021.

70. 사물인터넷표준연구실, 〈사물인터넷 기술 동향〉, 2020.

71. "The Trade Impact of Voluntary Sustainable Standards", UNCTAD Research Paper No.50, 2020, https://unctad.org (2022.3.2. 접속).

72. European Commission, "2030 Digital Compass", 2021.

73. EUR-LEX, Communication from the Commission, "A New Industrial Strategy for Europe", Brussels, 2020.3.10.

74. 정보통신 기술 및 서비스 공급망 확보에 관한 행정명령(Executive Order on Securing the Information and Communications Technology and Services Supply Chain).

75. 김상배, 〈글로벌 디지털 패권 경쟁과 한국〉, 디지털 파워 2022 - 디지털 전환점에서 미래와 전략을 묻다, 소프트웨어정책연구소 가을 컨퍼런스, 2021.10.29, https://youtu.be/8YbWipTwD1w (2022.1.29. 접속).

76. 박승찬, 〈미중 기술패권에 맞서는 중국의 기술굴기 전망〉, 톡차이나 - 중국 시장을 말하다, KITA TV, 2021.11.30, https://youtu.be/HVXs-X05_8A (2022.1.29. 접속).

77. 안유화, 〈중국의 기술굴기 성공할 수 있을까? 한국의 선택은?〉, 톡차이나 - 중국 시장을 말하다, KITA TV, 2021.6.17, https://youtu.be/cfVxzM3sSoM (2022.1.30. 접속).

78. 최해옥, 〈글로벌 기술패권에 대응하는 일본의 전략 및 시사점〉, STEPI Insight 제280호, 과학기술정책연구원, 2021.10.18.

79. 후지키메라총연, 〈2020 디지털 트랜스포메이션 시장 미래 전망〉, 2020.10.

80. 박연우, 〈EU 디지털세 도입과 한국 기업의 대응〉, 키타씨의 무역강의실, KITA TV, 2020.3.14, https://www.youtube.com/watch?v=EwmaLdp9wvQ

81. OECD, OECD/G20 Inclusive Framework on BEPS, 2021.9.

82. 공정거래위원회, 〈구글엘엘씨 등의 안드로이드 OS 관련 시장 지배적 지위 남용 행위 제재〉, 대한민국 정책브리핑, 2021.9.14, https://mvod-ebriefvod.hscdn.com/2021/0914/D6_21-09-14_09_10_40_EBSH_720P_1.5M.mp4 (2022.1.14. 접속).

PART 4

83. https://www.blackrock.com/kr/blackrock-client-letter (2021.12.31. 접속).

84. https://www.unpri.org/download?ac=5512 (2022.1.1. 접속).

85. Esther Whieldon·Robert Clark, "S&P Global, ESG funds beat out S&P 500 in 1st year of Covid19: how 1 fund shot to the top", S&P Global Market Intelligence, 2021.3.6.

86. 〈"못 줄이면 망한다" …… 사활 건 '탄소저감'〉, KBS NEWS, 2021. 5. 30, https://news.kbs.co.kr/news/view.do?ncd=5197332# (2022. 1. 13. 접속).

87. 한국환경공단, 〈온실가스 감축정책 지원〉, https://www.keco.or.kr/kr/business/climate/contentsid/1516/index.do (2022. 5. 19. 접속).

88. 박영숙·제롬 글렌, 《세계미래보고서 2022: 메타 사피엔스가 온다》, 비즈니스북스, 2021.

89. 배성용 외, 《주요국 수소경제 동향 및 우리 기업 진출전략》, Global Market Report 22-003, kotra, 2022.

90. 〈세계 에너지시장 인사이트〉 제21-18호, 에너지경제연구원, 2021. 9. 13, https://www.keei.re.kr/web_energy_new/insight.nsf/0/89E4850BCDAF383B4925874C000772E3/$File/WEMI2118.pdf?open (2022. 4. 29. 접속)

91. 산업통상자원부, 〈수소경제 성과 및 수소 선도 국가 비전 보고〉, 대한민국 정책브리핑, 2021. 10. 7, https://www.korea.kr/news/pressReleaseView.do?newsId=156474384 (2022. 3. 12. 접속).

92. European Commission, "EU Green Deal(Carbon Border Adjustment Mechanism)", 2021.

93. 이상헌, 〈"불매운동에 1호점도 별수 없네" …… 유니클로, 롯데마트 잠실점 폐점〉, 《매일경제》, 2021. 10. 15, https://www.mk.co.kr/news/business/view/2021/10/977088/ (2022. 1. 14. 접속).

94. 알렉스 에드먼스, 송정화 옮김, 《ESG 파이코노믹스》, 매일경제신문사, 2021.

95. Song Jung-a, "Investors urged to train sights on South Korea's Workplace safety", *Financial Times*, 2021. 5. 24.

96. Milton Friedman, "A Friedman Doctrine - The Social Responsibility Of Business Is to Increase Its Profits", *The New York Times*, 1970. 9. 13.

97. 최남수, 《이해관계자 자본주의》, 새빛, 2021.

98. 미국의 주택담보대출은 신용등급에 따라 프라임Prime, 알트AAlt-A, 서브프라임Subprime으로 구분되며, 통상 서브프라임은 신용 점수가 낮은 개인이다.

99. Young Ah Kim, "The Agency Problem of Lehman Brothers' Board of Director", *Illinois Business Law Journal*, 2016. 3. 28, https://publish.illinois.edu/illinoisblj/2016/04/28/the-agency-problem-of-lehman-brothers-board-of-directors/ (2022. 1. 14. 접속).

100. "RE100 Members", Climate Group, https://www.there100.org/re100-members (2022. 7. 12. 접속).

101. 박창영·강두순, 〈글로벌 빅테크, 韓 친환경 에너지 투자 나선다〉, 《매일경제》, 2022. 1. 12, https://www.mk.co.kr/news/stock/view/2022/01/36531/ (2022. 1. 18. 접속).

102. 기업의 지속가능경영 보고서에 대한 가이드라인을 제시하는 비영리단체로, 1997년 미국 환경단체 세레스CERES와 유엔환경계획UNEP이 주축이 되어 설립했다.

103. 김윤화, 〈ROESG, "ESG 투자에 최적화된 지표" …… 투자수익과 상관성 높아〉, 《녹색경제신문》, 2021. 11. 23, http://www.greened.kr/news/articleView.html?idxno=292840 (2022. 1. 14. 접속).

104. 조연희, 〈지구를 살리는 10분간의 동행〉, 대한민국 정책브리핑, 2021. 4. 22, https://www.korea.

kr/news/reporterView.do?newsId=148886544 (2022.3.19. 접속).

105. Terrachoice, "The Sins of Greenwashing", 2010, https://www.ul.com/insights/sins-greenwashing (2022.11.20. 접속).

106. CDP Disclosure Insight Action, www.cdp.net/en (2022.3.19. 접속).

107. 제로에너지 공법으로 건축된 공장으로서 고단열, 고기밀, 열교차단 등을 통해 에너지 효율을 극대화한 공장.

108. 김도연, 〈EU 신통상정책 6대 주요 분야별 세부 전략을 살펴보자〉, Kotra 해외시장뉴스, 2021.4.13, https://dream.kotra.or.kr/kotranews/cms/news/actionKotraBoardDetail.do?MENU_ID=90&pNttSn=187921 (2022.3.19. 접속).

109. https://eur-lex.europa.eu/legal-content/EN/TXT/?uri=CELEX:52021SC0150

110. 한국무역협회 브뤼셀 지부, 〈EU의 ESG 관련 입법 동향과 시사점〉, KITA Market Report, 2021.4.27.

111. 재생에너지를 에너지저장장치ESS에 저장하고 인터넷으로 연결하여 하나의 발전소처럼 전력 수급을 조정하는 것.

112. 2021 Clorox Integrated Annual Report.

113. A주는 중국 기업이 발행하는 주식으로서 중국의 기관, 기업, 개인이 중국 화폐RMB로 가입하고 거래할 수 있는 보통주다.

114. Hui Ching-hoo, "China's green investing trend spurs new Sino-Securities ESG indexes", Asia Asset Management, 2021.3.7, https://www.asiaasset.com/post/24501-ssi-0401 (2022.2.6. 접속).

115. 김현수, 〈중국 ESG 제도 환경과 기업경영〉, 한중Zine INChinaBrief, vol. 403, 인천연구원, 2021.12.27.

116. Sumitomo Chemical, Solutions: Contributing through Business? Sumika Sustainable Solutions(SSS), https://www.sumitomo-chem.co.jp/english/sustainability/management/promotion/sss/ (2022.3.30. 접속).

PART 5

117. Ashutosh Gupta, "What is digital sustainability and how does it drive ESG goals?" Gartner, 2021.11.4, https://www.gartner.com/en/articles/what-is-digital-sustainability-and-how-does-it-drive-esg-goals (2022.4.16. 접속).

118. 이광호·문채석, 〈코로나 대변혁, 세계화의 후퇴…… GVC 변화 대비해야〉, 《아시아경제》, 2020.4.28, https://view.asiae.co.kr/article/2020042811094732513 (2022.1.27. 접속)

119. Rachelle Taheri·Olivia Adams·Pauline Stern, "DEPA, The World's First Digital-Only Trade Agreement", Asia Pacific Foundation of Canada, 2021.10.7.

120. 디지털 무역을 촉진하고 디지털 경제 조성을 목적으로 2020년 6월 12일에 출범했다.

121. 김홍종, 〈디지털 무역규범의 국제 논의와 한국의 대응〉, 법무부, 2020.

122. 한국경제신문 및 한국경제매거진 전문기자, 《한경무크: ESG K-기업 서바이벌 플랜》, 한국경제신 문, 2021.

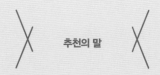

추천의 말

미중 무역전쟁이 관세 폭탄을 넘어 미래 패권을 좌우할 첨단 기술과 공급망으로 확전되고 있다. 더구나 두 나라만의 전쟁이 아닌 이념과 가치를 공유하는 국가들까지 아우르는 글로벌 차원으로 발전하고 있다. 신냉전주의의 부활이다. 전 세계적인 불확실성의 이해와 대응 전략에 목마른 독자들에게 이 책을 권한다. | 권평오 전 코트라 사장 |

배터리와 반도체 기술이 미래 경제의 헤게모니를 이끈다. 기술력을 갖춘 소수의 회사만이 참여할 수 있는 시장이지만, 그 규모는 대단히 크다. 이 기술을 가진 나라는 수출국이 되고, 없는 나라는 수입국이 된다. 향후 디지털 기술과 국제정치가 맞물리는 무역전쟁 속에서 첨단 기술의 개발은 국가 간의 투자로 가속화될 것이다. 그런 면에서 이 책은 무역 국가인 한국의 미래를 준비하는 책이라 할 수 있다. | 김준 SK이노베이션 부회장 |

세계는 두 개의 무역전쟁을 겪고 있다. 하나는 지구 환경과 인간 존엄성 보존을 통해 인류 생존성 확장을 꾀하는 ESG 갈등이고, 다른 하나는 인간의 정복 욕구에 바탕을 둔 미국과 중국 중심의 패권적 무역전쟁이다. 어느 것 하나 우리에게는 쉽지 않고 전 인류에게도 급박한 문제이지만, 정작 멀게만 느껴지는 일이다. 이 책은 두 전쟁의 심각함과 한국의 대처 방안을 함께 보여준다. 특히 무역전쟁으로서 ESG를 풀어간 점이 신선하다. | 이재준 뉴욕주립대학교 경영학과 교수 |

우크라이나 – 러시아 전쟁에서도 볼 수 있듯이 과학기술과 전쟁, 그리고 무역은 상관관계를 가지고 있으며 이러한 관계는 향후 더욱 밀접해질 것으로 생각한다. 특히 지정학적으로 주변국의 영향을 크게 받는 우리나라는 미국과 중국의 무역 및 과학기술 전쟁의 추이를 살피고 우리가 미래를 선도할 수 있는 분야를 준비하는 것이 무엇보다 중요하다. 이러한 측면에서 이 책은 현재 진행 중인 미중 무역전쟁뿐만 아니라, 미래를 위한 디지털 표준의 선점과 ESG가 만드는 새로운 무역 질서 등을 깊이 있게 분석하고 그 대안을 제시하고 있으므로 미래에 대한 통찰을 얻기에 매우 유용하다. | 장준규 한국군수산업연합회 회장 |

미국의 바이든 대통령이 한국을 방문하면서 삼성과 현대를 찾은 이유는 두 회사가 가지고 있는 미래 기술 때문이다. 반도체는 무역전쟁의 시작점이자 모든 기술이 필요로 하는 마지막 지점이다. 한국의 반도체 기술이 중국으로 넘어가지 않기를 바라는 바이든은 한국의 반도체 기업들이 미국에 투자하기를 원한다. 이제 한국 중심의 미중 무역전쟁이 시작되었고, 그 과정과 결론이 이 책에 담겨 있다. | 홍성국 더불어민주당 국회의원 |

트레이드 워

초판 1쇄 인쇄일 2022년 8월 31일
초판 1쇄 발행일 2022년 9월 13일

지은이 류재원 · 홍재화

발행인 윤호권
사업총괄 정유한

편집 신주식 **디자인** 디박스 **마케팅** 명인수
발행처 (주)시공사 **주소** 서울시 성동구 상원1길 22, 6-8층(우편번호 04779)
대표전화 02 - 3486 - 6877 **팩스(주문)** 02 - 585 - 1755
홈페이지 www.sigongsa.com / www.sigongjunior.com

글 ⓒ 류재원 · 홍재화, 2022

ISBN 979-11-6925-259-1 03320

*시공사는 시공간을 넘는 무한한 콘텐츠 세상을 만듭니다.
*시공사는 더 나은 내일을 함께 만들 여러분의 소중한 의견을 기다립니다.
*잘못 만들어진 책은 구입하신 곳에서 바꾸어 드립니다.